寺誌와 僧傳으로 본
조선후기 불교사학사

문현인문학총서 **11**

寺誌와 僧傳으로 본

# 조선후기 불교사학사

오경후

문현
MUN HYUN

## 들어가면서

　전란이후 조선불교계는 전후 조선의 상황과 함께 분주했다. 전쟁으로 불타버린 사찰을 중건해야 했고, 사원경제를 회복해야 했다. 그런가 하면 재건을 위한 각종 토목공사와 잡역에 동원되어야 했다. 그러나 겨우 명맥만 유지했던 불교교단이 법통과 수행을 중심으로 하여 정비된 것은 최대의 결실이기도 하였다. 아울러 조선불교가 지닌 정체성을 인식하기 시작한 것이다.

　이 책은 조선후기 찬술된 사지(寺誌)와 승전(僧傳)에 대해 검토하였다. 사지는 동시대 찬술된 사찰에 관한 기록과 뚜렷하게 구별된다. 첫째는 조선후기 역사서 찬술이 그랬듯이 강한 주체성을 지니고 있는 점이다. 탄압과 수탈아래 겨우 명맥을 유지하고 있었던 불교계의 모습을 반영하기 보다는 사찰의 연혁과 인물, 수행상, 그리고 독자적 문화를 찬술하고 있는 점이다. 둘째, 다산 정약용의 흔적이 강하게 남아있다. 그는 유배기간동안 만덕사(萬德寺, 지금의 백련사)와 대흥사의 사지찬술을 주도하였다. 그는 이전의 사적기가 근거가 없다고 비판하고는 구할 수 있는 자료를 모두 찾아 고거주의(考據主義)에 기초한 객관성에 심혈을 기울였다. 자료의 고증과 보충을 위해 한양까지 올라가 자료를 찾아오게끔 하였다. 때문에 이 두 사지는 사찰의 정확한 고증뿐만 아니라 역사지리에 관한 정보도 풍부하여 사지의 범주를 넘어 불교사의 성격을 지니고 있다. 요컨대 고대부터 조선시대 불교사를 집약시켰다고 해도 과언이 아니다.

　승전(僧傳)은 전란의 참화로 문헌자료를 살필 수 없고, 남아있는 승전에 관한 자료 역시 소략할 뿐이었다. 『동사열전(東師列傳)』은 전체 196인의 비구와

1인의 비구니, 2인의 속인으로 전체 199인이 입전되어있다. 시간적 범위는 불교의 시작부터 조선 말기까지의 인물들을 수록하고 있어 인물로 본 한국불교사라고 할 만하다.

조선후기 불교가 전란과 억압이라는 폐허 속에서 중흥의 노력을 기울였다면 이전 시기와는 다른 독자성과 정체성을 천명했을 것이고, 그 실현을 위해 강한 실천성을 보였을 것이다. 법통 및 법맥 수립과 함께 사지와 승전찬술은 당시 불교계의 정체성 구현을 위한 노력이자 한국불교사 찬술이라고 할 수 있다.

이 책은 우리가 그동안 소극적으로 인식했던 조선시대 불교사에 대한 이해를 재검토하고, 현대한국불교사를 이해하는 근간의 역할을 할 것이다.

2017년 12월
오경후

# I.
# 서론

# Ⅰ. 서론

## 전란 이후 불교계의 동향

조선후기 불교계는 임진왜란과 병자호란을 계기로 정부의 호의적인 태도와 자구적인 노력이 기초가 되어 발전적 변화를 가져왔다. 불교계에 대한 정부와 사회의 긍정적 인식은 승려가 전장戰場으로 달려가고, 백성들을 대신해 국역國役을 부담한 희생의 대가로 이루어진 것이다. 이 외형적인 변화는 불교계 내부의 주체적 인식으로까지 진전되었다. 그것은 전쟁에서의 희생과 과중한 잡역雜役, 그리고 전란으로 폐허가 된 사원寺院을 재건해야 하는 당시 불교계가 안고 있었던 힘겨운 상황에서 성숙된 것이다. 이것은 당시 실학자를 중심으로 중화주의中華主義를 탈피하고 자국사自國史를 재인식하기 시작했던 자주적인 역사인식과도 그 궤軌를 같이하는 것이다.

임진왜란을 기점으로 시작된 조선후기 불교사는 탄압과 소외의 연속 속에서도 꾸준히 활발한 움직임을 보였다. 전란의 상황 속에서 청허淸虛·사명四溟 등이 이끈 승군僧軍의 적극적인 활동은 정부와 사회의 부정적인 인식을 전환시켰을 뿐만 아니라 불교의 회생과 존립에도 크게 영향을 주었다. 적군의 목을 벤 승군들은 선과禪科와 승직僧職의 첩牒을 받았고, 실직實職까지 제수 받아 신료와 성균관 생원들이 심한 반대상소를 올리기까지 하였다. 그러나 승려들은 희생의 대가로 도첩度牒·고신告身 등의 수혜를 입었지만, 승역僧役의 강화로 인한 고통 또한 심했다. 산성의 축조와 보수에 동원되었으며, 방어를 위한 경비와 장비를 스스로 부담해야 했기 때문에 승군이 소속된 사원의 경제기반은 고갈될 수밖에 없었다. 더욱이 지방의 제언堤堰 수축修築이나 관아 영건營建에 목공木工·석공石工·화승畵僧으로 징발되는 각종 잡역雜役으로 인해 사원과 승려는 조잔凋殘·산망散亡하게 되었다. 또한 일부의 사찰은 왕실원당王室願堂으로 지정되거나, 중앙과 지방관아의 속사屬寺, 혹은 사대부가의 재사齋舍 기능을 통해 존립하고 운영되는 실정이었다.

한편 대부분의 사찰에서는 승려들이 수공업手工業이나 상업商業에 종사하고, 그 이윤으로 계契를 결성하여 사원경제를 소생시키기 위해 진력했다. 계금契金은 전답田畓과 미곡米穀의 형태로 사찰에 헌납되었고, 불상 개금佛像 改金과 전각 신건殿閣 新建으로 이어졌다. 또한 승려들의 교학수행敎學修行의 경제적 기반으로 활용되기도 하였다. 당시 불교계에서는 경전연구를 중심으로 했던 강회講會가 활발하게 진행되었는데, 1754년(영조 30) 선암사仙巖寺에서 열린 화엄강회華嚴講會에 참석한 승려는 무려 1,287명이나 되었다. 사원의 경제적 기반이 이루어지지 못했다면 선교학禪敎學의 융성 또한 불가능한 일이었을 것이다.

이와 같이 당시의 불교계는 대내외적으로 암울한 상황 속에서도 보사활동補寺活動과 같은 자구적인 노력을 통해 수행자 본연의 자세를 유지해 나갔다. 불교계의 이러한 변화는 자연히 의식의 성장으로 이어지지는 않았을까. 지난한 탄압과 전란이라는 암울한 현실, 잔혹한 수탈에 대응한 자구적 노력이라는 이 힘겨운 상황이 자신들의 입장을 재확인하는 계기를 마련해 주지는 않았을까. 그들은 승전僧傳과 사지류寺誌類의 찬술을 통해 조선불교사에 대한 긍지와 주체성을 재확인했을 것이다.

전란과 사회경제적 혼란 속에서 찬술된 중관中觀 해안海眼의 『금산사金山寺(1635)』·『화엄사華嚴寺(1636)』·『대둔사사적大芚寺事蹟(1636)』, 정약용丁若鏞과 대둔사大芚寺(대흥사大興寺)·만덕사萬德寺(백련사白蓮寺) 승려들의 주도하에 찬술된 『대둔사지大芚寺志』와 『만덕사지萬德寺誌』, 그들의 제자인 범해梵海 각안覺岸이 찬술한 『동사열전東師列傳』은 우리나라의 불교전래부터 조선말기의 불교사를 정리한 불교사서佛敎史書의 성격을 지니고 있다. 조선후기에 찬술된 대부분의 승전과 사찰사적기가 승려와 사찰에 국한된 단편적인 기록에 불과하지만, 이들 승전과 사지류는 우리나라 불교사뿐만 아니라 광범위한 자료수집과 치밀한 고증의 과정을 거쳐 완성되었다는 점에서 동시대의 승려비문僧侶碑文이나 사찰寺刹의 창건創建·중건重建과 관련된 사적기와도 뚜렷한 차이를 지니고 있다. 이것은 실학자들의 사서찬술과 역사인식의 영향까지도 반영하고 있음을 의미한다. 더욱이 『대둔사지大芚寺志』는 한 사찰의 연혁과 관련 인물들의 정리를 통해 조선후기 불교계의 동향이나 불교사 인식까지도 살필 수 있는 주목할 만한 저술이다.

이 책은 우선 성리학적 가치체계가 흔들리고, 양명학陽明學과 실학實學 등 탈성리학적 사상이 대두되는 소위 '탄력적인' 사상계의 동향 속에서 불교계의 발전적인 변화상과 중흥의 면모를[1] 살피고자 한다. 또한 이와 같은 분위기 속에서 불교계의 자주적인 역사인식을 중심으로 한 의식성 장 또한 발생하지 않았을까 하는 문제의식을 바탕으로 본 연구를 시작하 고자 한다. 아울러 이 시기 불교사를 정치사적 입장에서 살핀 기존의 연 구 성과에 대한 비판적 검토도 병행할 것이다. 그러므로 본 연구의 목적 은 조선후기 불교계에서 찬술된 일련의 승전僧傳과 사지寺誌에 대한 분석 을 통해 당시 불교계의 역사인식과 실학자들의 불교사에 대한 이해와 한 계, 그리고 불교사서가 지니고 있는 불교사적 의의를 검토하는 것이다.

## 연구성과

조선후기 승전이나 사지류에 대한 연구는 조선불교사에 대한 부진한 연구 성과 중에서도 철저하게 외면된 부분이다. 조선후기 불교사 연구는 전란戰亂 당시 의승군義僧軍의 활약이나 승역僧役·승계僧契와 같은 사원경제 寺院經濟, 그리고 법통설法統說이나 선논쟁禪論爭을 중심으로 한 선교학禪敎學의 발전을 규명하는 문제에서부터 출발했다.[2] 그 이후 시도된 조선시대 불 교사에 대한 연구사 정리는 불교계의 동향이나 사상·사회·경제·교단사

---

1 정병삼, 「불교계의 동향, 조선후기의 문화」, 『한국사』 35, 국사편찬위원회, 1998 ; 「眞景時代 佛敎의 振興과 佛敎文化의 발전」, 우리문화의 황금기, 『진경시대』 I, 돌베개, 1998 ; 「眞景 時代 佛敎의 진흥」, 『간송문화』 50, 한국민족미술연구소, 1996 ; 조성산, 「19세기 전반 노론 계 불교인식의 정치적 성격」, 『한국사상사학』 13, 한국사상사학회, 1992 ; 박승길, 「조선조말 중화적 세계관의 붕괴와 민족종교운동, 『민족문화』, 영남대 민족문화연구소, 1998.
2 蔡尙植, 「고려·조선시기 불교사 연구현황과 과제」, 『한국사론』 28, 국사편찬위원회, 1998, 51~107쪽.

등으로 연구 분야는 점차 세분화되었지만, 1945년 이후부터 1998년까지 64편에 불과하다.[3] 이러한 사정은 이후 양적 증가가 있었지만[4] 여전히 초기단계에 머무르고 있어 해명되어야 할 부분들이 산적해 있는 실정이다. 이것은 2001년 당시 일본인의 조선불교 연구가 1911년부터 1998년까지 약 48건의 논저論著가 발표되었다는 점과 비교해 볼 때 부끄러운 일이 아닐 수 없다.[5]

---

**3** 김순석, 「조선후기 불교사 연구의 현황과 과제」, 『조선후기사 연구의 현황과 과제』, 창작과 비평사, 2000, 561~600쪽.

**4** 2000년 김순석의 조선후기 불교사 연구 현황 정리가 발표된 이후 국사편찬위원회가 펴낸 『한국사연구휘보』에 의하면 1999년부터 2002년까지의 대표적인 조선후기 불교사 연구 성과는 다음과 같다.

유영숙, 「宣祖代의 佛敎政策」, 『皇室學論叢』 3, 한국황실학회, 1998 ; 최원식, 「拓本으로 전해지는 조선후기 승려碑銘」, 『사학연구』 55·56합집, 1998 ; 곽호제, 「壬辰倭亂期 湖西義兵硏究」, 충남대박사학위논문, 1998 ; 김용조, 「毗耶居士 許筠의 佛敎觀」, 『慶尙史學』 14, 경상대학교사학회, 1998 ; 이규대, 「朝鮮初期 江陵 彌陀契와 鄕吏勢力의 動向」, 『강원문화사연구』 3, 강원향토문화연구회, 1998 ; 권오영, 「道敎·佛敎觀」, 『崔漢綺의 學問과 思想硏究』, 집문당, 1999 ; 김준혁, 「朝鮮後期 正祖의 佛敎認識과 政策」, 『중앙사론』 12·13합집, 중앙사학회, 1999 ; 사명당기념사업회, 『사명당유정』-그 인간과 사상과 활동, 2000 ; 한상길, 『朝鮮後期 寺刹契硏究』, 동국대 박사학위논문, 2000 ; 김용태 「朝鮮中期 佛敎界의 變化와 西山界의 대두」, 『한국사론』 44, 서울대국사학과, 2000 ; 김기령, 『조선시대 護佛論연구』-涵虛와 白谷을 중심으로-, 동국대 박사학위논문, 2000 ; 남동신, 「朝鮮後期 佛敎界動向과 像法滅盡經의 성립」, 『한국사연구』 113, 한국사연구회, 2001 ; 박병선, 『조선후기 원당연구』, 영남대 박사학위논문, 2001 ; 배규범, 『조선조 불가문학연구』 ; 임란기를 중심으로, 보고사, 2001 ; 남권희, 「『東興備攷』의 寺刹 기록 연구」, 『영남학』 제2호, 경북대 영남문화연구원, 2002.

이후 발표된 대표적인 논문은 다음과 같다.

이종수, 『조선후기 불교의 수행체계 연구 : 三門修學을 중심으로』, 동국대 박사학위논문, 2010 ; 김성은, 『조선후기 禪佛敎 정체성의 형성에 대한 연구 : - 17세기 高僧碑文을 중심으로-』, 서울대박사학위논문, 2012 ; 탁효정, 『조선시대 王室願堂 연구』, 한국학중앙연구원 한국학대학원, 한국사학전공, 2012 ; 손성필, 『16·17세기 불교정책과 불교계의 동향』, 동국대박사학위논문, 2013 ; 오경후, 『조선후기 불교동향사 연구』, 문현, 2015.

**5** 김천학, 「일본의 조선시대 불교 연구동향」, 『일본의 한국불교연구동향』, 장경각, 2001, 319~337쪽.

일본인들의 조선시대 불교사 연구는 대체로 通史, 佛敎政策과 佛敎儀禮, 佛書刊行과 人物, 西山大師를 중심으로 한 禪宗분야에 집중되어 있다.

이와 같은 부진의 원인은 한국사韓國史에서 불교사는 여전히 특수사特殊 史로 인식되어 있고, 더욱이 조선시대 불교사는 당시의 숭유억불崇儒抑佛 경향이 강하게 각인되어 있었기 때문이다. 즉 조선시대의 불교가 조정과 유자儒者의 극심한 탄압과 소외로 역사 무대에서 사라져 버렸다는 인식이 지배적이다. 때문에 한국불교사 연구는 신라나 고려불교사 일색이고, 이 러한 연구경향은 한국불교사에 대한 근본적이고 체계적인 연구의 단초 를 마련할 기회를 갖지 못하게 했다.[6] 이 일차적인 무관심은 조선불교사 를 심층적으로 연구할 수 있는 토대가 되는 여러 자료의 수집과 정리의 기회조차 마련하지 못한 결과를 초래했다. 이러한 소외된 학계의 분위기 속에서 이루어진 최근의 조선후기 불교사 연구는 초기의 연구 성과와 같 이 임진왜란 이후 불교계의 일부분에 국한된 사례나 표면적인 현상만을 규명하는 문제에 집중되어 있다. 비록 연구경향이 이 시기 불교계의 발 전적인 변화상을 소개하는데 적지 않은 성과를 보인 것은 사실이지만, 조선후기 불교사가 지닌 성격이나 근본적인 문제를 해명하는데 한계를 지니고 있다. 때문에 불교계의 발전적 변화상을 기초로 한 조선불교의 자주적인 특성을 살피는 일 또한 필요한 시점이다.

조선후기 불교사에 대한 적극적인 해석이 가능한 것은 우선 당시 사상 계의 동향에서부터 비롯된다. 조선후기의 성리학은 단순한 수용단계를 넘어 독자적 면모를 강화시켜 나갔다. 또한 정학正學으로서의 인식이 심 화되어 그 진흥과 서학西學·불교佛敎·도교道敎와 같은 이단異端을 금지해야

---

6 심재관, 「불교학, 그 근대화의 식민성」, 『탈식민시대 우리의 불교학』, 책세상, 2001, 17~33쪽 ; 김상현, 「조선불교사 연구의 과제와 전망」, 『조선왕조실록과 한국불교』, 조선왕조실록 불교 사료집 완간기념 학술세미나 자료집, 동국대 불교문화연구원, 2003, 2~3쪽.

한다는 논의가 분명히 제시되었다. 그러나 실학實學을 위시한 탈성리학적 脫性理學的 사조思潮는 17세기 이래 선진유학先秦儒學에 대한 관심을 강화시켜 가면서 당시 조선이 안고 있는 정치·사회적 모순을 직시하고 이를 극복 하기 위해 노력했다. 실학의 탈성리학적 경향은 성리학의 이념을 극복하 고 선진유학을 기초로 하여 새로운 사유체계의 형성과 자신의 개혁안을 지탱해 줄 철학적 이론의 수립을 위한 노력의 결과이기도 했다.[7]

한편 불교·도교·민간신앙과 같은 전통사상의 움직임 또한 활발했다. 불교는 양란 당시 의승군의 활약으로 집권층에게 불교를 새롭게 인식할 수 있는 계기가 되었다. 이 시기 불교계의 내외적 발전과 변화는 제한적 이지만, 실학의 학풍에 영향을 받은 것이 사실이다. 그렇다면 실학의 학 풍이란 성리학에 대한 반성뿐만 아니라 불교佛敎를 포함한 전통사상 전반 에 걸쳐 실사구시實事求是 또는 진리성眞理性 등을 표방하면서 진작되기 시 작한 새로운 학풍으로 해석할 수 있다.[8]

승전僧傳과 사지류寺誌類는 현재 승려 개인의 비명碑銘이나 행장行狀, 사찰 의 사적비事蹟碑·중건기重建記 등의 형태로 『조선불교통사朝鮮佛敎通史』·『조 선사찰사료朝鮮寺刹史料』·『조선금석총람朝鮮金石總覽』·『한국사찰전서韓國寺刹全 書』·『한국불교전서韓國佛敎全書』를 중심으로 일부분이 수록되어 전해지고 있다. 1976년에는 동국대학교 불교문화연구소가 이들 문헌과 1975년까 지 간행된 문헌목록들을 참고로 삼국시대부터 조선시대(1896)까지의 승

---

7 조광, 「조선후기 사상계의 전환기적 특성」, 『한국사 전환기의 문제들』, 지식산업사, 1993.
8 洪潤植, 「근대한국불교의 신앙의례와 민중불교」, 『근대한국종교사상사』, 1984 ; 洪潤植, 「大 覺敎運動의 歷史的 位置」, 『大覺思想』 창간호, 1998.
  홍윤식은 1910년대를 전후한 白龍城의 大覺思想이나 韓龍雲의 佛敎維新論 등이 전통불교 에 대한 實學的 경향의 표상이라고 하였다.

려의 전기기록과 사찰 사적기에 대한 목록을 정리한 바 있다.[9] 또한 가산
불교문화연구원이 조선시대 고승비문高僧碑文을 『조선금석총람』·『조선사
찰사료』와 대교對校하여 역주본譯註本을 발간했고[10], 2000년에는 이지관이
조선조와 근현대의 고승비문高僧碑文을 망라하기도 했다.[11] 『동사열전東師列
傳』이 김윤세에 의해 번역되기도 했다.[12]

　사지류寺誌類는 대부분이 사찰의 창건과 중건에 관한 단편적인 기록이
지만, 1977년부터 아세아문화사에서 18개 사원의 본말사지本末寺誌를 수집·
정리하여 복원하였다. 이 가운데 『만덕사지萬德寺誌』와 『대둔사지大芚寺志』
는 허홍식에 의해 소개되었고[13] 번역작업[14]이 이루어지기도 했다. 그러나
조선시대 승전과 사지에 대한 이러한 작업은 아직 시작단계도 되지 않을
만큼 지극히 미약하다. 자료가 사찰을 중심으로 한 전국에 산재散在해 있
는 실정 또한 원인이기도 하다. 앞으로 지속적인 자료 발굴과 소개, 그리
고 집성集成이 필요하며[15] 번역의 오류를 바로잡고 이를 기초로 본격적인
연구가 진행되어야 한다. 『조선왕조실록朝鮮王朝實錄』을 비롯한 관찬사서류

9 불교문화연구소편, 『한국불교찬술문헌총록』(자료부 ; Ⅰ전기편, Ⅱ사지편), 동국대출판부,
　1976.
10 이지관, 교감역주 『역대고승비문』 6(조선편1), 가산불교문화연구원, 1999.
11 이지관, 『한국고승비문총집, 가산불교문화연구원, 2000.
12 김윤세, 『동사열전』, 광제원, 1991 ; 동사열전(한글대장경 『海東高僧傳』 외), 동국역경원,
　1994.
13 한국문헌학연구소편, 『萬德寺誌』, 아세아문화사, 1976 ; 한국문헌학연구소편, 『大芚寺志』,
　아세아문화사, 1980.
14 양광식, 『대둔사지』, 금성인쇄출판사, 1997 ; 『백련사지』, 금성인쇄출판사, 1998.
15 한국불교사 관계문헌의 소개와 수집 정리의 필요성에 대한 문제제기는 김상현과 허홍식에
　의해 시도된 바 있다.
　허홍식, 「한국사지간행 현황과 전망」, 『한국학 문헌연구의 현황과 전망』, 아세아문화사, 1983 ;
　김상현, 「한국불교사 자료의 정리현황과 전망」, 『한국불교사 연구의 과제와 전망』, 중앙승가
　대학교세미나 자료집, 1993 ; 김상현, 「한국불교사 연구의 기초자료」, 『한국불교사의 재조명』,
　불교시대사, 1994.

官撰史書類에 의존한 연구는 조선후기의 불교정책이나 사회적 인식, 유자儒者의 대불교관對佛敎觀 등을 살필 수 있는 효과를 지니고 있지만, 이 시기 유행한 불교사상이나 신앙, 승려의 생존방식이나 사회관社會觀과 같은 불교계의 발전적 변화상과 당시 승려들의 의식 성장과 같은 불교계 내부의 능동적 경향을 살피는 것은 많은 한계를 지니고 있다. 실제로 이 시기 불교정책이나 유자의 불교관佛敎觀에 관한 연구 중에는 불교를 왕권강화나 정치흐름의 이해의 과정 속에서 이해하려는 움직임이 나타나기도 했다. 최근 사상계의 동향과 정치사적 측면에서 살핀 조선후기 불교에 대한 시각은 "불교계가 왕조체제王朝體制나 사족층士族層에 대해 끊임없이 화해와 타협을 시도했고, 그로 인해 존립할 수 있었으며, 결국에는 중흥의 기틀을 마련하였다"[16]고 한다. 또한 당시 불교계가 왕권강화나 정치적 역학관계 속에서 발전할 수 있었다[17]는 견해도 있다. 그러나 화해나 타협이라고 하는 것은 동등한 입장에서 이루어지는 것은 아닐까. 조정의 대불교관對佛敎觀과 정책政策이 호의적인 태도로 변한 것은 분명한 사실이지만, 불교는 여전히 이단異端이었고 승려는 전란 이후 부족한 민정民丁 요역노동을 보충하는 질적으로 우수한 노동력에 불과했다. 조선전기부터 후기에 이르는 불교계의 입장을 정치사의 일반적 논리로[18] 해석하는 것은 맹목적인 호교론護敎論을 기초로 진행되는 불교사 연구만큼이나 위험한 것이다.

한편 이 시기 찬술된 불서佛書나 사찰寺刹의 사적기事蹟記는 1900년대 초

---

16 조성산, 앞의 글, 309쪽 ; 조광, 19쪽 각주 7)의 글 참조 ; 김순석, 「조선후기 불교계의 동향」, 『국사관논총』 99, 국사편찬위원회, 2002.
17 김준혁, 앞의 글, 56쪽.
18 최병헌, 「보조사상의 사상사적 연구」, 『보조사상』 1, 보조사상연구원, 1987 ; 한영우, 『정도전 사상의 연구』, 서울대출판부, 1983.

이마니시 류[19] 이능화[20] 누까리야 콰이텐[21] 등이 해제만을 정리했고, 그 이후에도 승려의 문집과 사서류가 일부분만이 소개되었지만,[22] 그 연구 성과 또한 기초적인 것이어서[23] 불교계의 동향이나 역사인식을 구체적으로 살피는데 많은 한계를 지니고 있다. 다만 최근에는 승려의 비문이나 사적기에 대한 자료 발굴[24]과 비판적 검토[25] 등이 시도되기도 했다. 조선후기 승전과 사지류를 비롯한 자료의 수집은 현재 이 방면의 변변한 사서조차 없는 상황에서는 절대적으로 필요한 기초작업이다. 이것은 일차적으로 조선후기 불교사 연구를 위한 것이지만, 편견과 왜곡을 객관적으로 재검토하는 계기를 마련한다는 점에서도 중요한 문제라고 생각한다.

한편 『동사열전東師列傳』은 대둔사大芚寺의 승려 범해梵海 각안覺岸(1820~1896)이 1844년(헌종 10)부터 1894년(고종 31)에 걸쳐 찬술한 우리나라의

---

19 今西龍, 「朝鮮智異山華嚴寺事蹟記に就て」, 『佛敎史學』 2-8, 1911(高麗及李朝史硏究, 國書刊行會, 1974) ; 今西龍, 「朝鮮佛敎關係書籍解題」, 『佛敎史學』 1-1·2·3, 1912(高麗及李朝史硏究, 國書刊行會, 1974)
20 이능화가 조선후기 佛書에 대해 언급한 것은 <仁岳蓮潭訓詁私記>·<采永氏刊佛祖源流>·<志安 採集五宗綱要>에 불과하다.(『朝鮮佛敎通史』 下, 1918, 868~871쪽)
21 누까리야 콰이텐이 獅巖 采永이 저술한 『西域中華海東佛祖源流』에 대해 언급한 것은 8줄에 불과하다.(忽滑谷快天, 『朝鮮禪敎史』, 춘추사, 1930, 468-469쪽)
22 문명대, 「華嚴寺事蹟解題」, 『불교학보』 6, 동국대 불교문화연구소, 1969 ; 김영태, 『韓國佛敎古典名著의 世界』, 민족사, 1994.
23 허흥식, 「萬德寺誌의 編纂과 그 價値」, 『萬德寺誌』, 아세아문화사, 1977 ; 「大芚寺志의 編纂과 그 價値」, 아세아문화사, 1983 ; 「萬德寺志와 大芚寺志」, (高麗佛敎史硏究), 일조각, 1986 ; 「海東佛祖源流의 古代와 中世의 散聖」, 『高麗佛敎史硏究』, 일조각, 1986.
　김남윤, 「朝鮮後期의 佛敎史書 『山史略抄』」, 『동대사학』 1, 동덕여대 국사학과, 1995.
　김남윤의 연구는 『山史略抄』의 찬술이 승려로 하여금 적어도 自家의 譜史에 어둡기 때문에 찬술했음을 강조하고 있다. 그러나 찬자 문제를 비롯하여 내용분석의 소략함이라는 한계를 지니고 있는 것 또한 사실이다.
24 최원식, 「탁본으로 전해지는 조선 후기 승려 碑銘」, 『사학연구』 55·56합집, 한국사학회, 1998 ; 허흥식, 「普賢寺古今事蹟과 妙香異蹟의 史料價値」, 『정신문화연구』 24권 2호, 한국정신문화연구원, 2001.
25 김상현, 「불국사의 문헌자료검토」, 『신라의 사상과 문화』, 일지사, 1999 ; 김상현, 「화엄사의 창건 시기와 그 배경」, 『동국사학』 37, 동국사학회, 2002.

승전僧傳이다. 전체 6권으로 구성되어 있으며, 198인의 승전을 수록하고 있다. 승전 수록의 시간적 범위는 불교가 전래된 고구려 소수림왕 2년 (372)부터 조선 고종 31년(1894)까지 1500여 년의 한국불교사韓國佛教史 전 시기를 아우르고 있다. 『동사열전』의 현존 간본刊本은 규장각본奎章閣本과 국립도서관본國立圖書館本, 그리고 동국대학교東國大學校 등사본謄寫本이 있다. 이 가운데 규장각본(고古1723-4)은 1931년에 원본原本으로 보이는 중추원본 中樞院本을 저본底本으로 하여 필사筆寫한 것이며, 국립도서관본은 1941년 7 월 조선사편수회朝鮮史編修會에서 소장하고 있던 것을 등사한 것이지만, 오 자誤字・탈자脫字가 많아 1989년 동국대학교 불교전서편찬위원회佛教全書編纂 委員會에서 간본刊本들을 대교對校・교감校勘하여 『한국불교전서韓國佛教全書』 10 책에 수록했다.[26] 동국대학교 등사본은 1941년 조선사편수회본朝鮮史編修會 本을 1957년에 동국대 불교사학연구실佛教史學研究室에서 장외잡록藏外襍錄 제 2집으로 등사 간행한 것으로 원본의 오류誤謬를 바로 잡아 정오표正誤表를 만들었다. 한편 『동사열전東師列傳』의 국역國譯작업은 최근에 이루어졌지만, 원문原文에 충실한 번역이라기보다는 그 내용이 소략하거나[27] 임의로 첨 가시켜 적지 않은 혼란을 야기하고 있다.[28]

『동사열전』은 찬술된 이후 널리 간행되지 못했고, 그 유통 또한 활발 하지는 못했다. 그러나 우리나라 고대부터 조선후기에 이르기까지 승전 을 중심으로 불교사상佛教思想과 신앙信仰, 그리고 불교佛教 홍통弘通의 사실

---

26 覺岸, 『東師列傳』(『韓國佛教全書』 10, 동국대출판부, 1989) 이하 『韓佛全』으로 약칭함.
27 金侖世, 『東師列傳』(한글대장경 『海東高僧傳』 外), 동국역경원, 1994.
28 金侖世, 『東師列傳』, 廣濟院, 1991.
   이 책은 김윤세가 1984년 11월 14일부터 1990년 12월 26일자까지 불교신문에 번역 연재한 것을 엮은 것이다.

을 전하는 귀중한 자료이다. 더욱이 『해동고승전海東高僧傳』·『삼국유사三國
遺事』 등과 같은 종래의 우리나라 승전류僧傳類가 그 종류나 수록 인물 수
에 있어서 충분하지 못한 상황에서 볼 때, 『동사열전』은 각 시대의 불교
계의 동향을 고찰할 수 있는 종합적인 한국불교사서韓國佛敎史書라고 평가
할 수 있다. 그러나 『동사열전』에 대한 연구는 그 사료적 가치에도 불구
하고 전혀 이루어지지 않았고, 다만 해제解題의 단계에 머무르고 있다.[29]
『동사열전』이 198인의 승전을 수록한 방대한 양으로 구성되어 있는 것
도 한 요인이다.

　이 책은 조선후기에 찬술된 사지寺誌와 승전僧傳을 불교사서佛敎史書의 차
원에서 검토하고자 한다. 이 시기의 불교사서는 대개 유학자와 왕실에서
편찬한 사서史書와 불교계에서 찬술한 사서로 구분 지을 수 있다. 전자는
『범우고梵宇攷』·『가람고伽藍考』 등의 사지류와 『동국승니록東國僧尼錄』과 같
은 승전류, 『순오지旬五志』와 같은 유불선儒佛仙 삼교三敎에 대한 논설서論說書
들이 있다. 이 가운데 『범우고梵宇攷』와 『가람고伽藍考』는 영英·정조正祖시대
편찬한 사지류[30]로 전국의 지리地理에 정통하고, 고금의 문집文集과 읍지邑
誌 등을 고증하여 각 도에 산재한 사찰의 연혁沿革과 존폐存廢 여부 등을

---

29 李逢春, 1994, 「東師列傳 解題」(한글대장경 『해동고승전』 외), 동국역경원, 17~19쪽 ; 金煐
　泰, 1994, 「覺岸 撰集 東師列傳」, 『韓國佛敎古典名著의 世界』, 409~414쪽.
　김영태는 『동사열전』의 독특한 성격 때문에 고승전으로 보기보다는 평이한 列傳으로 평가
　하며, 名著나 古典으로 보기 어렵다고 하였다. 그러나 고대부터 조선왕조 최후기의 僧傳까
　지도 수록하므로서 한국불교사를 온전히 정리하였다는 점, 특히 동시대 불교사 기록을 수록
　함으로서 당시 불교계의 동향을 파악할 수 있다는 특징을 지니고 있다.
30 허흥식은 이에 대해 寺誌를 종합한 寺刹事典으로 규정하기도 했다(허흥식, 「한국사지간행
　현황과 전망」, 『한국학 문헌연구의 현황과 전망』, 아세아문화사, 1983. 179쪽). 오경후는 『범
　우고』의 분석을 통해 사찰의 수적 추이는 불교정책이나 불교계의 동향을 구체적으로 살필
　수 있는 자료이며, 정조의 불교인식 역시 엿볼 수 있다고 하였다(오경후, 『조선후기불교동향
　사연구』, 문현, 2015, 99~130쪽).

정리했다. 특히 『범우고梵宇攷』는 호의적인 불교정책의 일면을 알 수 있는 정조의 서문이 있어 주목할 만하다.[31] 『동국승니록東國僧尼錄』 또한 고대부터 조선전기까지의 승전을 기록한 사서로, 찬자와 연대가 밝혀져 있지 않지만, 고려의 신돈을 역승逆僧, 보우를 간승奸僧으로 구분하여 그 찬자가 유학자였을 것이다.[32] 유학자와 왕실이 주최가 되어 편찬된 불교사서는 조선후기 불교정책이나 유교적 측면에서의 불교인식을 살피는데 중요한 의미를 지니고 있다. 그러나 본 연구에서는 우선 불교계의 사서에 한정하여 검토하고자 한다.

이 책은 임진왜란과 병자호란 직후 중관中觀 해안海眼(1567~?)이 찬술한 『금산사金山寺』·『화엄사華嚴寺』·『대둔사사적大芚寺事蹟』과 1800년대 초반에서 후반에 이르기까지 찬술된 『대둔사지大芚寺志』·『동사열전東師列傳』 그리고 실학자 정약용의 『대동선교고大東禪教攷』와 한치윤의 『해동역사海東繹史』 「석지釋志」 등을 연구대상으로 삼았다. 사지寺誌와 승전僧傳이 조선후기 불교사와 미술사·구전문학口傳文學 등 불교사와 관련된 여러 분야를 연구하는 과정에서 중요한 자료로 기여한 것은 사실이지만, 한편으로는 전란戰亂 이후 대규모로 진행된 사찰의 창건과 중건의 결과로 이루어진 단편적인 사적기와 동일하게 취급되어 단순한 '자료집'이라는 인식 또한 지배적이다. 그러나 어느 한 사찰의 영고성쇠榮枯盛衰나 승려의 행적이 한 시대의 정치·경제, 그리고 사회적 분위기와 전연 무관한 것은 아니다. 더욱이 탄압과 소외가 계속되고 있었던 조선후기의 사찰寺刹과 승려僧侶는 당시

---

31 正祖, 「題梵宇攷」, 『弘齋全書』 56卷, 雜箸 3 ; 오경후, 「正祖의 佛教政策과 梵宇攷의 佛教史的 價值」, 『불교학보』 63, 동국대불교문화연구원, 2012.
32 김상현, 「韓國佛教史 資料의 整理現況과 展望」, 『한국불교사 연구의 과제와 전망』, 중앙승가대학 세미나자료집, 1993, 39쪽.

사상계의 동향이나 정치·사회적 변화에 직접적으로 노출되어 있던 시기이기도 하다. 아울러 이 책이 연구 대상으로 삼고 있는 승전僧傳과 사지寺誌는 조선후기에 편찬된 일반사서의 수준과 다르지 않다. 당시 사서 편찬에서 흔히 볼 수 있는 강목체綱目體를 준용準用하고 있는 점이나 광범위한 자료수집과 부실한 이전 기록에 대한 비판 그리고 치밀한 고증考證의 태도는 시종일관 유지되고 있었다. 사찰의 연혁에 대한 기술記述은 우리나라의 불교전래부터 각 시대의 불교계에 영향을 미친 크고 작은 사건 속에서 이루어졌다. 동시대 승려의 보사활동補寺活動을 통한 사원경제寺院經濟의 면모도 살필 수 있으며, 선교학禪敎學의 종원宗院이라는 명분아래 불교계의 중흥을 위한 노력도 엿볼 수 있다. 때문에 이들 사지와 승전은 동시대의 기록 뿐만 아니라 역대歷代의 불교사도 수록하고 있다는 점에서 어느 일부분을 취사선택해서 활용하는데 국한된 자료집의 기능만을 지니고 있는 것은 아니다. 특히 호남지역의 대둔사 승려들이 중심이 되어 찬술한 승전과 사지는 찬술시기에 따른 체재나 내용의 변화를 살필 수 있고, 심지어 자료수집이나 면밀한 고증이라는 찬술상의 방법론에서도 일반사서와 다르지 않아 좋은 비교대상이 된다. 아울러 실학實學과의 교유현상까지도 살필 수 있다.

시기상의 범위는 17세기 중엽부터 19세기 초까지 해당된다. 「대둔사사적기」와 『대둔사지』는 시간적 차이뿐만 아니라 찬술태도와 그 방식 등의 변화를 살필 수 있다. 아울러 승전은 각안의 『동사열전東師列傳』이 30여 년 이상의 승비僧碑와 행장行狀 등 광범위한 자료를 수집한 결과였다는 점에서 양란 직후부터 1894년까지의 시기를 채우고 있다.

양란兩亂이 발발했던 17세기 중엽에 찬술된 『금산사金山寺』·『화엄사華嚴寺』·『대둔사사적大芚寺事蹟』은 중관中觀 해안海眼이 전란 속에서 찬술撰述하여 전란기의 불교계에 대한 상황이 묘사되어 있으며, 사찰의 연혁을 한국불교사의 맥락에서 정리했다. 그러나 세 사적기의 구성과 내용이 일치하고 그 사실史實 또한 정확하지 않아 많은 문제점을 지니고 있는 것도 사실이다. 1800년대 초반에 찬술된『대둔사지大芚寺志』역시 그 찬술과정이나 성격이 병자호란 당시 찬술된『대둔사사적大芚寺事蹟』과는 많은 차이점을 지니고 있다.『대둔사지大芚寺志』는 광범위한 자료수집과 면밀한 고증을 통해 찬술되었다는 점에서 사지寺誌 가운데 가장 완성도가 높고, 정형화되어 있다는 평가를 받고 있다. 더욱이 실학자 정약용의 영향은 사지의 체제나 찬술방식에서도 엿보인다. 이것은 적어도『대둔사지大芚寺志』의 찬술이 당시 활발하게 진행된 실학자의 역사서 찬술과 그 인식과도 관련되어 있음을 의미한다. 그것은『동사열전東師列傳』에서도 찾아 볼 수 있다.

『동사열전東師列傳』은 우리나라 불교전래부터 편찬자가 살았던 1800년대 후반기까지 198인의 승려기록이다. 찬술자 범해 각안은 그의 일생 동안 3차례에 걸쳐 전국을 답사하면서 승려의 비문碑文과 행장行狀, 사찰의 기문記文·문집文集 등을 광범위하게 수집하고, 각 문헌과의 비교와 고증을 통해 정리하였다. 170여 명의 전기가 조선후기의 인물이고, 그것도 대둔사에 집중되어 있다는 한계를 지니고 있지만, 승전僧傳을 통해 한국불교의 사상·신앙·불교계의 동향 등을 엿볼 수 있다는 점에서 그 의의는 큰 것이다.

실학자 정약용과 한치윤의 불교사 편찬은 불교를 이단異端으로 규정했던 당시의 상황으로서는 보기 드문 일이다. 정약용은『대동선교고』의 찬술을 통해 우리나라 고대불교사를 정리했다.『대동선교고』는 김부식의『삼국사기三國史記』불교관계 기록을 토대로 했지만, 삼국의 불교 기록에 대한 형평성에 관한 지적과 함께 내용의 오류를 바로잡기도 했다. 한치윤韓致齋의 『해동역사海東繹史』「석지釋志」는 불교전래부터 조선시대까지의 불교사를 정리했다. 뚜렷한 특징은 중국과 일본의 사서에 수록된 우리나라의 불교관계 기록을 토대로 했다는 점이다. 그러나 내용의 대부분이 고려불교에 국한되어 시대적 균형은 적절하지 못하고, 각 시대별 불교사 이해는 많은 한계를 드러내고 있다.

이 책은 이들 승전과 사지가 지닌 특성과 반영하고 있는 시대 상황을 토대로 구성이나 찬술방식, 불교계의 역사인식까지도 개별적으로 살펴보고자 한다. 먼저 불교사서 찬술의 기틀이 된 조선후기 불교계의 발전적 동향과 승전과 사지류의 찬술을 정리했다. 전란 당시 의승군義僧軍의 활약으로 인한 사회적 인식의 변화나, 잡역에 동원되는 힘겨운 상황에서도 전개되었던 보사활동補寺活動 등은 당시 불교계의 선교학禪敎學 발전과 강회講會의 성행, 그리고 조선불교사에 대한 자주적 인식의 굳건한 토대가 되었다. 많은 승려의 비문과 사찰사적기의 출현은 소실되고 폐허가 된 사찰을 재건하고 수행자의 본분을 지키고자 노력한 결실이기도 하다. 조선후기의 승전과 사적기 찬술에 대한 부분은 현재 일부의 승전과 사적기를 수록한 『조선사찰사료朝鮮寺刹史料』와 한국학문헌연구소에서 엮은 사지寺誌를 표본으로 삼아 유형별, 연대별로 통계를 산출했고, 체제나 내용을 살펴보았다. 이러한 작업은 조선후기 각 연대별 사적기와 승려비문의 찬술 경향을 살피고, 본 연구 대상인 승전과 사지류와의 차이점을 살피기 위한 기초 작업이다. 이 가운데 불교계의 동향은 기왕의 연구 성과를 토대로 했음을 밝혀 둔다.[33]

---

33 필자가 인용한 대략의 연구 성과는 다음과 같다.
　　안계현, 「韓國僧軍譜」, 『한글대장경』 152, 동국역경원, 1970.

조선후기 불교계에서 찬술한 사찰 사적기로는 초기의 저술에 해당하는 중관 해안의 『금산사金山寺』・『화엄사華嚴寺』・『대둔사사적大芚寺事蹟』에 대해서 살펴보고자 한다. 전란 당시 승군의 활약과, 17세기의 역사인식에 대한 이해를 기초로 사적기의 구성과 내용, 찬술에 이용된 자료에 대한 고찰을 통해 찬술자의 불교사 인식과 역사적 의의를 고찰했다. 특히 부정확한 사적기의 내용에 대한 검토는 이후에 찬술된 『대둔사지大芚寺志』나 『동사열전東師列傳』과 좋은 비교가 될 것으로 생각한다.

1800년대 초반에 찬술된 『대둔사지』역시 분석했다. 이 사지는 대둔사의 중흥을 모색했던 승려들과 유배자 정약용의 교유뿐만 아니라 그의 경학 경학經學이나 역사서 찬술의 방법 그리고 역사인식이 찬술자들에게 영향을 주었다는 점에서 그 이전의 사지류와 뚜렷한 차이점을 지니고 있다. 특히 1636년에 찬술된 『대둔사사적』의 오류를 신랄하게 비판하고, 대둔사의 위상을 강조하기 위한 서술은 실학의 영향과 조선불교사에 대한 자주적 인식을 살필 수 있다는 점에서 주목할 만하다.

『대둔사지』와 동시대에 찬술된 『만덕사지萬德寺誌』역시 살폈다. 『만덕사지』는 조선후기 만덕사(백련사)와 관련된 일련의 사실들을 면밀한 고증을 통해 찬술하였다. 다산은 사지 전권을 감정하는 소임을 맡았고, 그와 사제의 인연을 맺었던 아암 혜장을 비롯한 그의 제자들이 편집과 교정을

---

김덕수, 『임진왜란과 불교의승군』, 육군본부종감실, 1992 ; 윤용출, 「17세기 이후 僧役의 강화와 그 변동」, 『조선후기의 요역제와 고용노동』, 서울대학교출판부, 1998 ; 呂恩暻, 「朝鮮後期 사원침탈과 승계」, 『경북사학』 9, 경북대사학회, 1986 ; 한상길, 『朝鮮後期 寺刹契研究』, 동국대 박사학위논문, 2000 ; 金甲周, 「海南大興寺의 補寺廳研究」, 『朝鮮時代 寺院經濟의 研究』, 동화출판공사, 1983 ; 韓基斗, 「朝鮮末期의 禪論」, 『韓國禪思想研究』, 동국대불교문화연구원, 1984 ; 「白坡와 草衣時代 禪의 論爭點」, 숭산박길진박사화갑기념 『한국불교사상사』, 1975 ; 鄭炳三, 「불교계의 동향」, 『한국사』 35, 탐구당, 1998 ; 박병선, 『朝鮮後期 願堂研究』, 嶺南大 博士學位論文, 2001.

맡았다. 다산은 유배시기 동안 전라도 강진에서 그들과 폭넓은 교유를 가졌고, 학문을 가르친 스승이기도 하였다. 그 영향은 사지찬술에까지 이어졌다. 강목체綱目體로 구성되어 있고, 찬술방식 역시 일반사의 그것과 차이가 없다. 찬자들은 한국불교사에서 대표적인 신앙결사였던 고려 중후기 백련결사의 인물들을 중심으로 찬술하였다. 그들은 흩어진 기록들을 광범위하게 수집하여 불교사적 의미를 밝혔다. 오랜 시간이 흘러 수집이 용이하지 않았고, 불교에 대한 탄압과 소외는 여전하였지만, 불교사 복원과 만덕사의 역사적 가치를 강조하는데 소홀하지 않았다. 그들은 고려시대 자료에 대한 오류를 바로잡았고, 사라질 위기에 처한 자료를 수록하여 보존하고자 하였다. 찬자들은 동시대의 만덕사가 지닌 위상과 가치 역시 강조하였다. 그들이 찬술했던 조선시대 만덕사의 8대사는 조선후기 불교계에 유행했던 선교학의 대가들이었다.

8대사는 소요 태능의 문손들로 청허 휴정의 의발을 전수받은 이후 선교학의 종원宗院임을 표방하고자 했던 대흥사의 종사나 강사로 손꼽히는 이들도 있었다. 『만덕사지』는 취여 삼우가 조선후기 만덕사를 중흥시킨 인물로 평가하고 있다. 수백 명의 대중들이 그의 화엄학 강의를 듣고자 운집했다고 한다. 그 가운데는 글을 몰랐던 화악 문신도 있었다. 이후 만덕사는 중흥의 기틀을 마련하였고, 선교학에 조예가 깊은 승려들이 배출되었다. 비록 조선시대의 만덕사는 대흥사보다는 그 사세가 크게 낙후되었지만, 걸출한 인물들의 배출은 뒤지지 않았다. 그러므로 대흥사가 선교학의 종원을 표방한 것은 만덕사 승려들의 기여 또한 적지 않았음을 의미한다.

결국 『만덕사지』의 찬술은 전란이후 자주적 역사인식과 찬술의 소산물이라고 할 수 있다. 자국사自國史에 대한 독자적 인식과 정체성 강조는 우리나라 불교사에 대한 적극적 인식으로 이어져 광범위한 자료수집과 면밀한 고증을 거쳐 객관적 찬술을 시도한 것이다. 이것은 탄압과 소외로 망실된 불교사를 복원하는 역사적 의의도 지니고 있다.

한편 실학자 정약용과 한치윤이 찬술한 불교 사서를 검토했다. 당시 실학자들이 진행했던 역사서 찬술과 역사인식의 주요 목적은 자국사自國史에 대한 긍지와 자주적이고 독자적 인식을 위한 노력이었다. 아울러 조선의 문화전통을 재발견하고자 하는 경향도 엿보인다. 불교를 이단異端으로 규정했던 그들이 불교사를 찬술한 것은 주목할 만한 현상이다. 찬술 배경과 내용의 검토는 이러한 의문을 다소나마 해소시켜 줄 것이다. 더욱이 그들의 불교사 이해에 대한 한계는 여전히 불교사상이나 신앙 등 불교가 지닌 고유의 종교적 성격을 부정하는 것이어서 이들의 불교사 찬술의 목적이 어디에 있었는가를 구체적으로 살필 수 있을 것으로 본다. 아울러 이들의 불교사 찬술이 불교계에 미친 영향 또한 검토하고자한다.

또한 『동사열전東師列傳』과 그 찬술자인 범해梵海 각안覺岸의 생애에 대한 검토를 시작으로 찬술동기와 구성, 찬술자가 오랜 기간을 거쳐 수집했던 자료를 분석하여 찬술태도를 살펴보았다. 『동사열전東師列傳』은 문제점도 찾아 볼 수 있는데, 내용상의 오류는 각안이 활용했던 자료를 토대로 비교하였다. 각안이 승전을 찬술하게 된 동기 가운데 하나는 채영采永이 찬술한 『서역중화해동불조원류西域中華海東佛祖源流』가 지닌 한계를 바로잡기 위한 것이기도 했다. 우리나라 역대 승려의 법맥과 전기를 정리한 채영의 작업은 자신의 문파門派를 중심으로 이루어졌고, 소략하고 부정확하다. 따라서 필자는 『동사열전東師列傳』에 입전立傳된 승려들의 전기기록과 함께 그들의 법맥을 추적하여 채영의 한계를 극복했는지에 대한 검토 작업도 함께 진행했다.

마지막으로 2000년 이후부터 진행된 조선후기 불교사에 대한 연구성과와 과제를 정리하였다.

# Ⅱ.
# 조선후기 불교계와
# 사찰사적기 찬술

# Ⅱ. 조선후기 불교계와 사찰사적기 찬술

## ① 불교계의 동향

조선후기 불교계의 승전僧傳과 사지寺誌 찬술은 전쟁의 과정에서 폐허가 된 사원의 재건과정에서 비롯되었다. 조선불교는 여전히 탄압과 소외의 대상이었지만, 왜란과 호란 당시 승려의 적극적인 활동과 전란 이후 국역國役의 담당은 일차적으로 정부와 사회의 부정적인 인식을 전환하게 했다. 선조宣祖와 정조正祖의 친불교정책親佛敎政策과 왕실의 불교계에 대한 지원은 괄목할 만하다. 불교계의 사원경제 확립을 위한 노력 또한 쇠락한 사원을 창건하는 외형적인 성과뿐만 아니라 승려의 본분인 수행을 활성화시키는데 기여하기도 했다. 이들은 대승경전大乘經典에 대한 연구와 선학禪學에 대한 논쟁을 활발하게 진행하였으며, 강회講會를 개최하여 수행의 분위기를 고조시켰다. 불교계의 이러한 내외적內外的인 변화와 발전은 승려들에게 조선불교에 대한 적극적인 이해와 각성을 요구했다. 승려들은 사원과 함께 사라져 버린 조선불교의 독자성과 자긍심을 확인하기 위한 노력 또한 승전과 사지 찬술을 통해 이루고자 하였다. 그러므로 불교계의 사지와 승전의 찬술은 사원재건에 국한된 단순한 의미만을 지니고 있는 것은 아니다. 이것은 불교계의 내외적인 변화와 발전의 토대가 되었고, 조선불교사에 대한 주체적인 이해를 가능하게 했다.

## 1) 의승군의 활약[1]

왜란과 호란은 조선사회를 변화시킨 중요한 동인動因이었다. 이러한 변화는 당시 불교계뿐만 아니라 조선의 불교를 긍정적으로 인식하는 중요한 계기가 되기도 했다. 이 시기 불교계는 유생들의 불교교리佛教敎理 비판批判이나 정업원淨業院 혁파革罷에 대한 상소上疏가 계속되었고, 심지어 왕의 우호적인 불교정책에 대한 비판 또한 조선전기와는 달리 그 강도가 높았다. 유신儒臣들은 선조宣祖가 수은水銀과 황랍黃蠟을 대궐 안에서 쓴다는 소문을 듣고 불상佛像을 조성할까 염려하여 여러 차례에 걸쳐 그 해명을 요구하기까지 했다.[2]

1592년(선조 25)에 발발한 임진왜란壬辰倭亂은 미천한 신분으로 전락한

---

1 임진왜란 당시 활약했던 僧軍에 대한 최근의 연구 성과는 다음과 같다.
　박재광, 「임진왜란 초기 의승군의 활동과 사명당」, 『동국사학』 42, 동국사학회, 2006 ; 오경후, 「朝鮮後期 佛教政策과 性格研究 -宣祖의 佛教政策을 中心으로」, 『韓國思想과文化』 58, 한국사상문화학회, 2011 ; 김용태, 「임진왜란 의승군 활동과 그 불교사적 의미」, 『보조사상』 37, 보조사상연구원, 2012 ; 황인규, 「임진왜란 의승군의 봉기와 전란의 충격」, 『한국불교사연구』 2, 한국불교사연구소, 2013 ; 고영섭, 「韓國思想 史學 : 조선후기 승군제도의 불교사적 의미」, 『한국사상과문화』 72, 한국사상문화학회, 2014.
2 『宣祖實錄』 宣祖7年 3月20日條.
　『선조실록』은 선조의 親佛教的 性向을 엿볼 수 있다. 선조는 佛像造成에 대한 빈번한 유신들의 반대뿐만 아니라 淨業院 革罷에 대한 상소문에 지극히 미온적으로 대처하고 있다.

승려들의 사회적 지위를 격상시키는 계기가 되었다. 의승군義僧軍 활동活動으로 인한 이들의 국가적 공헌이 지대했기 때문이었다. 서산대사西山大師 휴정休靜(1520~1604)은 선조의 명으로 종군從軍한 이래 그 문도들을 중심으로 활발한 활동을 전개했다. 영규靈圭는 800명의 승군僧軍을 거느리고 조헌趙憲과 합세하여 청주를 수복했다.[3] 영규는 그 후 약 2,000명의 승군과 함께 금산錦山전투에도 참가하여 동지중추부사同知中樞府事를 제수받기도 했다.[4] 1592년 9월 14일에는 승려 홍준弘俊이 200여 명의 승군을 지휘하여 일본군의 전라도 진출의 요지인 무주茂朱로 진군했으며[5] 해남 대둔사의 처영處英도 1,000명의 승군을 거느리고 권율權慄과 합류했다. 사명당四溟堂 유정惟政은 700명의 승군을 지휘하여 평양을 수복하기도 했으며, 정유재란丁酉再亂 때에도 의승군 지휘와 적진에 출입하여 화평和平에 공헌하기도 했다. 이밖에 중관中觀 해안海眼은 행주산성과 영남嶺南에서 승군을 조직하여 활약했다.[6] 부휴浮休 선수善修와 그 제자 벽암碧巖 각성覺性은 수군水軍으로 활약하기도 했다.[7]

　의승군 조직과 활동은 호국불교의 면모뿐만 아니라 불교계가 사회적으로도 재평가 받는 계기가 되었다.[8] 비록 승군僧軍의 사기진작을 위한 회

---

3 『宣祖實錄』 宣祖 25年 8月 1日條.
4 『宣祖實錄』 宣祖 25년 10月 정미조.
5 『鎖尾錄』 第2 「癸巳日錄」 11월 6일조.
6 南公轍, 「四溟大師紀蹟碑銘」(校勘譯註 『歷代高僧碑文』(朝鮮篇 1), 가산불교문화연구원), 1999, 173쪽.
7 李景奭, 「華嚴寺 碧巖大師碑銘」.
8 우정상, 「이조불교의 호국사상에 대하여-특히 의승군을 중심으로-」, 『백성욱박사송수기념 불교학논집』, 1959, 안계현, 「한국승군보」, 『한글대장경』 152, 동국역경원, 1970.
　임진왜란 당시 승려의 의승군 활동이나 산성축조와 부역 등에 관한 종합적 이해는 김덕수가 이 시기 승군의 활동에 관한 여러 논문을 엮어 놓은 『임진왜란과 불교의승군』(육군본부종감실, 1992)이 있다. 그러나 대부분의 논고가 단순한 자료나열과 호국불교를 중심으로 이루어

유책에 불과했지만, 왜군倭軍의 목을 벤 승군들은 선과禪科와 승직僧職의 첩牒을 받기도 했다. 유정惟政은 당상관堂上官에 제수되었으며, 의엄義嚴은 첨지僉知의 실직實職에 제수되어 성균관成均館 생원生員들의 반대상소가 있기까지 했다.[9] 의승군의 활동은 전란에서의 공적뿐만 아니라 그 직후의 국역國役에서도 예외는 아니었다. 선초鮮初부터 승려는 국가적인 토목土木이나 수리 공사를 담당하여 그 대가로 도첩度牒을 지급 받았는데, 이러한 사례는 전란 중에도 심화되었다. 당시 승군이 담당한 역役은 산성山城의 축조築造와 보수, 군량미 운송 등이었으며, 종묘건립宗廟建立과 서적인출書籍印出은 물론 전란으로 희생된 시체를 매장하는 일까지 담당했다. 이밖에 은銀 채취, 벌목伐木과 운송運送, 산릉조성山陵造成과 수호 등의 역을 담당하여 도첩度牒·고신告身·면천免賤 등의 혜택을 받기도 했다. 승려들의 활약과 국역國役의 담당은 수반된 희생도 컸지만, 불교계 전체의 위상을 격상시키게 되어 휴정休靜의 사후死後에는 밀양密陽 및 해남海南 대둔사大芚寺에 표충사表忠祠를 세우고, 묘향산에 수충사酬忠祠를 세워 그의 우국충절을 기렸다. 제자 유정 또한 영조 19년 일반서원一般書院의 예에 따라 표충사의 편액이 하사되기도 했다. 이밖에 전란과 역役에 참여했던 대부분의 승려들이 공명고신첩空名告身牒을 받아 이후 개인뿐만 아니라 궁핍한 사원경제를 해결하는 데 다소나마 도움이 되었다.[10]

---

졌다. 이제는 양란 당시 의승군의 활약이 조선후기 불교사 연구의 출발점이라면 승려의 사회적 위치와 불교계의 동향 변화라는 직접적이고도 현실적인 차원에서 그 연구가 이루어져야 할 것이다.

9 『宣祖實錄』宣祖 29年 11月 19日條.

10 조정의 이러한 호의는 승려의 희생에 대한 대가이자 노동력 확보를 위한 조치였다. 승려에 대한 실질적인 처우는 이 표면적인 배려와는 분명한 차이를 보였다.

## 2) 잡역과 보사補寺활동[11]

조선왕조가 지향하는 숭유억불의 국가정책은 지속적으로 추구되었다. 국초부터 이미 사찰 소속의 토지와 노비를 몰수하여 국가재정에 충당한 다든지 승려인구를 억제함으로써 낭정良丁을 확보한다는 현실적 과제가 함께 추진될 수 있었다. 이러한 사정은 승군이 대규모로 기여한 임진왜란 이후에도 강화되었다. 사원경제의 토대를 이루는 사위전寺位田이 상실 되거나 의승군義僧軍으로 동원되어 불교계가 황폐화 되었다. 이외에 사원 은 관부官府나 향교·서원·향청 등에 예속되어 각종 잡역을 부담하여 사 원경제가 극도로 고갈되었다. 종래 사원이 보유하고 있었던 위전位田은 전란戰亂 동안 대부분 황폐되었거나 향촌의 토호土豪들이 무단으로 점유한 것이다.[12] 더욱이 남아있는 사위전은 1663년(현종 4) 낭역良役을 확보하고 자 왕패王牌있는 사원을 제외하고는 모두 환수조치 되었다.

승려들은 전란과 그 이후에 각종 역役에 동원되었다. 전란이나 전염병 등으로 죽은 시신을 매장하는 일이나 환자를 구호하는 일은 물론이고, 산성의 축조와 방어의 부담은 가혹했다. 남한산성은 1624년(인조 2) 후금

---

11 조선후기 僧役에 대한 최근의 연구는 다음과 같다.
　 윤용출, 「17세기 후반 산릉역의 승군 부역노동」, 『지역과역사』 28, 부경역사연구소, 2011 ; 김순남, 「16세기 조선의 피역승의 증가와 승도 조직의 재건」, 『조선시대사학보』 66, 조선시 대사학회, 2013 ; 오경후, 「朝鮮後期收取體制와 佛敎」, 『동방문예연구』 2, 동방문화대학원 대학교 불교문화예술연구소, 2013 ; 윤기엽, 「북한산성의 僧營寺刹」, 『국학연구』 25, 한국국 학진흥원, 2014 ; 김용태, 「조선후기 남한산성의 조영과 승군의 활용」, 『한국사상과문학』 78, 한국사상문화학회, 2015 ; 오경후, 「光海君, 仁祖年間僧役의 實際」, 『한국불교연구』 6, 한국 불교사연구소, 2015.
12 1594년 柳成龍은 屯田 설치를 건의하는 가운데 충청도의 40여 개 사찰의 位田이 모두 空閑 地로 변해 쓸모없는 땅으로 변했고, 奸民이 冒占하여 수확물이 모두 私家에 들어간다고 애 석해 했다(『增補文獻備考』 卷145, 田賦考5).

後金의 압력이 가중되자 같은 해 7월에 축성공사築城工事가 시작되어 1626년(인조 4) 11월에 완공되었다. 북한산성은 1711년(숙종 37) 4월 축성築城을 시작하여 같은 해 10월에 완공을 보았다. 남·북한산성의 축성은 평안·함경도를 제외한 전국의 사원에서 각 350명씩 700명의 승려들이 의승군義僧軍으로 상번上番하여 산성내외 사원의 상주승常住僧과 함께 1년에 2개월씩 6회에 윤번輪番으로 복무했다. 의승군들은 산성방어를 위한 경비와 장비를 스스로 부담했으므로 의승군이 소속된 사원은 재산이 고갈될 수 밖에 없었다.

> 남한산성의 의승군역은 승도의 고통스러운 폐단이 되었습니다. 本道에서는 의승군이 큰 사찰은 4~5명, 작은 사찰은 1~2명씩이며, 1명을 보내는데 百金이 듭니다. 한 사찰에서 매년 4~5백금의 비용을 마련해야 하니 저들 승도가 어찌 鉢盂를 메고 떠나지 않을 수 있겠습니까[13]

인용문은 1754년 호남이정사湖南釐正使 이성중李成中이 복명서계復命書啓에서 의승군 동원에 따른 폐해를 기록한 것이다. 북한산성北漢山城 또한 예외는 아니어서 '승려가 의승군 입번入番의 역役을 견디지 못하고 대부분 흩어지고 1명도 경내에 거주하는 자가 없다'[14]고 하였다. 18세기 중엽 영남지방의 의승義僧이 한 차례 상번上番하는데에는 30냥의 경비가 든다[15]고 하

---

13 『영조실록』 권18, 영조 30년 4월 무신조
14 『비변사등록』 제130, 영조 32년 정월 12월조.
15 『비변사등록』 제122, 영조 27년 2월 26일조.

였다. 균역법 이후 양인 농민이 1인당 면포 1필의 군역세를 부담했던 사정과 비교해 보면 수십 배에 달하는 무거운 부담이 의승義僧의 명목으로 주어졌음을 알 수 있다. 이러한 폐단은 1756년(영조 32) 승려와 사원 측의 실정에 따라 의승군 폐단의 시정책으로 「남북한의승방번변통절목南北漢義僧防番變通節目」과 「남북한의승방번전마련별단南北漢義僧防番錢磨鍊別單」이 마련되었다. 그러나 이와 같은 조치는 근본적인 해결책이 되지 못했다. 1788년(정조 12)에 시행된 의승방번전 반감조치 또한 마찬가지였다. 결국 승려들은 평민보다 더 극심한 군역軍役을 감당하지 못하고 도망하는 수가 점차 증가하여 큰 사찰조차도 잔패殘敗되기에 이르렀다. 승려들은 산성 방어에만 동원된 것이 아니었다. 남한산성의 승군들이 1698년(숙종 24) 사릉봉릉역思陵封陵役에서는 150명이 징발되었고[16] 전란 직후에는 궁궐 복구공사에도 동원되었다. 17세기 이후에는 공해公廨를 비롯한 각종 건축물의 영건과 전국 주요 산성의 축성, 지방의 제언堤堰 수축修築이나 관아의 목공木工, 석공石工, 화승畵僧 등으로 징발되기도 했다.[17]

승려들은 군역뿐만 아니라 지방관부地方官府 및 향촌세력의 속사屬寺 형태로 예속되어 지물紙物과 각종 잡역雜役을 소속처에 무상으로 제공하기도 했다. 속사제도屬寺制度는 조선 초부터의 관행으로 사원은 중앙관부를 비롯한 궁방宮房, 지방의 감監·병영兵營에 예속되는 대신 이들의 비호 아래 과중한 사역寺役의 대상에서 벗어나고, 중앙 관부는 속사屬寺를 통해 수용 물자를 확보할 수 있었다. 그러나 전란 이후 국가경제의 고갈과 관리기

16 『思陵封陵都監儀軌』啓辭秩, 戊寅 12월 1일.
17 윤용출, 「17세기 이후 僧役의 강화와 그 변동」, 『조선후기의 요역제와 고용노동』, 서울대학교 출판부, 1998, 141~150쪽.

강의 해이 등으로 지방의 향교·향청·서원·작청 등 향촌 세력조차도 헐
값이나 무상으로 각종 잡물을 공급받을 수 있었고, 승려들의 노동력을
사역使役할 수 있는 재원財源으로 사원을 속사화 했던 것이다. 관부나 향족
심지어 사대부, 서리들은 공급한 원료보다 잡물을 더 많이 요구했으며
수탈하기까지 했다.[18] 예컨대 경상도 창원昌原에서는 흰 가죽신(白鞋), 짚
신(草鞋), 가는 새끼(細繩) 등을 무상으로 조달케 했으며, 장지壯紙를 비롯한
10가지 종이들을 헐값을 지불하고 취용取用했다. 합천陜川에서는 짚신뿐
만 아니라 송화松花가루, 석이버섯 등을 각 사찰에서 예납例納했으며, 종
이 역시 각 사찰에서 '급가부취給價浮取'했다.[19] 승려들은 결국 수탈을 견
디지 못해 환속還俗하거나 은둔하였으며, 인근의 부유한 사원에 잡역雜役
을 전가했다. 또한 그들은 권세가와 연결하여 잡역을 면제받았으며, 궁방
宮房이나 중앙관부와 연결되어 그 원당願堂이 되었다. 원당은 불교계가 사
회·경제적으로 발전할 수 있는 기틀이 되기도 했다.

한편 승려들은 보다 적극적인 방법으로 이미 황폐해진 사원경제를 소
생시키기 위해 진력했다. 그들은 탁발이나 수공업, 상업에 종사하여 그
이윤으로 계契를 결성했다. 승려들의 계조직은 선초鮮初부터 있었지만, 임
진왜란과 병자호란 이후 사원경제의 고갈과 억불책抑佛策이 강화되어 그
명맥조차도 유지할 수 없게 되자 기존의 수행과 친목의 기능과 함께 보
사補寺를 위한 계를 조직한 것이다. 승려들이 조직한 계는 일반적으로 갑
계甲契와 청계廳契로 구성되었다. 갑계는 대개 같은 연령의 승려들로 조직
되어 친목 도모와 함께 전답田畓과 미곡米穀, 금전金錢을 본사本寺와 부속암자

18 『備邊司謄錄』 제82, 영조 3년 10월 22일조.
19 『賦役實摠』 6冊, 慶尙道 昌原, 7冊 陜川.

등에 헌납했다. 불상개금佛像改金, 다리축조, 주종鑄鐘, 전각신건殿閣新建 등 사원의 건축과 보수를 위해 활용되었다.[20] 청계 또한 직임職任이나 특정한 목적을 위해 설치한 기구다. 판청判廳은 재물을 모아 사용寺用의 부족을 보충하고 사원 내의 기강확립과 수행을 규찰하는 기구였으며, 서청書廳은 사원보수, 어산청魚山廳은 범패梵唄(魚山)를 전수專修하는 직임을 위한 기구였다.

갑계는 원칙적으로 동일연령의 승려들로 구성되었지만, 6살 차이내의 승려들에 의해 조직되기도 했다.[21] 계원의 수는 최소 10인 이상으로 조직되었고 상한은 두지 않았다. 운영은 계에 경험이 있는 자가 갑장甲長이 되었고, 대표자인 수두首頭·계장契長, 운영위원인 공원公員, 문서관리책임자인 기사記事와 서기書記 등이 있었다. 계금契金은 분할 납부방식이 아니라 약정된 계금을 계원수로 나누어 할당한 후 일시에 불입하여 전체 계금을 필요한 사람에게 식리殖利하여 목표액에 도달하면 사원에 헌납하는 방식을 취했다.[22] 청계의 계원은 청의 직임을 맡은 승려들로 구성되었지만, 직임에서 물러난 전前승려도 참여했다. 계금의 불입은 계원들의 규약에 의해 할당된 금전, 미곡 등을 약정날짜에 불입하는 방식이었다. 조선후기 사찰계는 이외에도 불량계佛糧契·염불계念佛契만일회萬日會·칠성계七星契·불공계佛供契·만세계萬歲契·등촉계燈燭契·열반계涅槃契·장명등계長明燈契·미타회彌陀會·의자계衣資契·지장계地藏契 등이 조직되어 있었다. 승려들의 보사활동은 18세기 후반이 되면 토지土地·금곡金穀·미곡米穀 등을 사원에 헌납하는 형태로 변화한다.

---

20 呂恩暻, 「朝鮮後期 사원침탈과 승계」, 『경북사학』 9, pp.31~36 甲契事例 참조.
21 여은경, 앞의 논문, 47쪽.
22 한상길, 『朝鮮後期 寺刹契硏究』, 동국대박사학위논문, 2000, 113쪽.

승려들의 계조직을 통한 이러한 보사활동은 전각殿閣의 개보수改補修, 불상개금佛像改金 뿐만 아니라 강경講經과 강원講院의 운영 등 수행에도 많은 기여를 했다. 보사활동이 조선후기 불교계에서 성행한 경전연구와 강회의 발전에 토대가 된 것이다. 예컨대 조선후기 불교계에서 강회講會가 성행했던 대둔사는 1607년(선조 40)서산대사의 의발을 모시는 법회法會의 경비를 지출하기 위해 소유전답을 팔기도 했다.[23] 대둔사는 이밖에 강회講會·대회大會[24]·법회法會가 빈번히 열렸는데 특히『화엄경華嚴經』의 연구는 그 오류를 바로잡고[25] 대화엄강회大華嚴講會[26]·화엄대법회華嚴大法會[27] 등을 열어 화엄사상의 연구를 활발하게 진행시켰다. 당시의 규모와 강사 그리고 참석인원 등 강회에 대한 전반적인 사항을 상세하게 정리한 강회록은 매번 100여 명 이상의 승려가 참여했다고 한다. 상월霜月 새봉璽鋒(1687~1766)이 주최한 1754년(영조 30) 선암사仙巖寺 화엄강회華嚴講會는 모두 1,000여 명이 참석한 대규모 강회講會였다고 한다. 대둔사 승려들이 농기구 행상과[28] 바느질과 조화造花를 만들어[29] 지원한 보사활동은 침체된 불교계의 교학의 융성과 발전, 수행풍토를 진작시키는 결과를 가져왔다.

조선후기의 불교교단은 이밖에 강원講院과 선원禪院·염불원念佛院 등이

---

23 金甲周,「海南大興寺의 補寺廳研究」,『朝鮮時代 寺院經濟의 研究』, 동화출판공사, 1983, 249쪽.

24 李法山은 종래의 일정한 순서 없이 개발되고 정리되어 온 講院의 履歷과정이 조선후기에는 大會라는 새로운 명칭을 가진 교육기간을 개설하고 교과과정을 새롭게 정비하였다고 하여 대회가 곧 교육기관으로 개설되었다고 했다(法山, 1994,「조선후기 불교의 교학적 경향」,『한국불교사의 재조명』, 불교신문사, 348쪽).

25 「金剛山楓潭堂大禪師碑銘」,『朝鮮佛教通史』上(상), 511쪽.

26 覺岸,「虎岩宗師傳」,『東師列傳』(『韓佛全』10, 1026b쪽)

27 覺岸,「蓮坡講師傳」,『東師列傳』(『韓佛全』10, 1033a쪽)

28 覺岸,「華岳祖師傳」,『東師列傳』卷3(『韓佛全』10, 1023c쪽)

29 覺岸,「八紘禪伯傳」,『東師列傳』(『韓佛全』10, 1071c쪽)

총림叢林을 중심으로 운영되었는데, 승려의 원활한 수학修學을 위해 원주院主·화주化主·별좌別座 등이 각종 계契에서 나온 식리殖利로 그 외호역할外護役割을 했다.

## 3) 강회의 설행[30]과 선학논쟁

불교계의 『화엄경』을 중심으로 한 대승경전의 강경講經과 강회講會는 18세기 후반인 영조대英祖代 이후부터 성행했다. 설파雪坡 상언尚彦(1707~1791)은 『화엄경』을 25회나 강의하고, 『화엄소초華嚴疏抄』의 각 소과疏科를 상세히 해설하고 그림으로 표시하여 『화엄은과華嚴隱科』를 저술했다. 그는 1770년 낙안 징광사澄光寺의 화재로 『화엄경』 80권이 소실되자 다시 판각하여 덕유산 영각사靈覺寺 옆에 경판각을 세우고 봉안하기도 했다.[31] 그의 『화엄경』 연구는 조선후기 화엄학華嚴學 성행에 기여한 바가 컸는데, 제자 연담蓮潭은 "동국東國에 화엄華嚴이 있는 듯 없는 듯 하였는데 상언이 태어나 화엄의 무너진 강령을 정비하여 십현법문十玄法文을 거듭 펼 수 있었으니 그 누가 청량이 다시 왔다고 말하지 않겠는가"[32]라고 하여 설파가 조선후기 화엄학에 끼친 공적을 높이 평가했다. 설파의 화엄학 연구는 이후 제자

30 조선후기 불교계의 講會관련 최근 연구 성과는 다음과 같다.
  이종수, 『조선후기 불교의 수행체계 연구 : 三門修學을 중심으로』, 동국대박사학위논문, 2010 ; 오경후, 「朝鮮後期 楡岾寺의 法脈과 修行傳統의 價値」, 『역사민속학』 43, 한국역사민속학회, 2013 ; 오경후, 「朝鮮後期 碧松寺의 修行傳統과 佛教史的 價値」, 『한국학연구』 36, 인하대한국학연구소, 2015 ; 오경후, 「朝鮮 中後期 金山寺와 禪教兼修 傾向」, 『불교학보』 72, 동국대불교문화연구원, 2015 ; 김용태, 「청허 휴정과 조선후기 선과 화엄」, 『불교학보』 73, 동국대불교문화연구원, 2015.
31 「雪坡大師碑銘」, 『朝鮮佛教通史』 上(상), 568~569쪽.
32 蓮潭 有一, 「雪坡和尚贊」, 『林下錄』 권4(『韓國佛教全書』 10, 271쪽).

인 연담蓮潭 유일有一(1720~1799)과 인악仁嶽 의첨義沾(1746~1796)에게 계승되어 전성기를 맞이하였다. 연담은 설파에게서 『화엄경』을 수학한 이후 30여 년 동안 강경과 강회에 전념했다. 그는 『화엄경』에 대한 여러 강설講說을 채집하고 자신의 이론을 정립하여 『화엄현담사기華嚴玄談私記』를 저술했다. 연담의 『화엄사기』는 『화엄소초』의 장황한 이론 전개를 명료하게 간추린 것이기도 했다.[33] 인악은 연담과 함께 조선후기 강학에서 쌍벽을 이루었다. 그는 스승 설파에게 『화엄경』과 『선문염송』을 배워 선교禪教에 두루 통달했다고 한다. 그의 『화엄사기華嚴私記』는 연담의 사기와 더불어 오늘날까지 중요한 주석서로 평가받고 있다.

이후 강경과 강회는 순창의 구암사, 해남의 대둔사, 승주의 선암사와 송광사에서 활발하게 진행되었다. 대둔사는 서산대사의 제자 편양 언기와 그 법손들이 중심이 되어 『화엄경』의 강회가 오랫동안 개최되었고, 수많은 학승들이 운집했다고 한다. 사실 대둔사는 명망과 식견이 출중한 강사가 상주할 수 있는 여건을 마련해 두었고, 참석자 또한 남에게 경전을 가르칠 수 있는 사람들이 모였다고 한다. 강사 선출 등 강회의 운영 또한 오랜 전통에 의해 엄격하게 지켜졌다. 대둔사의 경전經典 강회講會의 성행은 12종사와 12강사가 배출되면서 더욱 발전했다. 이들의 활약은 대둔사가 조선후기 불교계의 종원宗院으로 굳건한 위치를 차지하는데 결정적인 계기가 되기도 하였다.

한편 불교계는 활발한 교학연구나 강회와 함께 선학禪學에 있어서도 두드러진 변화가 있었다. 이른바 백파白坡 긍선亘璇(1767~1852)과 초의草衣 의

---

33 智冠, 「蓮潭 및 仁嶽의 私記와 그의 教學觀」, 숭산박길진화갑기념 『韓國佛教思想史』, 1975.

순의意恂(1786~1866)간의 삼종선三種禪에 관한 논쟁이다. 백파선사는 초의보다 20세나 연상으로 선운사禪雲寺와 백양사白羊寺를 중심으로 선교학禪敎學에 두루 통해서 당대의 선종 중흥조라고까지 일컬어지던 인물이다. 특히 그의 저서『선문수경禪文手鏡』에서는 선을 조사선祖師禪·여래선如來禪·의리선義理禪으로 나누어 설명하였다. 그리고 선문오종禪門五宗(위앙종潙仰宗·임제종臨濟宗·조동종曹洞宗·운문종雲門宗·법안종法眼宗)과 삼처전심三處傳心의 우열을 삼종三種으로 분별하여 설명하였다. 즉 뛰어난 사람이 조사선을 아는 것이고(1구), 그보다 못한 사람이 여래선을 아는 것이고(2구), 열등한 사람이 의리선義理禪을 아는 것이라고 하였다.[34] 그러나 초의는『선문사변만어禪門四辨漫語』를 지어 백파선사가 선禪을 이와 같이 세 가지로 변별辨別하는 것은 옳지 못하며, 어디까지나 일심一心의 문제로서 상호보완적일 뿐만 아니라 전체로 작용하는 일미청정선一味淸淨禪이라고 하였다. 예컨대 조사선과 여래선을 선문禪門에서 구별하게 된 경위를 밝힌 <이선래의二禪來義>, 격외선格外禪과 의리선義理禪의 개념을 밝힌 <격외의리변格外義理辨> 그리고 <살활변殺活辨>, <진공묘유변眞空妙有辨>의 사변四辨을 중심으로 백파와는 다른 의견을 제시하였다.

조사선과 여래선, 의리선 등은 교법敎法을 듣고 닦는 중생의 능력이라고 할 수 있는 근기根機에 따른 구별일 수 없고, 인명人名으로 조사선과 여래선, 법명法名으로 격외선과 의리선으로 변별할 수 있지만 조사선이 격외선이며, 여래선은 의리선이라고 주장하였다. 초의와 백파의 선론禪論에 대한 논쟁은 제자들에게까지 이어졌다. 우담優潭 홍기洪基(1822~1881)는『선

---

34 白坡 亘璇,『禪文手鏡』(『한국불교전서』10, 515~516쪽).

문증정록禪門證正錄』을[35] 지어 3구를 차등지어 해석하는 것은 옳지 않다고 했다. 그러나 백파의 손제자인 설두雪竇 유형有炯(1824~1889)은 『선원소류禪源溯流』를 지어 백파의 견해를 재천명했다.[36] 이밖에 추사秋史 김정희金正喜 (1786~1856)와 축원竺源 진하震河(1861~1925)의 선론이 전개되기도 했다.

이상의 삼종선 논쟁은 백파가 전통설을 토대로 하여 임제삼구臨濟三句를 근본명제로 독특한 삼종선과 삼처전심의 분배 그리고 살활殺活의 분리 설명을 제시하였는데, 백파의 논리대로 만약 "삼구를 떠나면 망설이 된다"고 한다면 불타로부터 임제 이전까지의 선론禪論은 모두 망설인가 하는 문제가 드러난다. 이에 비해 초의는 역시 전통을 근간으로 하되 임제 이전까지 포함되는 선론으로 안목을 넓혀 사종선을 두 기준에 따라 분명히 구분하고 살활殺活이 분리될 수 없는 상의상자相依相資의 관계라고 밝히는 등 보다 객관성 있는 견해를 제시했다. 초의의 이러한 경향은 그가 교유했던 김정희나 정약용과 같은 문사文士들이 새로운 학문경향을 보이던 지식인들이었기 때문에 전통을 묵수하기보다는 냉철히 비판할 수 있는 안목이 있었기에 나온 차이라고 할 수 있다.[37]

---

35 洪基, 『禪門證正錄』(『한국불교전서』 10).
36 有炯, 『禪源溯流』(『한국불교전서』 10, 653~677쪽).
37 韓基斗, 「朝鮮末期의 禪論」, 『韓國禪思想研究』, 동국대불교문화연구원, 1984 ; 「白坡와 草衣時代 禪의 論爭點」, 숭산박길진박사화갑기념 『한국불교사상사』, 1975 ; 鄭炳三, 「불교계의 동향」, 『한국사』 35, 1998, 151쪽에서 재인용.

## 4) 친불교정책과 왕실의 지원[38]

조선후기 불교계가 숭유억불崇儒抑佛의 노선에도 불구하고 그 명맥을 유지할 수 있었던 것은 불교계의 자구적인 노력과 함께 왕실의 불교에 대한 우호적인 태도와 원당願堂에 대한 지원이 있었기 때문이다. 현종대顯宗代는 정업원淨業院과 같은 자수원慈壽院과 인수원仁壽院이 혁파되고[39] 승려의 도성출입금지 등 그 통제가 매우 심했지만, 숙종肅宗·영조英祖·정조대正祖代에는 불교정책이 비교적 관대했다.

숙종肅宗은 유신들이 도성안의 니사尼寺가 철거되어 승려들이 도성 주변에 다시 승사僧舍를 짓기 시작하자 이를 철거하기를 건의하였지만 허락하지 않았다.[40] 숙종이 니사尼寺 훼철을 강력히 반대한 것은 유교의 덕목인 효孝의 실천과 니사尼寺가 왕실과 관련하여 열성위판列聖位版을 봉안한 이유 때문이었다. 또한 당시 민비閔妃의 폐출廢黜과 희빈嬉嬪 장씨張氏로 인한 정치적 갈등 등으로 인하여 인간적인 문제에 보다 관대했기 때문일 것이다.

영조英祖 또한 승려의 도성출입을 전면 금지하였지만, 니승尼僧의 도성 출입은 여전하였다. 영조는 정업원淨業院 구지舊地에 배례拜禮했는데[41] 자식인 사도세자에 대한 연민과 출신이 천한 어머니 숙빈淑嬪 최씨崔氏에 대한

---

38 조선후기 불교정책에 대한 최근 연구 성과는 다음과 같다.
　　오경후,「朝鮮後期 佛教政策과 性格研究 -宣祖의 佛教政策을 中心으로-」,『한국사상과문화』58, 한국사상문화학회, 2011 ; 오경후,「正祖의 佛教政策과 『梵宇攷』의 佛教史的價值」,『불교학보』63, 동국대불교문화연구원, 2012 ; 손성필,『16·17세기 불교정책과 불교계의 동향』, 동국대박사학위논문, 2013 ; 오경후,「顯宗代의 佛教政策과 佛教界의 動向」,『조선후기불교동향사연구』, 문현, 2015, 37~66쪽.
39 『顯宗改修實錄』권5, 현종 2년 정월 을묘조.
40 『숙종실록』권40, 숙종 30년 11얼 임자조.
41 『영조실록』권117, 영조 47년 9월 계묘조.

인간적 애증으로 불교에 대해 보다 관대해질 수 있었을 것이다.[42] 정조正
祖는 즉위 초에 왕실의 원당을 금단케 해달라는 상소에 대해 "이단을 물
리침은 우리의 가법家法"[43]이라면서 원당을 금단했으며, "불교는 이치가
근사하지만, 진리를 크게 어지럽히는 것"[44]이라고 비판했다. 그러나 정조
는 아버지 사도세자의 죽음과 과다한 승역僧役과 관련하여 관대한 불교정
책을 전개했다.

> 불교는 三敎 중에서 가장 늦게 나왔지만, 그 영험함은 가장 두드러
> 진다. 儒子는 이를 믿지 않고 있지만 또한 왕왕 믿지 않을 수도 없으
> 니 이를 어떻게 말할 것인가. 대체로 사람에게는 誓願이 있으니 부처
> 에게는 자비가 있다. …… 壽를 구하는 자는 壽를 얻고, 자식을 구하
> 는 자는 자식을 얻고 …… 경술년에 우리 원자가 탄생했으니 참으로
> 성대하도다. 이는 부처의 진심이 암암리에 보인 것이고, 부처의 神眼
> 이 호응해 준 결과로서 큰 복록이 마치 약속이라도 한 듯이 저절로
> 왔다.[45]

정조는 위의 인용문에서 기복적祈福的이면서도 초월적인 불교관을 보여
주었으며, 자신이 원자元子의 탄생을 지성으로 빌어 부처의 자비심으로
자식을 얻게 되었다고 생각했다. 정조는 비록 즉위 초에 원당을 금단하

---

42 정석종·박병선, 「조선후기 불교정책과 원당(1)-尼僧의 存在樣相을 中心으로-」, 『민족문화논
   총』 18·19합집, 영남대 민족문화연구소, 1998, 252쪽.
43 『정조실록』 권1, 즉위년 6월 계축조.
44 『정조실록』 권6, 2년 12월 신미조.
45 「安邊雪峯山釋王寺碑」, 『弘齋全書』 권15 「碑」.

는 조치를 취했지만, 실제 집행은 이루어지지 않았다. 당시 원당에 대한 궁방宮房의 폐단이 크다는 사실을 확인하고 폐단이 심한 열성조列聖祖의 어필御筆이 보관되어 있는 건봉사乾鳳寺의 궁납宮納과 잡미雜米를 탕감했다.[46] 정조는 이밖에 태조의 원찰인 석왕사釋王寺를 지원해 주었으며[47] 세조의 능인 광릉光陵을 전배展拜하고 원찰인 봉선사奉先寺의 승려들을 위로하고 무휼撫恤하였다.[48] 그리고 세조의 또 다른 원당인 금강산의 표훈사表訓寺를 보수하도록 지시했고[49] 공명승첩空名僧牒 250장으로 표훈사와 신륵사神勒寺를 중수하도록 했다.[50]

정조는 이외에도 남북한산성南北漢山城의 의승방번전義僧防番錢을 감해 주었다.[51] 방번전 징수제도는 1756년(영조 32)에 경도각사京道各司의 불편을 덜고 불교교단을 이롭게 한다는 취지에서 마련되었지만, 승려들의 잡역은 여전히 면제되지 않고 능역陵役·성역城役 등의 부담은 가중되기만 하고 흉년에도 감면되지 않고 평년처럼 징수되어 승려들의 고통은 더욱 심해졌다. 정조는 1782년 사찰의 성쇠에 따라 의승義僧의 감액減額이나 번전番錢의 감수를 도내 자체에서 조정 운영하는 것을 허락하고[52] 동왕同王 9년 2월에는 남북한산성 의승방번전을 반감하는 조치를 취했다. 정조는 아울러 즉위 13년(1789)에 부친 사도세자가 묻힌 양주楊州 배봉산拜峰山 영우원永祐園을 수원 화산花山으로 옮겨 현륭원顯隆園이라 하고, 이듬해 원찰로 용주사龍

46 『정조실록』 권26, 정조 12년 8월 경인조.
47 『정조실록』 권26, 정조 12년 8월 경인조.
48 『정조실록』 권32, 정조 15년 4월 신유조.
49 『정조실록』 권40, 정조 20년 6월 갑신조.
50 『정조실록』 권45, 정조 20년 8월 정유조.
51 『정조실록』 권19, 정조 9년 2월 신사조.
52 『비변사등록』 제164책, 정조 6년 정월 15일.

珠寺를 창건하였다. 용주사 창건은 건립비용의 충당을 위해 조정에서 공
명첩 250장을 성급하고, 경기감사를 비롯한 각도各道의 감사監事, 군수郡守,
부사府使 등의 관료와 백성들의 시주를 받아 건립되었다.[53] 이상 조선후기
역대 왕들의 친불교정책은 임진왜란 이후 겨우 명맥을 유지하던 불교교
단과 각종 잡역에 시달리던 승려들의 고통을 다소나마 덜어주는 토대가
되었다.

　한편 조선후기 왕실의 원당願堂 건립과 지원은 지극히 부분적이었지만,
피폐한 사원경제에 새로운 활로를 모색하는 계기가 되기도 하였다. 원당
願堂은 원주願主를 위하여 화상畵像이나 위패位牌를 모시고 명복을 빌며 원주
의 다복장수多福長壽를 기원하는 사찰법당寺刹法堂이다. 왕실과 궁방의 원당
설립은 유교사회의 기본 덕목인 효孝의 실천에 있었다. 왕실의 경우 자식
이 부모의 극락왕생을 불력佛力에 의존하고자 천도재薦度齋 · 기일재忌日齋를
지내고, 구천을 떠도는 영혼을 위로하기 위해 수륙재水陸齋를 개최하기도
하고, 혹은 왕실의 안녕과 만수무강을 기원하는 축수祝壽와 같은 기복처祈
福處로서 기능할 수 있었다.[54] 궁방의 원당은 기복처祈福處로서의 기능은 물
론 경제적 집적集積의 수단이 되었으며, 사원은 각종 잡역雜役 등의 고역苦
役으로부터 벗어나기 위해 적극적으로 원당으로 지정되고자 했다. 장안
사長安寺는 강원도의 가장 오래된 큰 절인데 승려들이 각종 잡역으로 대부
분 흩어지고 불과 4 · 5명만이 남아 있었다.[55] 장안사는 일찍이 세조世祖가
범궁梵宮을 중수하고 원당으로 삼아 관역官役을 감면시켜 주었으며, 통주通

---

53 『조선사찰사료』, 47~58쪽.
54 박병선, 「朝鮮後期 願堂考」, 『白蓮佛敎論集』 5 · 6합집, 성철선사상연구원, 1996, 349쪽.
55 『정조실록』 권31, 정조 14년 8월 신미조.

州·간성杆城·고성高城 3읍의 토지 7결結5부負를 하사하였다. 또한 장안사는 선조의 비妃인 의인왕후懿仁王后가 대시주大施主로 법당을 건립한 명산대찰이었는데[56] 임진란 이후에는 폐허화되다가 정조와 왕실종친·신료들의 경제적 지원으로 대대적인 중수공사가 이루어졌다.[57]

이와 같이 원당은 국가적 지원 뿐 아니라 왕실의 비호를 받을 수 있었다. 국가나 왕실의 입장에서는 양역 및 승역의 확보와 아울러 사찰에 대한 적극적인 관심을 보였으며, 사원의 입장에서도 왕실이나 국가의 보호를 받을 수 있는 원당으로 지정된다면 고역을 면할 수 있었던 것이다. 때문에 당시 사원에서는 원당을 사칭하는 일까지도 빈번히 일어났다. 보은 사자암獅子庵의 승려가 인조仁祖의 생부生父인 원종元宗의 원당임을 사칭하여 1칸의 누추한 집에다 신위神位를 봉안해 놓고 있었다.[58]

원당은 대개 어진御眞·위패봉안位牌奉安, 어필御筆·어제비문봉안御製碑文奉安, 태실胎室 및 봉산처封山處의 기능을 하고 있었다. 유점사楡岾寺는 어진御眞·위패봉안位牌奉安 원당으로 세조가 자신을 위해 직접 원당을 설치했으며, 영조 때에는 명례궁明禮宮과 어의궁於義宮의 원당이 중복되어 설치된 사찰이다. 사찰은 왕의 영정이나 위패를 봉안하고 기진忌辰·생진生辰 및 삭망朔望에 제사를 봉안했다. 유점사는 선조 이후부터 왕실의 내탕금內帑金·공명첩空名帖·잡역雜役면제 등의 경제적 특혜를 받아 빈번한 중수공사를 할 수 있었다.[59] 건봉사乾鳳寺는 어필御筆·어제비문봉안御製碑文奉安 원당으로 세조世祖·예종睿宗·효종孝宗·영조英祖·고종高宗에 걸쳐 누대로 원당이 설립된 사

---

56 「江原道淮陽金剛山長安寺事蹟」, 『楡岾寺本末寺誌』, 329쪽.
57 위의 글, 329~330쪽.
58 『영조실록』 권24, 영조5년 10월 임인조.
59 『楡岾寺本末寺誌』, 138~139쪽.

찰이다. 세조가 원당으로 정하고 어실각御室閣을 세운 이후 선조 때에는 의인왕후懿仁王后가 복호復戶 5결을 하사했고, 숙종 조에는 명성황후明聖皇后가 천금千金을 하사하여 불상佛像을 개금했다. 영조 때는 팔상전八相殿을 지었으며, 헌종 때는 공명첩 300장을 기증받기도 했다. 건봉사가 원당으로 왕실 및 지방 관아로부터 승역의 감면은 물론 경제적 지원도 받고 있는 것이다.[60] 이밖에 어제비문御製碑文이 있는 석왕사釋王寺·회암사檜岩寺 등은 왕실의 지속적인 관심과 지원이 이루어졌다. 한편 송광사松廣寺는 봉산처封山處로서의 원당이었는데, 왕이나 왕비의 능묘陵墓를 보호하고 태를 묻기 위한 태봉봉산을 수호하는 사찰로서 기능했다. 송광사는 봉산수호사찰封山守護寺刹이 되면서 명례궁·예조·관찰사 등으로부터 10여 개에 달하는 완문完文과 절목節目이 내려져 승역僧役을 감역減役하고 사폐寺弊를 시정하기도 했다.[61]

조선후기의 원당은 능의 주변이나 원지遠地의 명산대찰을 중심으로 설립되어 기복처祈福處로서의 역할을 했다. 원당에 대한 왕실이나 관부의 지원은 사찰을 창건하여 설립하기도 했지만, 대부분 기존의 사찰을 중수重修하여 전殿이나 당堂을 지어 위패位牌나 어필御筆을 봉안하였다. 결국 조선후기 원당은 사찰과 왕실 및 국가 간의 상호보완적 성격을 지니고 있었는데[62] 불교계는 원당의 지위를 통해 쇠락한 전각을 중건하고 혹독한 잡역을 면제받았으며, 사원경제는 승려의 보사활동과 함께 진전을 보아 본분인 수행에 충분한 지원이 이루어질 수 있었다.

60 「金剛山乾鳳寺事蹟」, 『乾鳳寺本末寺事蹟』, 30~33쪽.
61 「雜役矯弊節目」, 『曹溪山松廣寺史庫』, 945쪽.
62 정석종·박병선, 앞의 글, 237쪽.

이와 같이 조선후기 불교계는 탄압과 인적人的 경제적經濟的 착취가 계속되는 상황 속에서 부분적인 친불교정책과 종교적 기능 그리고 승려의 자발적인 사원경제 회복을 위한 노력으로 발전적인 변화상을 보였다. 이에 대해 박병선은 조선후기 불교계의 "승군僧軍·승역僧役 및 잡역雜役의 부담과 관인官人 및 사대부와 같은 유산객遊山客들에 대한 지공支供은 조선후기 사원존립의 근간이 되는 것이기도 했다"[63]고 한다. 그러나 승군僧軍참여가 지배층과 유자儒者들에게 다소나마 긍정적 인식을 얻는데 성공한 것은 사실이지만, 인식 이상의 수혜를 받았다고 하는 근거는 어디에서도 찾아볼 수 없다. 왕과 지방 관리들이 승려의 과중한 역에 따른 사원의 조잔凋殘을 지속적으로 거론한 것은 그 단적인 표현이다. 때문에 전란 이후 승려가 부담해야 했던 혹독한 승역僧役·잡역雜役 그리고 관인 및 사대부들의 수발 등이 사원 존립의 근간이 되었다는 주장은 납득하기 어렵다. 씨가 주장하는 조선후기 사원의 존립과 운영이 왕실원당王室願堂으로 지정되고, 호국승장護國僧將의 사당을 설립하거나 중앙 및 지방관아의 속사屬寺 등의 기능을 통해 지속된 것은 사실이다. 그러나 이것 또한 조선후기 불교계에서 차지하는 비중은 지극히 미약한 것에 지나지 않는다. 호남이정사湖南釐正使 이성중李成中의 복명서계復命書啓 내용[64]이나 속사屬寺기능 역시 공급한 원료보다 잡물을 더 많이 수탈당하였고, 그 부담을 이기지 못한 승려들이 환속하거나 은둔함으로써 수행은 물론 사찰의 수를 감소시키는 결정적 역할을 한다. 요컨대 조선후기 불교계는 왕실과 유자儒者들의 비호

---

63 朴昞璇, 「朝鮮後期 願堂의 政治的 基盤-官人 및 王室의 佛敎認識을 中心으로-」, 『民族文化論叢』 25, 영남대 민족문화연구소, 2002, 104-105쪽.
64 『비변사등록』 제130, 영조 32년 정월 12월조.

아래 그 명맥을 유지했다기 보다는 대부분의 승려들이 보사활동補寺活動과 같은 자구적인 노력에 의해 존립되고 운영되어 가는 실정이었다.

결국 불교계의 이러한 자구적인 노력을 중심으로 한 외적 동향은 불교계 본연의 수행이 진전되는 상황으로 직결되었다. 대규모로 진행된 사원재건과 함께 선교학의 융성과 같은 불교학의 발전이라는 본질적인 변화가 나타난 것이다. 승려들은 이러한 과정에서 조선불교가 지닌 정체성을 확인하고, 불교중흥의 기틀을 마련하는 노력 또한 게을리하지 않았다. 그들은 사라진 우리나라 불교사에 대한 기록을 승전과 사지의 찬술을 통해 복원하고 재구성하여 조선불교사의 자주적 인식과 정체성을 회복하고자 했다.

## ❷ 승비僧碑와 사찰사적寺刹事蹟의 찬술[65]

조선후기의 사지류寺誌類는 한국불교사상 가장 많이 찬술되었다. 1976년 동국대학교 불교문화연구소가 펴낸 『한국불교찬술문헌총록韓國佛敎撰述

---

65 寺誌를 비롯한 事蹟記와 僧傳에 관한 최근의 연구는 다음과 같다.
정병삼, 「18세기 승려 문집의 성격」, 『한국어문학연구』 48, 한국어문학연구학회, 2007 ; 홍성익, 「『楡岾寺本末寺誌』에 대한 연구 ; 『淸平寺誌』를 중심으로」, 『인문과학연구』 24, 강원대학교 인문과학연구소, 2010 ; 한동민, 「일제강점기 寺誌 편찬과 한용운의 『乾鳳寺 事蹟』」, 『淨土學硏究』 14, 한국정토학회, 2010 ; 최장미, 「사천왕사지 발굴조사 성과와 추정 사적비편」, 『목간과문자』 8, 한국목간학회, 2011 ; 김복순, 「4~5세기 『삼국사기』의 승려 및 사찰」, 『신라문화』 38, 동국대신라문화연구소, 2011 ; 오경후, 「朝鮮後期 王室과 華溪寺의 佛敎史的 價値」. 『신라문화』 41, 동국대신라문화연구소, 2013 ; 손성필, 「조선시대 불교사 자료의 종류와 성격」, 『불교학연구』 39, 불교학연구회, 2014 ; 윤기엽, 「북한산성의 승영사찰僧營寺刹」, 『국학연구』 25, 한국국학진흥원, 2014 ; 문무왕, 「신흥사의 역사와 사상」, 『강좌미술사』 45, 한국불교미술사학회, 2015.

文獻總錄』[66]은 승려의 저작著作·전기傳記·사지寺誌 등 불교관계 문헌을 광범
위하게 수집하여 정리했다. 이 가운데 자료부資料部의 전기편傳記篇과 사지
편寺誌篇은 시기적으로 고대부터 1900년대 초반까지의 자료를 소개한 것
이다. 우선『총록總錄』자료부의 전기편傳記篇[67]은 국내 고승전高僧傳으로
『해동고승전海東高僧傳』이나『동사열전東師列傳』과 같은 5종류의 집전류集傳類
와 고대에서 조선까지 309건에 달하는 승려의 전기를 정리했다. 여기에
는『양고승전梁高僧傳』이나『속고승전續高僧傳』과 같은 해외 문헌중의 한국
승초전韓國僧抄傳과 국내의 승려 행장行狀·자서自敍·비명碑銘·묘지墓誌 등이
수록되어 있다.

승려의 전기기록 가운데 조선시대의 기록은 1592년 임진왜란을 기준
으로 조선전기와 후기로 구분했다. 검토는 비교적 승려의 생애를 집중적
으로 다루고 있는 비명碑銘·행장行狀·행록行錄·사적事蹟·유적遺蹟을 대상으
로 했다.

〈표 Ⅱ-1〉 조선시대 승려의 전기

| 시기 | 비명碑銘 | 행장行狀 | 행록行錄 | 사적事蹟 | 행적行蹟 | 유적遺蹟 |
|------|---------|---------|---------|---------|---------|---------|
| 조선전기 | 2 | 3 | - | - | 4 | - |
| 조선후기 | 67 | 30 | - | - | 8 | 1 |

---

66 동국대학교 불교문화연구소편,『한국불교찬술문헌총록』, 동국대학교 출판부, 1976(이하『총
록』이라고 칭한다). 필자가『총록』을 조사한 것은 조선시대의 승전과 사기류의 찬술을 통해
조선후기 불교계의 동향과 함께 본 연구의 대상인 승전이나 사지류와 질적 양적 차이점을
고찰하기 위함이다.
67『總錄』,「傳記類」, 269~302쪽.

조사에 의하면 조선시대 승려의 전기류는 전체 115편이 수록되었다. 이 가운데 조선전기는 불과 7편에 불과하고 임진왜란 이후는 106편으로 그 수적인 측면에서 조선후기의 자료가 압도적으로 많다.

사지류[68]는 조선의 사찰과 암자의 연혁 등을 간략히 정리해 놓은 『가람고伽藍考』·『범우고梵宇攷』와 같은 집지류集誌類와 전체 564편의 단편적인 사지류를 수록했다. 여기에는 고대부터 1900년대 초반기까지의 각 사찰과 암자의 창건기와 중건기, 사적비事蹟碑·조상기造像記·석등기石燈記·개별 불전佛殿의 창·중건기 등 그 종류가 매우 다양하다. 필자는 이 가운데 조선시대 사암寺庵의 창건과 중창 시기를 전체적으로 살필 수 있는 사찰 사적비·창건기·중건기를 중심으로 그 통계를 산출했다. 때문에 고대와 고려의 사지류와 조선시대 각 사찰의 개별 전각에 관한 기문과 비명은 제외시켰다. 시기적 구분은 역시 임진왜란을 기준으로 조선전기와 후기로 구분했다.

**〈표 II-2〉 朝鮮時代 寺庵의 創·重創記**

| | 조선전기 | 조선후기 | | |
|---|---|---|---|---|
| | | 1600년대 | 1700년대 | 1800년대 |
| 事蹟碑銘 (寺碑·事實碑) | 2 | 15 | 25 | 4 |
| 創建記(序) | 1 | 3 | 4 | 1 |
| 重創(修記) (重建碑·改創碑) | 8 | 9 | 11 | 30 |
| 寺誌(記) | 4 | - | 3 | 4 |
| 事蹟記(文) (來歷·事蹟實錄) | 1 | 10 | 21 | 12 |
| 總　計 | 16 | 37 | 64 | 51 |

---

68 『總錄』, 「寺誌類」, 303~353쪽.

『총록總錄』에 수록된 조선시대의 사적기류寺蹟記類는 창건기創建記·중건기 重建記·비碑 혹은 사적기事蹟記·사지寺誌[69]로 표현했는데, 전체 213건이 보인 다. 조선전기의 사적기가 15건에 지나지 않은 반면, 조선후기는 197건으 로 전기류傳記類의 찬술과 함께 비교가 되지 않을 정도로 많은 수치를 차 지하고 있다. 이 가운데 45건은 조선후기에 해당되지만, 간지干支만 나타 나 있을 뿐 구체적인 연대를 밝힐 수 없다. 연대별로는 1600년대가 37건, 1700년대가 64건, 1800년대가 51건의 수치를 보였다. 이러한 사적기 찬 술의 추세는 병자호란 직후인 1600년대 중후반부터 증가 추세를 보이다 가 1700년대에는 급증하고 있음을 살필 수 있다. 전란 이후 대규모로 진 행된 불사작업佛事作業의 결과다. 1600년대 중후반에는 통도사通度寺·해인 사海印寺·송광사松廣寺를 비롯한 전국 사찰의 재건공사가 활발했다. 아울러 1700년대 사적기가 급증한 것은 새로운 건물의 건립보다는 앞 시기에 이 루어진 사원의 재건과정을 기록으로 남기려는 시도에서 비롯된 것으로 해석된다. 17세기에 활약한 고승들의 비碑도 이 시기에 활발하게 조성되 었다.[70]

조선후기에 찬술된 승전僧傳과 사적기는 우선 그 내용이 비교적 적다.[71] 구성 또한 사찰의 지리적 위치와 연혁, 불사佛事에 관한 내용이나 시주자 施主者의 명단 등을 2~3행에 걸쳐 정리한 예가 대부분이고 이조차도 정리 되지 않은 채 찬자가 비문을 찬술한 경위만 보이는 사례도 적지 않다. 그 러나 일정한 분량을 지닌 사적기는 상황이 다르다. 1977년부터 한국학문

---

69 이하 寺蹟記로 표현한다.
70 李康根, 『17世紀 佛殿의 莊嚴에 關한 研究』, 동국대박사학위논문, 1994, 127쪽.
71 1682년(숙종 8)에 찬술된 法蓮寺碑文은 200여 자에 불과하다(湖西修谷居士, 「法蓮寺碑文」, 『朝鮮寺刹史料』下(하), 131쪽).

헌연구소에서 꾸준히 펴낸 사지寺誌는 위의 단편적인 사적기와 비교될 만한 기록을 찾을 수 있다. 우선 『범어사지梵魚寺誌』[72]는 창건사적이나 사적비를 비롯하여 각 전각의 상량문上梁文, 승비僧碑, 사원의 재산목록 등이 수록되어 있다. 이 가운데 조선후기 사적기는 1700년(숙종 26) 동계東溪가 찬撰한 『범어사창건사적梵魚寺創建事蹟』[73]과 1890년(고종 27) 남전南泉 한규翰奎가 찬한 『범어사사적비명梵魚寺事蹟碑銘』[74]이다. 동계의 사적은 불교의 중국과 우리나라 전래, 창건연기설화, 그리고 임진왜란 이후 폐허가 된 사원을 중건하기 위한 승려들의 대대적인 불사佛事와 창건 당시의 전각을 수록하고 있다. 범어사는 고적古蹟에 의하면 신라 흥덕왕興德王이 10만 병선을 이끌고 침략한 왜인倭人을 의상義相의 도움으로 물리친 것이 계기가 되어 미륵불상과 2층의 절을 조성했다.[75] 그러나 창건연대에 대해서는 의문의 여지가 있다. 즉 의상이 당에서 화엄학華嚴學을 8년 동안 수학修學하고 귀국한 것은 671년이다. 귀국 후 676년에는 부석사浮石寺를 창건했다. 사적은 "당唐 태종太宗 태화太和 19년 을묘乙卯"를 창건연대로 정하고는 있지만, 태화는 당 문종의 연호로 서기 825년에서 835년까지 9년 밖에 지속되지 않았다. 태화 19년은 9년의 착오인 듯하다. 태화 9년을 창건연대로 본다면 범어사는 흥덕왕 10년 즉 835년에 창건된 셈이다. 그러나 의상의 생몰년生沒年을 625년에서 702년으로 본다면 흥덕왕 10년 설은 착오가 있다.[76] 남전의 사적비 또한 범어사의 창건부터 역대 전각의 창건과 중건불사에

72 한국학문헌연구소, 『梵魚寺誌』, 아세아문화사, 1989.
73 東溪, 「梵魚寺創建事蹟」, 『梵魚寺誌』, 아세아문화사, 1989, 3~22쪽.
74 南泉 翰奎, 『梵魚寺事蹟碑銘』, 앞의 책, 279~289쪽.
75 위의 책, 6~10쪽.
76 李道業, 「梵魚寺事蹟記解題」, 앞의 책, 11~14쪽.

대한 내용을 수록하고 있다. 그러나 1700년에 찬술된 동계의 창건사적에서 드러난 오류를 지적하거나 바로잡지는 못했다.

『통도사지通度寺誌』[77]는 사적기寺蹟記 뿐 아니라 전각殿閣과 금강계단金剛戒壇의 중수기重修記, 제시題詩, 그리고 승비僧碑 등 통도사의 여러 기록을 수집하여 엮었다. 사적기는 『통도사사적약록通度寺事蹟略錄』[78]과 『불종찰약사佛宗刹略史』[79]가 있다. 『약사略史』는 필사본으로 1911년에 찬술했다가 1934년으로 개서改書했는데[80] 1900년대 전반의 기록으로 대부분의 내용이 기문현판기文懸板과 중복되는 곳이 있지만, 사리계단舍利戒壇 및 당우堂宇에 대해 창건과 중건의 사실을 상세히 적고 있다.

한편 약록略錄의 구성은 다음과 같다.

> 通度寺舍利袈裟事蹟略錄
>> 舍利靈異
>> 袈裟稀奇
>> 西天指空和尙爲舍利袈裟戒壇法會記
>> 跋

이상의 구성은 약록이 대부분의 사지와는 달리 통도사의 부처의 사리舍利와 가사袈裟를 중심으로 한 주제별로 이루어졌음을 알 수 있다.

---

77 韓國學文獻研究所編, 『通度寺誌』, 아세아문화사, 1979.
78 위의 책, 1~67쪽 이하 略錄으로 칭함.
79 위의 책, 147~278쪽 이하 略史로 칭함.
80 장충식, 「통도사지해제」, 『통도사지』, 147쪽에서 재인용.

① 告道者 釋瑚 於泰定 五年丙辰二月晦 揭于記(1328, 충숙왕 15)

② 天順四年庚辰九月日 傳書至于(1460, 세조 5)

③ 萬曆八年庚辰九月日 移書及于(1580, 선조 13)

④ 萬曆三十七年己酉三月 行脚沙門 學明 自願書鎭于本寺(1609,
광해군 원년)

⑤ 至金之崇德七年壬午九月前判大華嚴宗事兼奉先寺住浩然  沙
門退隱敬一 重書開刊(1642, 인조 20)


위 인용문은 약록의 발문에 보이는 찬술과 관련된 사항들이다. 그런데
각 연대마다 ①게우기揭于記 ②전서傳書 ③이서移書 ④자원서自願書 ⑤중서개
간重書開刊의 용어가 보인다. ①부터 ⑤까지는 314년의 시대적 차이를 보
이고 있다. ①은 석호가 서천지공화상위사리가사계단법회기西天指空和尚爲舍
利袈裟戒壇法會記를 지은 연대가 확실하지만[81] ②부터 ⑤는 석호의 기록으로
보기에는 무리가 있다. 이것은 각기 별개의 기록을 전서傳書·이서移書 등
의 절차를 거쳐 1642년에 중서개간重書開刊 되었던 것으로 볼 수 있다.[82]
요컨대 약록은 최종 개간이 1642년에 이루어졌지만, 이전에 찬술된 별개
의 각 기록을 모아 간행한 특징을 지니고 있다.

『운문사지雲門寺誌』[83]는 사적기事蹟記를 비롯해 사찰 전답의 소유권이나
수세收稅를 둘러싸고 일어났던 승속僧俗간의 송사訟事를 기록한 운문사승도

---

81 위의 책, 47쪽.
82 위의 책, 5쪽.
　　장충식은 이 사적기가 1460년 9월에 그동안 몇 가지로 전해오던 것을 기록(傳書)했다가,
　　1580년 9월에 옮겨 썼고(移書) 1609년 3월에는 學明이 書寫하여 통도사에 두었던 것으로
　　해석했다. 씨는 또한 1642년 9월에 마침내 退隱 敬一에 의해 重書 開刊되었음을 밝혔다.
83 한국학문헌연구소, 『雲門寺誌』, 아세아문화사, 1983.

등장雲門寺僧徒等狀·명문明文·전령傳令 등을 수록하고 있다. 그밖에 승비僧碑와 중수기념비重修紀念碑, 만일회기萬日會記나 계안楔案도 보인다. 이 가운데 사적 기는 1718년(숙종 44)[84]과 1914년[85]에 각각 찬술된 2종이 수록되어 있다. 1718년에 찬술된 사적기는 사명寺名이 작갑사鵲岬寺에서 바뀌기까지의 창 건연기설화와 원광圓光·보양寶壤·원응圓應의 중창사실을 『삼국유사三國遺事』 의 기록을 인용하여 정리했다. 이밖에 여러 전각殿閣과 4비碑·5갑岬·5탑塔 ·4굴堀 등의 목록을 수록했다. 찬술방식은 일정한 체재體裁없이 서술했고, 대부분의 내용이 원광·보양·원응의 중창사실로 채워졌다. 『태안사지泰安 寺誌』는[86] 「태안사사적泰安寺事蹟」과 「동리산태안사사적桐裡山泰安寺事蹟」을 수 록하고 있다. 전자는 1914년에 찬술되었고, 후자는 총3편으로 구성되었 다. 개산조인 혜철선사비惠哲禪師碑를 비롯하여 도선국사비道詵國師碑·광자선 사비廣慈禪師碑를 수록했고, 조선후기 여러 속암屬庵의 신건모연문新建募緣文과 기문記文을 싣고 있다. 이밖에 주지선생안住持先生案·원당완문願堂完文과 같은 개별 기록을 모아 엮은 것으로 찬술연대는 1933년에서 1943년 사이로 추정하고 있다.[87] 『태안사지泰安寺誌』는 비록 조선후기의 기록은 아니지만, 「통도사사적약록通度寺事蹟略錄」과 같이 사원의 별개 기록을 모아 엮었다는 점에서 공통점을 지니고 있다.

『직지사지直指寺誌』[88]는 비교적 많은 사적기[89]를 수록하고 있다. 이 가

---

84 「慶尙道淸道郡東虎踞山雲門寺事蹟」, 앞의 책, 7~25쪽.
85 「朝鮮慶尙北道淸道郡雲門寺事蹟」, 앞의 책, 89~102쪽.
86 한국학문헌연구소편, 『泰安寺誌』, 아세아문화사, 1984.
87 장충식, 「泰安寺誌 解題」, 『泰安寺誌』, 아세아문화사, 1984, 6쪽.
88 한국학문헌연구소, 『直指寺誌』, 아세아문화사, 1980.
89 「慶尙道金山郡黃岳山直指寺古禪宗大伽藍事蹟」, 앞의 책, 5~71쪽. 이하『大伽藍事蹟』으
   로 칭함. 「金山直指寺重記」, 앞의 책, 77~142쪽. 이하 重記로 칭함.
   「慶尙道金山郡黃岳山直指寺事蹟」·「黃岳山直指寺事蹟」.

운데 「대가람사적大伽藍事蹟」과 「중기重記」는 1776년(정조 원년) 급고자汲古子가 찬술한 필사본이다. 전체적인 구성은 불교의 중국과 우리나라 전래 사실과 아도가 창건한 이후 각 시대별 연혁을 중심으로 서술했다. 특징은 연혁과 각 전각이나 유물 등을 별도로 구분한 다른 사적기와는 달리 연혁에서 각 시대의 전각과 사중寺中에 있는 유물까지 정리한 점이다. 아울러 「대가람사적」은 강목체를 준용하고 있는데 직지사에 해당되는 부분을 강로 하고, 『삼국유사三國遺事』를 비롯한 우리나라 자료와 중국의 자료를 차용한 부연설명은 목目으로 하고 있다. 고대와 고려의 기록은 『삼국유사』를 널리 인용하고 있음을 살필 수 있다. 중기重記는 가람사적의 부록 역할을 하고 있는데 우선 대광명보전大光明寶殿을 비롯한 각 전각의 불상佛像과 탱화幀畵·비碑·은행나무까지 비교적 상세하게 기록했다. 아울러 속암屬庵과 절의 각종 문서목록도 정리했다.

이상의 사적기들은 우선 앞의 단편적인 승전과 사적기에 비해 일정한 분량을 지니고 있다. 비록 대부분의 내용이 사찰에 국한된 것은 앞의 사적기와 다르지 않지만, 내용면에서 보다 상세하게 기록했다. 또한 대부분의 사적기는 체재가 자유로운 형식을 취하고 있다. 다만 필자가 확인한 사적기 가운데 1776년 급고자汲古子가 찬한 『직지사지』는 강목체綱目體를 따르고 있다. 그러나 사적기의 내용은 자료수집과 고증 작업을 통해 이전 기록에 대한 비판과 복원의 흔적은 찾아 볼 수 없다.

이상 대부분의 사적기가 사찰의 연혁을 정리하는 과정에서 나타난 공통적인 특징은 『삼국유사三國遺事』의 내용을 차용借用한 것이 일반적인 현상이라는 점이다.

| 寺誌 | 借用人物 | 借用例 |
|------|----------|--------|
| 雲門寺誌 | 圓光(pp.9~11) | 卷第4, 義解 第5 <圓光西學> |
| | 寶壤(pp.11~17) | 卷第4, 義解 第5 <寶壤梨木> |
| 通度寺誌 | 慈藏(pp.3~9) | 卷第4, 義解 第5 <慈藏定律><br>卷第3, 塔像 第4 <黃龍寺九層塔> |
| 直指寺誌 | 阿度(pp.20~34) | 卷第3, 興法 第3 <阿道基羅><br>卷第4, 義解 第5 <元曉不羈><br>卷第4, 義解 第5 <義湘傳敎> |

　조선후기에 찬술된 사적기가 『삼국유사』를 차용한 사례는 위의 사적기 뿐만 아니라 불국사佛國寺와 대둔사大芚寺 기록에도 빈번히 나타난다. 이러한 현상은 사찰의 재건공사 이후 해당 사찰의 역사적 위상을 격상시키고자 한 의도가 강하다. 예컨대 창건연대를 실제보다 이른 시기로 상정했으며, 창건과 중건에 관계된 인물조차도 해당 사찰과 전연 관계없는 인물이 등장하기도 한다. 전란과 탄압으로 사중寺中의 기록이 사라져 버린 상황에서 사찰의 역사는 재정리될 필요성이 있었고, 이 과정에서 찬자들에 의해 사찰의 연혁이 불교 전래 시기까지로 소급된 것으로 볼 수 있다.

# Ⅲ.
# 海眼의 사찰사적기
# 편찬과 문제

# III. 海眼의 사찰사적기 편찬과 문제

## 1 해안의 일면모

17세기의 조선은 위기와 혼란의 연속선상에 있었다. 임진왜란과 병자
호란은 정치의 마비와 함께 토지의 황폐화를 야기시켜 국가재정의 수입
격감·농민의 유민화流民化 그리고 경제의 피폐 현상이 드러났다. 이러한
조선의 총체적인 위기는 전란 이후 자기 존재에 대한 각성이나 민족의식
의 형성과 같은 의식구조의 변화를 가져오기도 했다. 반면 이 시기 불교
계의 각종 저술 작업은 변화한 의식구조를 반영한 일반사서─般史書와 함
께 자주적인 시대의식을 반영하여 새로운 면모와 성격을 지니고 있었다.
특히 사찰의 사적기事蹟記는 양란 직후 사찰의 재건사업과 함께 이루어져
시기적으로나 찬술형태에서 가장 초기의 성격을 띠고 있어 주목된다. 그
러나 내용의 신빙성 문제로 자료소개에 그치고 아직 본격적인 연구는 요
원한 실정이지만[1] 불교탄압과 전란이라는 암울한 현실 속에서 사찰의 연

혁 및 조선불교사를 사적기 정리를 통해 복원하고자 했던 불교계의 노력은 적지 않은 의미를 지니고 있었다.

찬자撰者 중관中觀 해안海眼(1567~?)은 그 행적이 널리 알려져 있지 않다. 제자 임마거사恁麼居士가 해안의 유고집遺稿集에 쓴 발문跋文의 내용이 전부라고 할 수 있다.[2] '속성俗姓은 오씨吳氏로 무안務安 사람이며, 어려서부터 총명하고 지혜로워 신동으로 일컬어졌다'[3]고 한다. 그의 출가는 어려서 어머니를 여의고 집이 가난하여 승려이자 외숙인 뇌묵당雷黙堂 처영處英에게 의지하게 된 것이 계기가 되었을 것이다.[4]

> 어느 날 海眼이란 승려가 務安으로부터 와서 인사를 드리는데 빼어나고 아름다운 기품이 한 눈에 그가 보통 사람이 아님을 알 수 있었다. 그의 학식을 시험해 보니 이미 그들의 內典에 통달하였고, 곁으로는 詩文에까지 미쳐 지은 것이 또한 빛나기에 그 출신을 물어보니 士族이었다.[5]

인용문은 해안海眼과 동년생同年生인 허균이 10여 일간의 짧은 교유에서

---

1 조선후기에 찬술된 불교계의 사찰사적기나 僧傳은 학계에 소개된 지 오래되었지만, 그에 대한 관심과 본격적인 연구는 이루어지지 있다. 다만 이들 佛敎史書는 참고문헌으로 이용되거나 자료소개에 국한되어 있으며, 더욱이 17세기 中觀 海眼의 사적기는 그 연구의 한계가 두드러진다(文明大, 「華嚴寺事蹟解題」, 『佛敎學報』 6, 東國大學校佛敎文化硏究所, 1969, 238 쪽 ; 한국불교연구원, 『화엄사』(1976), 『금산사』(1977), 『대흥사』(1977), 일지사 ; 金相鉉, 「佛國寺의 文獻資料檢討」, 『신라의 사상과 문화』, 일지사, 1999).
2 恁麼居士, 「跋文」, 『中觀大師遺稿集』(『韓國佛敎全書』 8(朝鮮時代篇2)), 1987, 220쪽) 이하 『韓佛全』이라 한다.
3 采永, 『西域中華海東佛祖源流』(『韓佛全』 10, 105쪽)
4 恁麼居士, 앞의 책, 220쪽.
5 허균, 「送釋海眼還山序」, 『惺所覆瓿藁』 卷5 文部2 序.

느낀 해안에 대한 단상이다. 해안은 사족출신士族出身으로 교학敎學에 해박했고, 유학儒學과 시문詩文에도 능했다고 한다. 두 사람 사이의 만남은 비록 짧았지만, 자신 역시 불교를 좋아했다고 술회한 허균과 해안의 교유는 승속僧俗을 초월하여 유불교류儒佛交流의 한 단면을 보여준 것이었을 것이다.

청허淸虛 휴정休靜의 법손法孫이기도 한 해안은 출가하여 법호法號는 해안海眼, 법명法名은 '철면중관자鐵面中觀子'[6], '철면옥정鐵面玉井'[7], '운거철면중관선자雲居鐵面中觀禪子'[8] 혹은 그가 주석했던 암자의 이름을 빌어 '무가암無可菴'[9]이라고도 했다. 해안은 그의 삶 자체가 "지팡이 하나로 떠다니면서 인연을 따르되 집착이 없었다"[10]고 한 것처럼 평생 유랑으로 일관한 삶이었으므로 행적이 소략하다. 다만 그가 임진왜란 때 영남에서 의승병을 일으킨 사실이나, 그의 만년에 지리산智異山 대은암大隱庵에 주석하면서 금산사金山寺·대둔사大芚寺·화엄사華嚴寺의 사적기를 찬술한 것이 많지 않은 그의 행적 가운데 대표적인 흔적이라고 할 수 있다.[11] 해안은 일찍이 외숙外叔이었던 처영處英에게서 글을 배웠는데 전통유교경전(墳典)에 통하였고, 시부詩賦에 있어서는 배우지 않고도 잘하였다고 한다. 출가하여서는 자취를 감추고 사람을 피하여 오로지 교해敎海에 잠기고, 선등禪燈을 탐구했다. 세상 사람들은 그 시률詩律의 맑고 강직함과 필법筆法의 고풍古風을 감상鑑賞하였다[12]고 한다. 더욱이 스승 서산대사西山大師가 입적하자 그 비문碑文

6 「俗離山大法住寺大雄大光明殿佛相記」, 앞의 책, 217쪽.
7 「觀音陀羅尼後跋」, 앞의 책, 217쪽.
8 「大隱庵說」, 앞의 책, 219쪽.
9 海眼, 「無可菴記」, 앞의 책, 216쪽 ; 『大芚寺志』 卷2.
10 恁麼居士, 앞의 글.
11 海眼, 「大隱庵說」, 앞의 책, 219쪽.
12 恁麼居士, 앞의 글, 220쪽.

을 구하기 위해 동분서주東奔西走하기까지 했다.

이 중이 비록 못내 어리석사오나 宣祖께서 西狩하시던 해에는 의
병을 일으켜 師僧 아무의 陣下에 從事할 때에 幸州의 한 城이 다만
가시덤불이면서 싸움에 이긴 것을 보았는데…[13]

이 기사는 해안이 사승師僧이자 외숙이었던 처영處英과 임진왜란 당시
행주대첩에 참여한 것을 알려주는 기사다.[14] 행주대첩은 관군官軍과 의승
군義僧軍에 의해 수행되었는데, 승군의 지휘자는 처영이었다. 그는 봉기
직후 1천여 명의 의승군을 이끌고 전라감사 권율의 막하로 내부來赴하여
북상北上하는 군사 1만과 동행했다. 이후 행주산성에서 권율과 함께 3만
여 명의 적군을 격퇴했는데 해안은 당시 이 전투의 한 복판에 있었다.

萬曆40年에 大師 海眼이 梵鍾閣·左經樓·右經樓·南行廊을 重建했다.[15]

위 기록은 만력萬曆 40년 즉 광해군光海君 4년(1612) 해안이 전란의 참화
가 극심했던[16] 불국사佛國寺의 범종각梵鍾閣·좌경루左經樓·우경루右經樓·남행

---

13 海眼, 「舍都體府摠戎使書」, 『中觀大師遺稿』(『韓佛全』 8, 218a쪽).
14 해안이 왜란 당시 주로 활동했던 지역에 대해서는 이제까지 영남지방으로 인식하고 있었던
   것이 사실이다. 이것은 南公轍이 지은 「四溟大師紀蹟碑銘」에 의한 것으로 그동안 좀더 세
   부적인 사실이 규명되지 못했다. 그러나 필자는 적어도 그가 처영 휘하에서 행주대첩에 참
   가했고, 경주에서 적지 않은 세월동안 활동했음을 밝힐 수 있었다. 예컨대 그는 불국사를 중
   심으로 의승군으로 참석했으며, 전란 이후 소실된 佛國寺의 殿閣을 重建했고 아울러 禪苑
   에서도 수행생활을 한 것이다.
15 『佛國寺古今創記』, 22쪽.
16 崔孝軾, 「壬辰倭亂 중 慶州戰鬪」, 『慶州史學』 10 ; 『慶州府의 壬辰抗爭史』, 경주시문화

랑南行廊을 중건했다는 기록이다. 그가 경주에 있었다는 것은 그의 시詩에
도 나타난다. 수행을 위해 '계림雞林의 선원禪苑에 있었다'는[17] 것이다. 해안
은 임진왜란 때 경주를 중심으로 한 영남지방嶺南地方에서 의승군을 조직
하여 활동하던 가운데 불국사에 주석하면서[18] 왜적방어에 진력했고, 수
행과 사원의 중건에도 적극적인 모습을 보였다. 그의 문집에는 "몸은 산
림山林에 있으면서 이름은 조정의 높은 벼슬아치에까지 퍼져 임진년壬辰年
(1592)에서 정축년丁丑年(1637)까지 승려의 장의총통승군仗義摠統僧軍으로 있었던
것이 한두 번이 아니었다"[19]고 하여 삶의 대부분의 시기를 전란과 함께
했음을 짐작할 수 있다. 해안은 당시 조선의 어지러운 상황과 전란 속에
서 의승군으로 활동하는 가운데 조선의 불교계가 안고 있는 현실을 목격
했을 뿐만 아니라 조선불교의 역사와 정체성을 되새기고 있었을 것이다.


## ② 편찬 동기와 구성

### 1) 편찬 동기

해안은 왜란과 호란의 소용돌이 속에 있었고, 의승군義僧軍 활동을 통해

---

원, 1994.

17 海眼, 「燕谷寺의 모임이라는 시」, 『중관집』, 373쪽.
  昔在雞林禪苑地 時稱律虎義龍居.

18 해안은 왜란이 일어났던 당시 영남지방에서 의승병을 일으킨 사실이 있다. 필자는 『불국사
  고금창기』의 해안에 관한 기록으로 미루어 보았을 때 해안이 임란이후까지 경주 불국사에
  주석하면서 전란으로 소실되어 거의 폐허가 되어버린 불국사를 중창하기 위해 진력했을 것
  으로 생각한다.

19 恁麼居士, 앞의 글, 220c쪽.

그의 삶을 적극적으로 살고 있었다. 그의 전란참여와 불교계의 상황은 조선불교에 대한 역사의식을 형성시키는 계기가 되었고, 급기야는 사적기 찬술의 형태로 연결되었다. 그가 사적기를 찬술한 것은 우선 망실亡失된 사찰의 역사와 여러 사정을 복원하려는 일차적인 목적이 있었지만, 궁극적으로는 조선불교에 대한 인식의 변화를 확대시키고자 했던 의도 또한 지니고 있었다.

> 혹간에는 왕이 친히 내린 詔書도 있었지만 어떤 때는 火災로 燒失되어 白馬가 슬피 울기도 하였다. 절에 대대로 전해 내려 온 왕의 은혜로운 글과 戶籍이나 土地文書 등 절의 사정을 알 수 있는 기록이 단一字도 전하지 않는다. 寺中의 우두머리인 釋海·坦敬·印俊은 글을 써서 唱和하고 齋一과 義勤은 두류산을 공경을 다하여 소개하였다.[20]

인용문은 『대둔사사적大芚寺事蹟』의 찬술동기를 살펴 볼 수 있는 기사다. 해안이 살고 있었던 17세기 조선의 사찰에는 그동안 전해 내려 온 왕의 조서詔書나 사찰의 창건과 중창, 사찰의 인적人的 구성構成이나 경제사정을 알 수 있는 관적貫籍 등 옛 문헌이 전해 왔지만, 전쟁으로 모두 소실되고 전해지지 않은 채 황폐화되어 겨우 그 명맥만 유지되고 있었다는 것이다. 그것은 전란으로 인한 직접적인 피해를 언급한 것이지만, 조선시대의 지속적인 불교탄압과 승려들의 의식부족으로 사찰의 전각이나 고문서가

---

20 「全羅道海南縣頭輪山大芚寺事蹟」, 『大芚寺誌』, 아세아문화사, 1980, 325쪽.
　　「大芚寺事蹟」의 찬술동기는 「金山寺事蹟」(「全羅道金溝縣母岳山金山寺事蹟」, 『金山寺誌』, 아세아문화사, 1982, 5~6쪽)이나 「華嚴寺事蹟」(「湖南道求禮縣智異山大華嚴寺事蹟」, 동국대고서본(D218.61 성815ㅎ), 6쪽)에 寺名만 바뀌었을 뿐 나머지는 그 내용이 동일하다.

멸실되었음을 의미한다. 실제로 사적기가 찬술된 1600년대는 왜란倭亂과 호란胡亂으로 조선의 정치와 사회가 붕괴된 시기였으며, 불교문화재가 외적의 방화로 거의 소실되기도 했다. 불국사佛國寺가 임란壬亂 때 큰 화재로 인하여 전각은 물론 편액扁額이나 현판懸板으로 전하는 문자가 거의 전무全無하고[21] 금산사金山寺 또한 사찰의 역사와 가치를 알 수 있는 기록이 모두 일실佚失되기도 했다.[22] 그러므로 해안이 사적기를 찬술하려 했던 그 일차적인 동기는 바로 사찰의 사적기 찬술을 통해 사찰의 원형을 복원하고, 묻혀져 가는 조선불교사를 복원하는데 있었다. 이것은 궁극적으로 전란을 경험하고 난 이후 민족적 자아의식의 성장으로 인해 조선불교사의 독자성을 확립하려는 의지 또한 반영하고 있다. 사적기의 전체적인 체재와 내용은 이를 잘 반영하고 있다. 역사인식은 태평한 시절보다는 혼돈한 세태에 강하게 의식되고, 특히 이민족과의 관계에서 민족과 그 역사는 더욱 격렬하게 인식되는 것이다. 그러므로 조선은 오랑캐에게 당한 수치를 씻고 민족적 자부심을 회복하는 것이 중요한 과제였던 것이다.

이와 같은 입장은 16세기 역사학의 주요대상이 중국사中國史에 대한 깊은 관심에서 동국사東國史로 전환하게 되어 역사를 재편하려는 노력이 경주되었던 것에서도 이해할 수 있다. 예컨대 홍여하洪汝河가 "동국東國의 사류士類들이 중국사를 말하기는 즐겨하지만 동국사에는 몽연曚然하다"[23]고 비판한 점이나 『동사강목東史綱目』이 자기역사에 대한 무지無知를 비판하여 그 비판정신 위에서 자기역사에 대한 관심을 가진 나머지 자기역사를 서

---

21 閔泳珪, 「佛國寺古今歷代記解題」, 『學林』 3, 연세대사학연구회, 1954, 29쪽.
22 百濟法王禁殺放生場教旨一道, 慈藏律條及影子眞表簡子, 高麗太祖教旨一道, 文宗宣宗肅宗, 玄陵教旨一道 歷代賜田貫籍盡失無記(『金山寺事蹟記』, 아세아문화사, 77~78쪽).
23 鄭宗魯, 『彙纂麗史』 序文.

술했다.[24] 이러한 17세기 역사인식의 변화는 불교계에도 영향을 주었을 것이다. 이 시기의 불교계는 여말선초 척불양유론斥佛揚儒論에 맞서 부진함을 면치 못했던 자신의 종교적 가치를 재확인하려는 노력이 지속적으로 전개되었다. 소극적인 자기방어와 보호의 입장에서 왜란과 호란 때 의승군의 군사적 역량은 지배층으로부터 불교를 새롭게 인식할 수 있는 계기로 급부상한 것이다.

불교계가 자아의식을 형성한 것은 전란에서의 의승군義僧軍 활동, 그에 따른 지배층의 긍정적 재평가와 전란 후 자기존재에 대한 각성에 기초를 두고 있었다. 그것은 그동안 정부의 탄압과 무관심으로 묻혀졌던 조선불교사를 재확인하는 작업 뿐만 아니라 조선불교가 지닌 역사적·종교적 위상을 확립하는 작업으로 연결되었다. 이른바 해안의 사적기 찬술이 그 기초를 마련했던 것이다. 비록 그의 사적기가 고대불교에 국한되었지만, 조선불교가 중국에서 전래된 이후 원효·의상·자장 등 고승전 정리를 통해 한국 고대불교의 여러 면모를 소개했고[25] 이것을 석가의 생애나 중국불교사와 함께 정리함으로써 조선불교가 인도나 중국불교의 계통을 이었지만, 대등한 면모를 지니고 있음을 천명했다. 이와 같은 불교계의 정체성 인식은 조선전기에는 소극적인 사항이었다. 해안의 이러한 사지 찬술의 동기는 이후 계속된 불교계의 사서찬술에 영향을 미친 것으로 보인다. 19세기 대둔사의 범해각안이 찬술한 『동사열전』의 고대古代 승전僧傳 가운데 대부분이 해안의 사적기에 정리된 승전을 기초로 찬술된 것을 볼 수 있기 때문이다.

---

24 이만열, 「17세기의 사서와 고대사인식」, 『한국사연구』 10, 1974.
25 이에 대한 상세한 내용은 79쪽의 <표 III-2> 사적기의 체제 참조.

| 『三國遺事』「義湘傳教」 | 『金山寺事蹟』 | 『東師列傳』「義湘祖師傳」 |
|---|---|---|
| 法師義湘考曰韓信金氏年二十九依京師皇福寺落髮未幾西圖觀化遂與元曉道出遼東邊戍邏之爲諜者囚閉者累旬僅免而還永徽初會唐使舡有西還者寓載入中國初止揚州州將劉至仁請留衙內供養豊瞻尋往終南山至相寺謁智儼儼前夕夢一大樹生海東枝葉薄布來蔭神州上有鳳巢等視之有一摩尼寶珠光明屬遠覺而驚異灑掃以待湘乃至 殊禮迎際從容謂曰吾昨者之夢子來投我之兆許爲入室雜花妙旨剖析幽微儼喜逢郢質克發新致可謂鉤深索隱藍茜沮本色旣而本國承相金欽純一作仁問良圖等往囚於唐高宗將大擧東征仁問等密遣湘師誘而先之以咸亨元年庚午還國聞事於朝命神印大德明朗假設密壇法禳之國乃免儀鳳元年湘歸太白山奉朝旨創浮石寺……終南門人賢首撰搜玄疏送副本於湘處幷奉書懃日西京崇福寺僧法藏致書於海東新羅華嚴法師侍者一從分別二十餘年傾望之誠豈離心首加以烟雲萬里海陸千重恨此一身不復再面抱懷戀戀夫何可言……湘乃令十刹傳教太伯山浮石寺原州毗摩羅伽耶之海印毗瑟之玉泉金井之梵御南嶽華嚴寺等是也又著法界圖書印幷略疏括盡一乘樞要千載龜鏡竟所琛佩……總章元年戊辰儼亦歸寂……徒弟悟眞智通表訓眞定藏道融良圓相源…義寂等十大德爲領首皆亞聖也各有傳眞嘗處下柯山䎘巖寺每夜伸臂點浮石室燈智通著錐洞記蓋承親訓故辭多詣妙訓曾住佛國寺常往來天宮相住皇福寺時與徒衆繞塔每步虚而上不以階升故…… | 法師義湘俗性金氏考曰韓信師年二十九依皇福寺落髮 未幾西圖觀化遂與元曉道出遼東邊戍邏之爲諜者囚閉累旬僅免唐高宗永徽初年唐使船西還寓載入唐楊州將劉至仁請留衙內供需豐瞻尋往終南山至相寺謁智儼儼前夕夢一大樹生海東枝葉薄布來蔭神州上有鳳巢登視則有一摩尼寶珠光明屬遠覺而驚異灑掃以待湘乃至殊禮迎際從容謂曰吾作昨日之夢子來投我之兆許爲入室雜華妙旨剖析幽微儼喜逢郢質克發新致可謂鉤深索隱藍茜本色也旣而本國丞相金仁問一作良圖等往囚於唐高宗將大擧東征仁問等密遣湘師誘之以光之以高宗咸寧元年庚午還國聞事於朝命神德大德設密壇法禳之國乃免禍儀鳳元年丙子師歸太白山奉朝旨創浮石寺(終南門人賢首撰搜玄疏送副本於師處幷奉書曰西京崇福寺僧法藏致書於海東新羅華嚴法師侍者一從分別二十餘年傾望之誠豈離心首加以烟雲萬里海陸千重恨此一身不復再面抱懷戀戀夫何可言師乃令十刹傳教太白山浮石寺原州毘摩羅伽耶之海印毗瑟之玉泉金井之梵魚南岳之華嚴寺等是也又著法界圖幷略疏括盡一乘樞要千載龜鏡竟所琛佩總章元年戊辰儼亦歸寂矣師之徒弟悟眞智通表訓眞定眞莊道融良圓相原義寂等十大德爲領首也◯悟眞嘗處下柯山䎘巖寺每夜伸臂點浮石室燈智通則著針洞記辭多詣妙表訓曾住佛國寺常往來天宮相住使皇福寺時與徒衆繞塔每步而上不以抵斥師曰世必爲怪無相效云◯師且居金山此爲海藏殿閣經故也高麗肅宗贈圓教國師之號 | 師姓金氏 父韓信 年二十九 依皇福寺落髮 未幾 西圖觀化 遂與元曉 道出遼東 囚閉累旬 唐高宗永徽初 唐使船西還 寓載入唐 初爲楊州將劉至仁 請留衙內 供養豐瞻 往終南山至相寺 謁智儼 許爲入室 雜華妙旨 剖析幽微 藍沮本色也 唐高宗咸亨元年庚午還國 儀鳳元年丙子 太白山 奉教旨 創浮石寺 終南門人賢首撰搜玄疏送 幷奉書曰 西京崇福寺僧法藏 致書於海東新羅華嚴法師 侍者一從分別 三十餘年 傾望之誠 豈離心首 加以烟雲萬里 海陸千里 恨此一身 不復再面 抱懷戀戀 夫何可言 以十刹傳教 又著法界圖及略疏 總章元年戊辰 儼然歸寂矣 高麗肅宗贈圓敎國師之號 |

위의 사료는 『삼국유사三國遺事』·『금산사사적金山寺事蹟』·『동사열전東師列傳』에 각각 수록된 의상義湘의 전기傳記다. 이 가운데 『삼국유사』의상전은 『금산사사적金山寺事蹟』이나 『동사열전東師列傳』에 수록된 의상전의 기초가

된 듯하다. 그런데 17세기 사적기의 고대古代 승전僧傳이 대부분 『삼국유사』를 기초로 하여 찬술되었다면 『동사열전』의 고대 승전은 『삼국유사』와 승려의 비문을 중심으로 찬술되었다.[26] 해안이 『대둔사사적大芚寺事蹟』을 찬술했고, 훗날 대둔사에 주석하고 있던 각안이 이 사적기를 토대로 『동사열전』의 고대승전 목록을 구성했을 것으로 짐작된다. 더욱이 각안은 "동국불교東國佛敎의 전성시대全盛時代에는 고승의 전기가 있었지만, 여러 번 병화兵火를 겪어 공사公私 간의 문서는 하나도 고신考信할 수 없고 더욱이 비갈碑碣이 있어도 이끼가 끼고 부식되어 상고詳考하기 어렵다"[27]고 술회했다. 그렇다면 17세기 해안이 정리한 사적기의 우리나라 고대불교사와 승전은 이후 18세기 『대둔사지』와 19세기의 각안이 승전을 정리하고 고대부터 그가 살고 있었던 시기까지의 우리나라 불교사를 찬술하는데 중요한 자료가 되었을 것이다.

## 2) 구성

『금산사金山寺』·『화엄사華嚴寺』·『대둔사사적大芚寺事蹟』·『불국사고금창기佛國寺古今創記』의 전체적인 구성을 검토하는 것은 당시 사찰 사적기 찬술纂述의 경향과 찬자의 찬술태도를 엿볼 수 있다. 특히 사적기는 소략하고 단편적인 기록의 성격을 지닌 이전의 사적기와 다른 면모를 지니고 있어서 17세기에 찬술된 사지류의 유형과 찬술 의도을 파악하는데 유용하다.

---

26 吳京厚, 「覺岸의 古代佛敎史認識」, 『회당학보』 6, 진각종 회당학회, 2001.
27 각안, 「자서전」, 『동사열전』 권4(『韓佛全』 10, 1047b쪽).

| 佛國寺古今創記 | 大芚寺事蹟 | 金山寺事蹟 | 華嚴寺事蹟 |
|---|---|---|---|
| 沿 革(新羅) | 海南縣 沿革 | 金溝縣 沿革 | 求禮縣沿革 |
| 殿 閣 | 大芚寺沿革 | 撰述動機 | 華嚴寺沿革 |
| 地理的 位置 | 殿 閣 | 釋尊의生涯·佛教의東傳 | 釋尊의生涯·佛教의東傳 |
| 沿革(新羅末) | 附屬庵子 | 法王禁殺 | 法王禁殺 |
| 崔致遠 讚文 | 撰述動機 | 慈 藏 傳 | 慈 藏 傳 |
| 沿 革(高麗) | 釋尊의生涯·佛教東傳 | 道 詵 傳 | 道 詵 傳 |
| 沿 革(朝鮮) | 法王禁殺 | 阿 度 傳 | 阿 度 傳 |
| 佛國寺隣近寺菴 | 慈 藏 傳 | 高句麗·百濟 佛教의 始初 | 高句麗·百濟佛教의 始初 |
| | 道 詵 傳 | 元 曉 傳 | 元 曉 傳 |
| | 阿 道 傳 | 義 相 傳 | 義 相 傳 |
| | 高句麗·百濟佛教의 始初 | 眞表律師傳 | 華嚴寺의 殿閣 |
| | 元 曉 傳 | 慧德王師傳 | 崔致遠 讚文 |
| | 義 相 傳 | 甄萱과 金山寺 | |
| | 朝鮮時代重創 | 金山寺의 沿革 | |
| | 禪宗傳燈 | 朝鮮時代重建 | |
| | 訓要十條의 佛教項目 | 禪宗傳燈 | |
| | | 殿閣擴張 | |
| | | 佚失遺文 | |
| | | 訓要十條의 佛教項目 | |

위의 표는 각 사적기의 구성을 목차에 따라 비교 정리한 것이다. 먼저 각 사찰이 소재한 지역과 사찰의 연혁을 정리하였고, 사찰의 전각과 부속암자 등을 기록했다. 그리고 우리나라 고대 불교사를 석존의 생애와 불교의 전파와 함께 수록했다. 우리나라 고대 불교사에 대한 정리는 고대古代의 승전僧傳을 통해 설명하여 비교적 상세하다. 『불국사고금창기佛國寺古今創記』는 다른 사적기보다 약 100년 후에 편찬되었음에도 불구하고 소략한 편이지만, 내용은 다양하다. 이전의 불국사사적기佛國寺事蹟記 기록을

동은東隱이 편찬하면서 수정과 증보를 시도했기 때문인 것으로 해석된 다.[28]

해안의 사적기 정리방식은 당시 유행하기 시작했던 강목체綱目體 역사 서술歷史敍述을 통해 이루어졌다. 강목체는 '강綱'에 해당하는 본문本文과 세 부서술의 '목目'을 구성하고 있다. 당시의 강목체 서술은 의리론과 역사를 새로이 인식하고, 현재의 위치를 명확히 하고자 하는 목적에서 비롯되었 는데, 해안의 사적기 찬술 또한 이러한 취지가 반영된 듯하다. 사적기 역 시 사찰의 창건이나 전각의 중건 그리고 조선불교사에 대한 내용을 강에 배치하여 간략하게 정리했다. 아울러 석존의 생애, 인도나 중국불교의 전 래와 홍포 그리고 고대 승전僧傳은 대부분 목에 수록하여 고대 불교사에 대한 여러 가지 상황을 상세하게 정리하고 있다. 이러한 현상은 당시 사 서史書들이 존화양이尊華攘夷의 정통론을 강하게 표출하여 반왜反倭·반청反淸 의 감정고조나 정체성 인식을 표방한 것과 그 궤軌를 같이 하고 있다. 해 안 또한 사적기를 찬술하는 과정에서 강목법綱目法 채택과 고대불교사 찬 술을 중심으로 조선불교의 주체성을 강조하였다. 아울러 조선불교가 비 록 인도와 중국불교로부터 전래되어 영향을 강하게 받고 있지만 대등한 위치나 독자성을 지니고 있음을 표방한 것으로 해석할 수 있다.

다음은 위의 사적기가 지닌 체제를 통해 나타난 공통적 성격이다. 첫 째, 각 사적기가 시기를 달리하여 찬술되었지만, 구성이나 내용이 유사하 거나 거의 동일하다. 비록 사찰과 그 지역의 연혁이나 전각의 중건 그리 고 부속암자와 같은 사찰고유의 면모는 다르지만, 찬술동기부터 석존의

---

28 『불국사고금창기』에 대해서는 김상현의 비판적 검토가 참고 된다(金相鉉, 「佛國寺의 文獻 資料檢討」, 『신라의 사상과 문화』, 일지사, 1999).

생애나 불교의 동전東傳, 삼국불교의 시초始初와 선종전등禪宗傳燈과 같은 일반적인 불교사에 대한 기술은 동일하게 정리되었다. 아울러 각 사찰과 관련된 인물들의 전기 또한 동일함을 엿볼 수 있다.

> a.　梁天監十三年甲午新羅法興王立十五年戊戌大行佛法母迎帝夫人妃己丑夫人出家爲尼名法 流行持律令至眞興王時阿度創是寺[29]
>
> b.　梁天監十三年甲午新羅法興王立十五年戊申大行佛法母迎帝夫人妃己丑夫人出家爲尼名法流行持律令故或稱華嚴佛國寺或稱華嚴法流寺或稱華嚴法雲寺[30]
>
> c. 梁大通二年戊申新羅法興王二十七年始基
> 法興大王母迎帝夫人妃己丑夫人出家爲尼名法流行持律令故或稱華嚴佛國寺或稱華嚴法流寺……[31]

위의 기사는 대둔사大芚寺와 화엄사華嚴寺 그리고 불국사의 창건기사로 대둔사와 화엄사가 동일하게 528년에 창건되었음을 알려주고 있다. 사찰명과 법흥왕의 재위년, 그 간지干支가 차이를 보이는 것을 제외하고 나머지는 동일하다. 둘째, 사적기의 구성이 대부분 우리나라 고대불교사로 편중되어 있다. <표 Ⅲ-2>에서 보는 바와 같이 각 사찰寺刹의 전각殿閣이나 부속암자附屬庵子, 불교佛教의 동전東傳, 선종禪宗의 전등傳燈 사실과 같은 일반적인 불교사 정리를 제외한 삼국三國의 형세나 원효元曉·자장慈藏·의상義相·

---

29 『大芚寺事蹟記』, 321~322쪽.
30 『華嚴寺事蹟記』, 4~5쪽.
31 活庵東隱, 『佛國寺古今創記』, 경북불교협회, 1937, 6쪽.

아도阿道와 같은 우리나라 불교 초전기初傳期 신라의 승전僧傳과 삼국의 불교전래가 대부분을 차지하고 있다.[32] 고려 태조의 훈요십조訓要十條 가운데 불교 관련 항목이나[33] 공민왕의 왕도王道와 불도佛道에 관한 견해를 담은 기록과[34] 사찰의 조선시대朝鮮時代 중건重建 사실을 제외하면 나머지가 모두 고대의 기록인 것이다.[35] 사적기가 고대불교사 기록을 수록하고 있는 것은 당시에 찬술된 일반사서가 고대사를 적지 않게 수록하고 있는 것과 일맥상통하다.

왜란과 호란의 연속된 국난은 중국과 동등한 문명국가를 자부해 오던 소중화小中華의 자존심이 미개한 국가로 멸시해 오던 왜倭·청淸에 의해서 상처를 입은 것이다. 이 상처를 치유하는 길은 도덕정치를 강화하여 민인民人의 단합을 높이고, 국방과 경제의 힘을 키워서 국력을 배양하며, 나아가 조선이 왜·청보다 높은 수준의 문명국가였음을 재확인하는데서 찾으려고 했다. 강목체 사서가 강렬한 반청反淸 애국심을 바탕에 깔고 자치自治·자강自强·내수內修·외양外攘의 기치를 내걸고 17·8세기에 유행한 이유가 여기에 있었다. 이러한 욕구충족은 적어도 고대사의 새로운 이해와 주체적 입장의 찬술이 보여주었다. 오운吳澐은 『동사찬요東史纂要』의 「열전」 부분에서 신라新羅의 사절지사死節之士를 집중적으로 소개하고, 그러한 신라의 높은 도덕성이 삼국통일의 원동력이 된 것이라고 주장했다. 이것은 반왜反倭 애국심을 고취하기 위해서 대외항쟁에 목숨을 던진 충신과 명장

---

32 한편 『불국사고금창기』는 다른 사적기와 동일한 체재 그리고 내용을 보여주고 있지만, 고대 승전을 수록하고 있지 않다.
33 『大芚寺事蹟』, 아세아문화사, 1980, 339쪽.
34 『金山寺事蹟』(『金山寺誌』, 아세아문화사, 1982) 83~91쪽.
35 이에 대한 분석과 평가작업은 해안의 찬술태도에서 설명하고자 한다.

의 전기를 집중적으로 부각시킬 필요성에서 나타났던 것이다.[36] 또한 한백겸韓百謙은 삼국 이전의 고대국가와 종족 문제를 다룸으로써 우리민족의 주체적인 성장을 강조했으며[37] 허목許穆의 고대사 기술 또한 민족적 특수성을 표방하기 위해 중국사의 범주에서 벗어난 한국사의 개별적 인식에 노력했다.[38]

결국 17·8세기 사서의 고대사 기술은 우리민족의 주체적 성장과 중국과 대등한 역사적 위상을 강조하는데 적지 않은 기여를 했던 것이다. 해안의 사적기가 한국의 고대불교사를 중심으로 기술하고 있는 것 또한 이러한 측면에서 이해되어야 할 것이다. 각 사적기의 체재나 내용이 거의 동일한 것은 해안이 사적기 찬술의 과정에서 보여주는 한계로 지적될 수 있지만, 적어도 조선불교에 대한 역사적 위상을 표방하고자 했던 찬자의 의도가 담겨져 있는 것으로 해석할 수 있다.

셋째, 대부분의 고대불교사 기록이 신라불교 중심이며 인용자료 또한 『삼국유사』가 주류를 이루고 있다.

〈표 Ⅲ-3〉 삼국유사와 사적기

| 『三國遺事』 | 「大芚寺事蹟記」 | 「華嚴寺事蹟記」 |
|---|---|---|
| 旣而本國丞相金欽純「一作仁問」良圖等往囚於唐高宗大擧東征 欽純等 密遣湘誘 而先之以咸亨元年庚午還國 聞事於朝 命神印大德明朗 假設密壇法禳之 | 旣而本國丞相金仁問良圖等往囚於唐唐高宗大擧東征欽純等密遣湘師誘而先之以唐高宗咸亨元年庚午還國國事於朝命神印大德設密壇法於通度寺華嚴寺大芚寺海邊名刹以禳之國乃免 | 旣而本國丞相金仁問「一名欽純」良圖等往囚於唐高宗將大擧東征欽純等密遣湘師誘而先之以唐高宗咸亨元年庚午還國聞事於朝命神印大德設密壇法於華嚴寺禳之國乃免 |

36 한영우, 「조선시대의 역사편찬과 역사의식」, 『한국의 역사가와 역사학』 상, 창작과비평사, 1996, 110쪽.
37 高英律, 「한백겸」, 앞의 책, 175~187쪽.
38 鄭玉子, 「許穆」, 앞의 책, 196쪽.

인용문은 의상의 전기를『삼국유사』와[39]『화엄사』[40]·『대둔사사적』[41]에서 발췌한 것이다. 세 사료의 대체적인 내용은 "당에 인질로 잡혀있던 승상丞相 김인문金仁問과 낭도良圖가 의상을 본국에 보내 당이 신라를 침략하지 못하게 했으며, 의상이 나라의 위태로움을 듣고 밀단密壇을 설치하고 기도를 드리게 하여 침략을 면하게 되었다"는 내용이다.『삼국유사』의 의상전은 두 사적기에 거의 그대로 인용되어 있다.『대둔사사적』에서는 "신인대덕神印大德을 시켜 해변의 명찰인 통도사通度寺·화엄사華嚴寺·대둔사大芚寺 등에 밀단密壇을 설치하고 기도를 드리게 하여 침략을 면하게 되었다"고 했으며,『화엄사사적』에서는 "화엄사에서 밀단을 설치했다"하여 해당부분에서는 사명寺名만 바뀌었을 뿐이다.

이밖에 두 사적기는『삼국유사』의 홍법興法·의해義解·탑상塔像·기이편紀異篇을 이용하여 삼국의 불교전래와 홍포弘布, 그리고 승전내용을 정리했다.[42]『삼국유사』는 이전의 불교사서가 고승전기高僧傳記를 주로 기록하는 인물사를 벗어나지 못했던 것과 달리 홍법興法·탑상塔像·의해義解·감통편感通篇 등을 수록하여 불교사 영역의 확대를 가져왔다. 아울러 고려후기 불교 및 사회의 모순에 대한 강한 비판의식이 깔려 있으며, 일연의 대중불교大衆佛敎 및 민중民衆에 대한 의식이 강하게 내포되어 있다.[43] 해안은 종합적인 불교사서의 성격을 지니고 있었던『삼국유사』가 우선은 소실된 조선불교사를 복원하는데 훌륭한 기초자료가 될 것으로 생각했다. 또한

39 「義湘傳敎」,『三國遺事』義解 第5.
40 『화엄사사적기』, 동국대도서관 서고본(D218.61성815ㅎ), 33쪽.
41 『대둔사사적』(『대둔사지』, 아세아문화사, 1980, 334쪽)
42 90쪽 <표 Ⅲ-6> 사적기에 인용된『삼국유사』참조.
43 金相鉉, 「三國遺事에 나타난 一然의 佛敎史觀」,『한국사연구』20, 1978, 58쪽.

『삼국유사』는 조선후기 암울한 불교계의 자아의식을 확인하고, 조선불교의 주체적인 독자성을 정립하는데 절대적으로 필요한 사서史書로 인식한 것이다.

넷째, 『금산사사적』은 다른 두 사적기와는 달리 후대에 고증작업考證作業이 이루어져 내용이 비교적 정확함을 엿볼 수 있다. 사찰의 연혁은 수록하지 않았지만, 내용 가운데 소략한 부분이나 중간이 생략된 부분은 '결缺' 표시를 해두었다. 이와 같은 사실은 해안이 사적기를 찬술한 이후 후대後代에 이르러 다시 정리하기도 하고[44] 목판본木板本으로 간행되기도 했지만[45] 그 구성과 내용에 대한 검증을 소홀히 한 것과는 다르다. 즉 『금산사사적』은 1635년 해안이 찬술한 이후 1705년에 사적기와 참고문헌 사이에 대교對校를 거쳐 개서改書한 것이다.

그런데 사적기의 체재와 내용이 거의 동일하다는 점에서 주목되는 것은 『불국사고금창기佛國寺古今創記』다. 『불국사고금창기』는 1740년 활암 동은活庵東隱이 찬술한 『불국사사적기』로 원래 제목은 『경상도강좌대도호부경주동령토함산대화엄종불국사고금역대제현계창기慶尙道江左大都護府慶州東嶺吐含山大華嚴宗佛國寺古今歷代諸賢繼創記』이다.[46] 이 책은 불국사 창건 이후 중창과 중수의 역사를 법흥왕 때부터 18세기 중반까지의 불국사 연혁을 강목체 형식으로 서술했다. 동은東隱이 찬술한 것으로 되어있지만, 그 이전의 불국사에 관한 사적기 원본을 수사手寫한 것 같다.[47]

---

44 『대둔사사적기』는 1636년 해안이 찬술한 이후 1722년 善山後人 金禹鼎이 다시 교정하여 정리한 것이라고 한다(『대둔사사적기』, 342쪽).
45 『華嚴寺事蹟記』는 해안이 1636년에 찬술한 이후 1696년에 栢庵 性聰이 목판본으로 간행하였으며 1697년에 재차 간행되기도 했다(華嚴寺事蹟記 跋尾).
46 『佛國寺古今創記』, 경북불교협회, 1937.
47 姜裕文, 「佛國寺古今創記跋」(『불국사고금창기』, 경북불교협회, 1937, 34쪽)

필자는 각 사적기를 비교 분석하는 과정에서 『불국사고금창기』 이전의 불국사사적기가 해안에 의해 찬술되었으며, 그것은 다시 호남의 사찰사적기의 저본이 되었음을 살필 수 있었다. 이러한 해석은 『불국사고금창기』에 다음과 같은 기사가 있어 이를 뒷받침해주고 있다.

萬曆四十年大師海眼重建梵鍾閣左經樓右經樓南行廊[48]

위 기록은 만력萬曆 40년 즉 광해군光海君 4년(1612) 해안이 전란의 참화가 극심했던[49] 불국사의 범종각梵鍾閣·좌경루左經樓·우경루右經樓·남행랑南行廊을 중건했다는 기록이다. 그가 경주에 있었다는 것은 수행을 위해 '계림雞林의 선원禪苑에 있었다'[50]는 그의 시에도 나타난다. 아울러 만력萬曆 40년 기사는 그가 임진왜란 때 영남지방嶺南地方에서 의승군을 조직하여 활동하던 가운데 불국사에 주석했으며[51] 이 때 『불국사고금창기』의 기초가 된 불국사의 사적기를 찬술한 것으로 이해할 수 있다. 그러므로 해안의 『금산사金山寺』·『화엄사華嚴寺』·『대둔사사적大苞寺事蹟』은 그가 1612년 무렵

---

강유문은 원본의 '庚申五月端陽大庵門人活庵東隱書于青社'가 원본의 원본을 手寫한 사람과 때를 말한 것이라고 했다. 「佛國寺事蹟」과 『佛國寺古今創記』의 찬술시기와 내용분석 그리고 인용자료 검토 등에 대해서는 김상현의 연구(「불국사문헌자료의 검토」, 『신라의 사상과 문화』, 일지사, 1999, 453~477쪽)가 있다.

48 『佛國寺古今創記』, 22쪽.
49 崔孝軾, 「壬辰倭亂 중 慶州戰鬪」, 『경주사학』 10 ; 慶州府의 壬辰抗爭史』, 경주시문화원, 1994.
50 海眼, 「燕谷寺의 모임이라는 시」, 『중관집』, 373쪽. 昔在雞林禪苑地 時稱律虎義龍居.
51 해안은 왜란이 일어났던 당시 영남지방에서 의승병을 일으킨 사실이 있다(南公轍, 「四溟大師紀蹟碑銘」(校勘譯註 『歷代高僧碑文』(朝鮮篇1), 가산불교문화연구원), 1999, 173쪽). 필자는 『불국사고금창기』의 해안에 관한 기록으로 미루어 보았을 때 해안이 임란이후까지 경주 불국사에 주석하면서 전란으로 소실되어 거의 폐허가 되어버린 불국사를 중창하기 위해 진력했을 것으로 생각한다.

에 찬술했던 불국사사적기가 그 저본이 되었을 것이다. 그와 같은 사실
은 다음 인용문에서 구체적으로 나타난다.

〈표 Ⅲ-4〉 불국사고금창기와 사적기

| 佛國寺古今創記 | 華嚴寺事蹟 | 大芚寺事蹟 |
|---|---|---|
| 眞興王爲母只召夫人創寺度僧鑄皇龍寺銅像丈六尊佛五萬七千五斤鍍金百二兩夫人因剃髮爲尼自號法雲子 | 是年眞興王爲母只召夫人創興輪寺度人爲僧尼廣興佛刹末年剃髮僧衣自號法雲子又成皇龍寺鑄丈六銅像五萬五千七斤鍍金百貳兩 | 是年眞興王爲母只召夫人創是寺及興輪寺度人爲僧尼廣興佛刹末年剃髮僧衣自號法雲子世稱菩薩又成皇龍鑄丈六銅像五萬五千七斤鍍金百二十五兩 |

표는 『불국사고금창기』와 사적기 기록을 비교한 것이다. 사료들이 전
하고 있는 기본적인 내용은 "진흥왕이 어머니 지소부인只召夫人을 위해 흥
륜사興輪寺를 창건하고, 황룡사皇龍寺 장육동상丈六銅像을 주조하였으며, 만년
에는 출가하여 호號를 법운자法雲子라고 했다"는 것이다. 그런데 이 내용은
불국사·화엄사·대둔사의 각 기록에 동일하게 보이고 있다. 이밖에 불국
사사적기의 구성은 <표 Ⅲ-2>의 3사寺 사적기의 구성과 비교했을 때 거
의 동일한 면모를 엿볼 수 있다. 시대별 연혁이나 전각 그리고 『화엄사
사적』에 수록되어 있는 최치원의 글은 『불국사고금창기』에 수록된 내용
과 완전히 동일하다. 더욱이 일찍이 응윤應允은 해안이 "경주의 불국사 사
적을 이 절(화엄사)에 잘못 기록했다"[52]고 하여 3사 사적기의 기초가 불국
사 사적기임을 비판했다. 결국 『불국사고금창기』와 호남의 사적기는 그
구성이나 내용 등에 있어서 해당 사적기에 사찰명만 달리 표현하고 있을
뿐 동일함을 엿볼 수 있는 것이다.

---

52 應允,「華嚴寺記」,『鏡巖集』卷下(韓國佛敎全書 10), 440쪽.

이와 같은 사적기의 여러 가지 정황들로 미루어 보았을 때 해안海眼은 왜란 당시 불국사에 머무는 동안 1612년 불국사佛國寺의 중창불사重創佛事와 함께 임진왜란 이후 완전히 소실되어 흔적만 남아있는 이전의 사적기를 정리한 것으로 추측할 수 있다. 그리고 이 사적기는 그가 지리산으로 돌아 온 이후인 1635년과 1636년에 금산사와 화엄사 그리고 대둔사사적기를 찬술하는 과정에서 그 저본의 역할을 했을 것이다. 아울러 해안이 정리한『불국사사적기』는 다시 1740년 동은이『불국사고금창기』를 찬술하면서 저본으로 사용한 것으로 해석할 수 있다.

## ③ 내용분석과 문제점

### 1) 인용자료의 검토

인용 자료의 검토는 찬자撰者의 찬술태도와 역사이해의 정도를 살피는데 필요하다.『금산사』·『대둔사』·『화엄사사적』과『불국사고금창기』의 인용 자료를 정리하면 다음과 같다.

〈표 Ⅲ-5〉 사적기의 인용자료

| 大芚寺·金山寺·華嚴寺事蹟 | 佛國寺古今創記 |
| --- | --- |
| 鷄林古記·古史·班史然·魏書釋老志·吳書·聞之古老·碑文·高麗史·新增東國輿地勝覽 | 東國僧傳·鷄林本記·崔侯本傳及曉師行狀·古傳·三國僧錄·事及鄕傳·腹藏記·東祖碑文·東國僧史碑·鄕傳·釋苑詞林·上樑文·崔致遠撰文·諺傳·羅史僧錄 |

먼저 호남의 사적기 가운데 ①계림고기鷄林古記는『삼국유사』에서 '고전
古傳'으로 표기되었는데, '계림의 옛 기록'인지 사서의 이름인지 명확하지
않아 매우 막연한 인상을 주고 있다.

    a.  鷄林古記云阿育王命鬼徒九億人於所居之地立一塔如是起八萬
四千塔於閻浮界內藏於巨石中今有處處現瑞非—[53]

    b.  按古傳育王命鬼徒每於九億人於所居之地立一塔如是起八萬四
千塔於閻浮界內藏於巨石中今處處有現瑞非—[54]


인용문은『대둔사사적』의 내용중 절에 세워진「아육왕탑」의 연기설화
다. '인도의 아육왕이 귀신의 무리에게 명하여 인구 9억 명이 사는 곳마
다 탑 하나씩을 세우게 하여 염부계안에 8만4천 개를 세워 큰 돌 속에
감추어 두었다'는 내용이다. 이 기사는『삼국유사』의 내용을 인용한 것으
로 일연은 그 전거를 막연한 '고전古傳'이라고 했지만, 해안은『삼국유사≡
國遺史』[55]·『동사통감東史通鑑』·『고려사기高麗史記』와 함께 사서史書로 취급하
고 있으며[56]『삼국유사』의 내용을 인용했음에도 불구하고 다른 전거典據
로 명시했다.

  ②고사古史는 일연一然의『삼국유사』를 지칭하는 것으로 해안이 사적기
를 찬술하는 과정에서 가장 빈번하게 인용한 사서다.

---

53 『大芚寺事蹟記』, 324쪽.
54 『三國遺事』第3卷, 第4 塔像篇「遼東城育王塔」.
55 史는 원문 표기에 의거함.
56 『大芚寺事蹟記』, 326쪽.

<표 Ⅲ-6> 사적기에 인용된 『삼국유사』

| 事 蹟 記 | 典 據 | |
|---|---|---|
| 法王禁殺標放生場界 | 興法篇 | 「法王禁殺」 |
| 慈藏定律弘戒定慧法 | 義解篇 | 「慈藏定律」 |
| | 塔像篇 | 「皇龍寺九層塔」 |
| | 塔像篇 | 「皇龍寺丈六」 |
| 阿度和尙 | 興法篇 | 「阿度基羅」 |
| 元曉不羈 | 義解篇 | 「元曉不羈」 |
| 義相之傳敎 | 義解篇 | 「義相傳敎」 |
| 眞表律師 | 義解篇 | 「眞表傳簡」 |
| | | 「關東楓岳鉢淵藪石記」 |
| 後百濟의 甄萱 | 紀異篇 | 「後百濟·甄萱」 |

<표 Ⅲ-6>은 사적기에 인용된 『삼국유사』의 기록들이다. 다른 인용 자료에 비해 양적인 측면에서 압도적으로 많은 양을 차지하고 있으며, 전체적인 내용의 기초가 된 것으로 이해할 수 있다. 승전 마지막 부분의 일연이 지은 찬문讚文 또한 "고사찬古史讚"으로 표기하여 소개했다. ③반사연班史然·위서석노지魏書釋老志·오서吳書는 중국의 사서史書로 해안은 이들 사서를 통해 석가의 생애와 중국으로 불교가 전래된 이후 불상조성佛像造成과 불사창건佛寺創建[57] 중국불교中國佛敎의 시작[58] 강승회康僧會의 행적[59] 등 중국불교를 서술했다. ④비문碑文이나 『고려사』·『신증동국여지승람』 등은 지리적 연혁이나 우리나라 불교를 개괄적으로 설명하는데 이용되었다. 더욱이 "문지고로聞之古老"는 비록 『삼국유사』를 모방했지만, 자료수집에 적지 않은 노력을 보인 흔적이다.

---

57 앞의 책, 326~327쪽.
58 위의 책, 330쪽.
59 위의 책, 332쪽.

다음은 『불국사고금창기佛國寺古今創記』의 인용 자료를 살펴보자. 호남의 사적기보다는 그 인용자료가 비교적 광범위하다. 우선 '계림본기鷄林本記'는 "불국사 창건과 아도가 폐가람廢伽藍 7처處에 다시 불교 사찰을 건립한 사실"을 기술한 끝에 명기明記했는데 이 기록은 『삼국유사』의 내용을 옮긴 듯하다.[60] 이러한 사례는 '고전古傳'에서도 동일하게 보인다. 예컨대 『불국사고금창기』의 양지良志에 대한 기록은[61] "불국사佛國寺"라는 사명寺名만을 제외하면 『삼국유사』 기록과 완전히 동일하다.[62] '계림본기鷄林本記'는 호남의 사적기 인용 자료에 보이는 '계림고기鷄林古記'와 동일한 것으로 생각된다.[63] '동국승전東國僧傳'은 '진흥왕의 숭불崇佛과 황룡사장육동상皇龍寺丈六銅像 조성의 출자出自'로[64] 『삼국사기』와[65] 『삼국유사』[66] 기록이 혼재되어 나타나고 있다. '최후본전급효사행장崔侯本傳及曉師行狀'은[67] 최치원崔致遠이 지은 의상본전義相本傳과 원효元曉의 행장行狀을 의미하는데, 『삼국유사』의 「의상전교義湘傳敎」 조條를 보고 정리한 듯하다.[68] '삼국승록유사급향전三國僧錄遺事及鄕

---

60 『佛國寺古今創記』, 6쪽 : 『三國遺事』 第3卷 興法篇 「阿道基羅」.
61 『불국사고금창기』, 9~10쪽.
62 『三國遺事』 卷第4 第5 義解 「良志使錫」.
63 『금산사사적』, 53~57쪽 ; 『華嚴寺事蹟』, 35~40쪽.
64 『佛國寺古今創記』, 6쪽. 眞興王爲母只召夫人創寺度僧鑄皇龍寺銅像丈六尊佛五萬七千五斤鍍金百二兩夫人因剃髮爲尼自號法雲子勅自晉來僧葦難陀重葺興輪寺又鑄毗盧彌陀二軀奉安佛國寺(出東國僧傳).
65 『三國史記』「新羅本紀」第4 眞興王 37年條. 至末年祝髮被僧衣 自號法雲 以終其身 王妃亦效之爲尼 住永興寺……
66 『三國遺事』 卷第3 塔像 第4 「皇龍寺丈六」.
67 『佛國寺古今創記』, 7쪽. 武王講經論爲任講義湘與弟子悟眞表訓等十大德相與講論而別勅表訓住佛國寺訓常往來天宮(出崔侯本傳及曉師行狀).
68 『三國遺事』「의상전교」조에는 의상이 원효와 함께한 당 유학을 언급하고 그 전거로 '事在崔侯本傳及曉師行狀等'이라고 적고 있다. 한편 이기백은 최치원이 지었다고 하는 의상의 전기는 현재 전하지 않는다고 했다(이기백, 『崔文昌侯全集』解題, 성균관대학교대동문화연구원, 1972, 4쪽).

傳'과 '향전鄕傳'·'언전諺傳'은 주로 불국사 전각의 규모나[69] 석가탑의 조성 설화[70] 등 불국사와 직접적인 연관성을 지닌 기록의 근거가 되는데, 대체로 전설傳說이나 구전口傳되는 것을 가리킨 듯하다. '복장기腹藏記'·'상량문上樑文'은 불국사 관음전觀音殿에 봉안되었던 관세음보살상의 복장기[71]와 대웅전大雄殿에 봉안되었던 석가불의 복장기[72]를 말하며, 상량문上樑文은 효종孝宗 10년(1659) 전각을 중창했던 대공덕주大功德主와 개와화주盖瓦化主 등의 명단을 밝히고 있다. '동조비문東祖碑文'·'동국승사비東國僧史碑'는 최치원이 지었던 불국사와 관련된 5편의 찬문讚文이나 원문願文에 보이고 있는데[73] 최치원 문집에는 "최치원소찬崔致遠所撰"이라고만 되어 있을 뿐 다른 전거典據는 보이지 않는다. 이러한 예는 역시 최치원의 동일한 글을 싣고 있는 화엄사사적기에서도 마찬가지다.[74]

이와 같이 『불국사고금창기』는 호남의 사적기 보다는 많은 기초 자료를 토대로 찬술되었다. 그러나 대부분의 기록이 『삼국유사』와 『삼국사기』의 사실史實에 부회附會한 후대後代의 위작偽作일 가능성이 큰 것 또한 간과할 수 없는 일이다. 예컨대 진흥왕眞興王과 황룡사장육상皇龍寺丈六像에 대한 정리는 『삼국사기』와 『삼국유사』 기록을 혼용하여 정리했는데[75] 이들 사서에 보이지 않은 "칙자진래승위난타중즙흥륜사우주비로미타이구봉안불국사勅自晉來僧韋難陀重葺興輪寺又鑄毘盧彌陀二軀奉安佛國寺(出東國僧傳)" 부분은 불국사

---

69 『불국사고금창기』, 8~12쪽.
70 위의 책, 8쪽.
71 위의 책, 9쪽.
72 위의 책, 10쪽.
73 위의 책, 11~17쪽.
74 『화엄사사적기』, 41~66쪽.
75 『불국사고금창기』, 6쪽.

와 직접적으로 관련 있는 기록이다. 결국 이러한 기사는『불국사고금창기』를 비롯한 사적기가 찬술되고 개작改作되는 과정에서『삼국사기』나『삼국유사』의 내용에 부연된 것으로 해석할 수 있다.[76]

이상의 인용 자료는 대부분이『삼국유사』를 중심으로 신라불교사에 집중되어 있다. 이것은 조선후기 사지寺誌의 찬술경향을 살필 수 있어 주목된다. 예컨대 해안은 사적기를 찬술하는 과정에서『삼국유사』의 영향을 강하게 받은 것으로 해석할 수 있다.『삼국유사』는 여말선초 이승휴李承休의『제왕운기帝王韻紀』와 함께 단군조선檀君朝鮮의 인식을 보급하는데 기여했고,『삼국사절요三國史節要』를 찬술하는 과정에서 그 내용을 인용해 쓰기도 하고 본문에서도 많은 사료를 발췌해 실어[77] 불교가 배척되고 유교가 정통 이데올로기로 작용한 조선조에도 그 일부 내용이 수용되었다. 이후 조선후기는『삼국유사』가 승려가 쓴 사서史書라는 이유로 또는 황탄荒誕하다는 이유로 역사서로 인용되지 못했다.[78] 비록 일반사서가 신라불교사를 취급했다 하더라도 척불론적斥佛論的 입장에서 신라의 불교를 다루었다. 불교에 관한 풍부한 사료를 무시하고, 불교에 관계되는 기사는 "그 시초만을 쓰거나 그 심한 것만을 들어" 불교사의 부정적인 측면을 강조하고자 했다.[79] 안정복이『동사강목』을 찬술하는 과정에서『삼국유사』를

---

76 이에 대해 김상현은 불국사고금창기의 기록이 삼국유사의 몇 기록에 의해서 적당히 꾸며서 만든 것이기에 쉽게 믿을 수 없다고 했다. 그 인용자료 또한 특이한 出典을 밝혔지만, 다른 책에서는 아직 확인이 되지 않는 典籍이라고 했다(김상현, 앞의 글, 464~465쪽).
77 鄭求福,「三國遺事의 史學史的 考察」,『三國遺事의 綜合的 檢討』, 정신문화연구원, 1987, 21쪽.
78 이러한 사례는 대둔사지 찬술작업에 깊은 연관을 맺고 있는 다산 정약용 또한 예외가 아니다. 그의『大東禪敎攷』는 대부분이『삼국사기』를 중심으로 한 儒敎史書를 기초로 찬술되었지만, 삼국유사를 인용한 예는 보이지 않고 있다.
79 趙珖,「朝鮮王朝時代의 新羅認識」-東史綱目을 中心으로-,『民族文化硏究』16, 고려대

근본사료로 이용하여 신라불교를 비판했던 것이다. 해안은 이러한 분위기 속에서『삼국유사』를 더욱 의존했을 것으로 생각된다.『삼국유사』는 당시 까지 남아 있었던 보기 드문 불교사서로 찬자 해안의 고대불교사 이해와 함께 조선불교사의 위상을 재정립하는데 긴요한 역할을 했던 것이다.

요컨대 해안은 사적기를 찬술할 때『삼국유사』를 구성과 내용의 저본底本으로 이용했을 뿐만 아니라 조선불교사의 정체성을 표방하는데 이용했으며, 중국과 조선의 사서를 통해 불교사 소개와 사적기 내용의 객관성을 부여했다.

한편 해안이 인용 자료를 수집하고 이용하는데 한계 또한 적지 않게 드러난다. 첫째, 전란 직후의 찬술 때문인지 자료를 광범위하게 이용하지 못했다. 전란의 혼란한 상황과 그로 인한 전적典籍의 소실燒失이 그 중요한 원인이다.『불국사고금창기』는 1740년에 수정과 증보가 이루어져 인용 자료가 비교적 풍부한 편이지만, 다른 사적기는 1635년과 1636년의 기록으로 전란의 소용돌이 속에서 편찬된 탓이다. 인용 자료의 부족은 사적기를 고대불교사에 국한시키는 한계를 가져왔으며, 그 이후의 사찰의 사정이나 불교사에 대해서는 단편적인 내용만을 수록해야하는 단절의 결과를 야기시켰다.

둘째, 정확성의 결여이다. 인용자료 가운데 신빙성 있는 자료는『삼국유사』와 일부분의 사서史書에 국한되어 있다. 비록 중국 사서를 이용하는 객관성을 보이기는 했지만 자료에 대한 면밀한 검토는 온전히 이루어지지 못했다. 사찰이 창건시기와 연혁 등이 사실과는 다르다. 또한 인용 자

민족문화연구소, 1982, 158쪽.

료가 명확하지 않다. 사적기의 대표적 인용 자료인 『삼국유사』가 사적기에 인용된 것은 단 한 곳만 명기明記되었고, '계림고기'·'계림본기'·'고사古史' 등으로 표기되었다. 더욱이 연혁沿革은 찬자가 『삼국사기』와 『삼국유사』 등 사서의 사실史實에 해당 사찰의 기록을 부회附會한 듯하다. 이것은 해당사찰의 역사성과 정통성을 의식한 것으로 보인다. 이러한 찬술상의 오류는 뒷날 『대둔사지』의 찬자들로 하여금 연혁과 내용 등 사적기 전체적인 측면에서 강한 비판을 받는 원인이 되기도 한다.

## 2) 내용분석과 문제점

해안의 사적기는 우선 세 사찰寺刹의 연혁沿革, 전각殿閣과 부속암자附屬庵子의 중창이나 규모 등 사찰의 사정을 정리했다. 그리고 석존釋尊의 생애生涯, 불교의 발생과 중국·한국전래, 중국의 선종전등禪宗傳燈을 서술했으며, 마지막으로 우리나라 고대불교사와 승전僧傳을 수록했다. 먼저 사찰의 연혁은 각 사적기가 동일하게 나타나고 있으며, 대체로 『삼국유사』와 『삼국사기』를 인용하고 있다.

> 子坐午向開起於梁武帝大同十二年新羅眞興王五年甲子
> 是年眞興王爲母只召夫人創是寺及興輪寺度人爲僧尼廣興佛刹末年
> 剃髮僧衣自號法雲子世稱菩薩又成皇龍鑄丈六銅像五萬五千七斤鍍
> 金百二十五兩
> (『大芚寺事蹟』, 322쪽 : 『華嚴寺事蹟』, 5쪽 : 『佛國寺古今創記』, 6쪽)

> a. 五年春二月 興輪寺成 三月 許人出家爲僧尼奉佛

(『三國史記』卷第四 新羅本紀第四「眞興王條」)

b. 三十五年 春三月 鑄成皇龍寺丈六像 銅重三萬五千七斤 鍍金重一

萬一百九十八分

(『三國史記』卷第四 新羅本紀第四「眞興王條」)

c. 名彡麥宗 一作深□ 金氏 父卽法興之弟立宗葛文王 母只召夫人

一作息道夫人 朴氏牟梁里英失角干之女 終時亦剃髮而逝

(『三國遺事』卷第一 王曆第一 第二十四眞興王)


　인용문은 『불국사고금창기』·『대둔사』·『화엄사사적』에 동일하게 수
록되어 있는 각 사찰의 고대연혁이다. 진흥왕이 어머니를 위해 대둔사大
芚寺(華嚴寺)와 흥륜사興輪寺를 창건한 사실을 기술하고, 왕이 사람들을 출가
시키고 보살로 추앙받고 황룡사장육상皇龍寺丈六像을 조성한 사실 등 숭불崇
佛의 군주인 진흥왕의 불교정책을 설명하고 있다. 그런데 이 기록은『삼
국사기』와『삼국유사』의 내용을 차용한 것으로 보인다. 사적기는 진흥왕
5년(544)에 대둔사와 흥륜사가 창건되었다고 했지만,『삼국사기』는 이 해
에 흥륜사 창건사실만을 전할 뿐 대둔사 창건의 사실은 적고 있지 않다.
사적기 내용 가운데 이러한 오류는 도처에서 볼 수 있다. 특히『대둔사
사적』이 찬술된 이후 18세기 후반에 찬술된『대둔사지』는 사적기의 이
러한 오류를 지적했는데, 창건이나 사적기에 명기된 연대상의 오류 그리
고 사찰의 창건과 관련된 삼국의 영토문제 등 사적기가 지닌 한계를 전
반적으로 비판했다.[80] 이때 해안의 사적기는『대둔사지』의 저본이 됨과

---

80 『大芚志』卷1, 대둔사지간행위원회, 1997, 30~34쪽.

동시에 비판의 대상이 되었는데[81] 사지寺誌의 찬자들은 『사적기』의 다음과 같은 내용을 중심으로 비판했다.

  1) 創建 2) 時期와 領土問題 3) 年代表記의 誤謬 4) 創建主 5) 殿閣과 附屬庵子 6) 僧傳

이상의 항목에 대한 비판은 사적기의 전반적인 내용을 망라하고 있으며, 해안의 사적기 찬술자세에 대해서는 그 비판의 강도를 더하고 있다.[82] 『대둔사사적』에 보이는 내용상의 오류는 『화엄사사적』에서도 예외는 아니다. 『화엄사사적기』는 절의 중창불사를 시작하던 1630년(인조 8)에 화엄사 승려들이 해안에게 화엄사사적의 편찬을 부탁했고, 해안은 7년만인 1636년에 편찬을 마쳤다. 그러나 화엄사를 백제百濟 법왕대法王代에 이미 있었다고 한 것이나, 자장이 전한 사리를 이 절에 봉안했다고 한 것, 도선을 화엄사에 끌어 붙이고 원효 및 의상을 화엄사와 연결시킨 오류를 찾아 볼 수 있다.[83]

사적기에 실린 최치원의 여러 기록 또한 일부가 불국사와 관계된 기록이다. 이것은 1612년 그가 있었던 불국사의 기록을 차용했을 가능성이 높다. 해안은 이외에 창건자를 밝히지 않은 것이나, 544년 화엄사를 창건

---

81 필자가 『대둔사지』 찬자들의 사적기 비판을 통해 『사적기』의 내용을 검토하고자 하는 것은 이들의 비판이 단순히 대둔사에 국한되지 않고 화엄사나 금산사의 사적기와 그 체재나 내용이 동일하기 때문이다. 요컨대 『대둔사사적』이 해안의 찬술자세와 내용검토에 훌륭한 표본이 된다.

82 『대둔사지』 찬자들의 죽미기 내용에 대한 비판은 Ⅳ장 대둔사지의 편찬과 불교사 인식에서 다루고자 한다.

83 今西龍, 「朝鮮智異山華嚴寺事蹟記に就いて」, 『高麗及李朝史硏究』, 國書刊行會, 1974, 378~380쪽. 금서룡은 위의 글에서 화엄사사적이 지닌 오류를 10여 가지나 지적했다.

했다는 연기조사烟起祖師를 9세기 후반에 활동한 도선道詵(827~898)과 동일
인으로 서술한 점[84]은 서술상의 치명적인 오류다. 일찍이 응윤應允(1743~
1803)은 "경주의 불국사사적을 이 절에 잘못 기록했고, 황당하고 준거가
없다"[85]고 비판했다. 그러나 그가 편찬한 사적기의 모든 내용이 오류라고
만 볼 수 없다. 세 사찰의 사적기는 사찰의 전각과 부속암자에 대해서는
"선조宣祖 30년(1597) 정유재란丁酉再亂 때 전각과 불상 그리고 옛 건물들이
불타버렸다"고[86] 공통적으로 기술하고 있다. 이를 계기로 각 사찰에서는
창건 이후부터 중건되고 확장된 전각에 대한 사정을 기록하였다. 우선
대둔사는 대웅대광명전大雄大光明殿 등 각 전각을 기록하고 그 하단에 전각
의 간수間數와 창건주의 법명法名을 표기했다. 이들은 대부분 대둔사사적
기가 정리된 1636년을 전후로 대표적인 중건주 석해釋海 · 탄경坦敬 · 인준印
俊 등이 중심이 되었다. 부속암자 또한 단순히 암자명庵子名만 적고 있는
것이 아니라 탑塔과 전각殿閣의 유래를 적고 있기도 하다.[87] 화엄사華嚴寺
나[88] 금산사金山寺의 전각[89] 또한 대둔사의 그것과 부분적으로 중복되고
있지만 하단에 간수間數를 적고 있다. 사찰의 지리적地理的 위치位置 · 전각殿
閣 · 부속암자附屬庵子 등과 같이 사찰 고유의 해당부분은 독자적으로 정리
한 듯하다. 이것은 18세기 후반 『대둔사지』 찬자들 또한 인정한 사실이
고, 해안이 맹목적으로 옛 기록을 답습하지 만은 않았다는 것을 의미한

---

84 金相鉉, 「華嚴寺의 創建時期와 그 背景」, 『東國史學』 37, 동국사학회, 2002, 93~99쪽.
85 應允, 「華嚴寺記」, 『鏡巖集』 卷下(韓國佛敎全書 10), 440쪽.
86 『大芚寺事蹟』, 335쪽. 宣祖三十 丁酉之秋 倭寇陸梁 民物慶劉 棟梁像設 餘殘舊物 盡付
   兵燹 合院幹蠱
87 『大芚寺事蹟』, 324쪽. 北彌勒庵(右塔九層左塔九層) · 彌勒像殿(按鷄林古記云天神桓因
   降童男女二人於山中女所成曰北彌勒男所成曰 南彌勒也)
88 『華嚴寺事蹟』, 35~40쪽.
89 『金山寺事蹟』, 53~57쪽.

다. 예컨대 색성頤性은 "모승某僧이 모전某殿을 짓고 모승이 모방를 지었다"[90]고 하여 『대둔사지』에 보이는 4원·7루·14당·15료 등의 전각이 모두 『대둔사사적』에서 인용하고 있음을 보여주었다.

## ④ 불교사적 의의

해안이 찬술한 『금산사金山寺』·『화엄사華嚴寺』·『대둔사사적기大芚寺事蹟記』는 전란의 소용돌이 속에서 찬술되었다. 비록 자료나 찬술상의 문제를 지니고 있는 것이 사실이지만, 조선후기 더욱이 왜란과 호란이라는 전란 속에서 사찰사적기를 찬술한다는 것은 쉬운 일이 아니었다. 그러므로 사적기는 많은 한계를 지니고는 있지만, 찬자 해안의 역사인식과 함께 조선후기 불교사의 단편을 살펴 볼 수 있다. 해안의 역사의식은 그가 직접 목격하고 체험한 당시 불교계의 상황과 전란 속에서 형성되어 사적기에 반영되어 있다. 해안은 그의 삶 대부분을 전란과 함께 보냈다. 문집에는 "단순히 지팡이 하나로 떠다니면서 집착이 없었다."고 했지만, 조선의 총체적인 위기는 도외시할 수 없었다. 왜란 때는 사승師僧이자 외숙外叔 처영處英과 함께 의승군으로 행주산성 전투에 참가했고, 경주에서는 왜구의 침입을 방어하고 선원禪苑에서의 수행도 게을리 하지 않았다. 그가 45년이라는 긴 세월을 장의총통승군仗義摠統僧軍으로 있었던 것은 그의 대부분의 삶이 양란兩亂과 함께 했음을 말하는 것이다.

---

90 『大芚寺志』 卷1, 30쪽.

먼저 해안은 사적기 찬술을 통해 불교탄압과 전란으로 멸실된 사찰과 조선불교의 역사를 복원하고자 했다. 그는 고려 말부터 진행된 조정과 유학자들의 불교탄압과 그로 인한 불교계의 암울한 현상들을 목격했다. 더욱이 왜란과 호란은 겨우 명맥을 유지하고 있었던 사원과 조선불교의 역사를 살필 수 있는 전적典籍들을 없애버렸다. 해안은 이러한 불교계의 내외적 위기를 극복하려는 사명의식을 지니고 있었다. 그는 조선의 사상과 문화발전에 공헌하였고, 선수행과 교학으로 불교계를 지탱했던 고승들의 사상이 소멸되어가는 것을 안타까워 했다. 그의 불교사인식의 기초는 이러한 혼란한 시대에 이미 추락해버린 조선불교를 부흥시키는 것이었다.

해안은 사적기를 통해 조선불교의 정체성과 독자성을 표방하고자 했다. 불교계는 그동안 조정와 유학자들의 지속적인 탄압으로 지난至難한 세월을 겪고 있었다. 그러나 전란을 경험하고 난 이후 사회적 평가는 긍정적이었고, 불교계는 잠시나마 활력을 되찾아가고 있었다. 이에 따라 잊혀져 갔던 조선불교사는 재조명되어 불교계의 정체성 확립에 기여하였을 뿐만 아니라 자아의식自我意識을 성장시켰다. 해안의 사적기는 이러한 불교계의 주체성 확립에 지대한 영향을 미쳤다. 해안은 인도에서 태동한 불교가 중국으로 전래되었고 다시 조선으로 전래된 사실을 정리하였다. 이것은 조선의 불교가 인도나 중국불교와 대등하게 발전하였음을 표방하기 위한 것이었으며, 그 정통성과 함께 독자성을 강조하고자 한 것이었다. 해안이 조선 고대불교의 승전僧傳을 수록한 것은 조선불교의 역사와 자긍심 고취에 훌륭한 역할을 해냈던 것이다.

해안이 정리한 고대불교사古代佛教史는 중국과 대등한 위치에서 조선불교사를 인식하고자 했던 것이다. 사적기는 신라불교를 중심으로 한 고대

불교사에 관한 내용이 대부분을 이루고 있다. 불교전래佛敎傳來와 홍포弘布, 승려僧侶의 전기傳記, 사찰寺刹의 창건創建과 중건重建 등 전반적인 고대불교 사가 중심이 되었다. 그것은 아마도 개인적 찬술경향의 결과지만, 전란의 영향이 강렬하게 작용한 듯하다. 예컨대 조선불교사의 유구한 흐름을 중국의 그것과 동일한 것으로 파악하거나 전란 이후 자아의식의 형성으로 중국사와 한국사가 동등한 위치를 차지하고 있음을 강조한 듯하다. 여기에는 양란兩亂 이후 변화한 자아의식과 조선사에 대한 자주적 인식 또한 적지 않게 작용하였다.

17세기의 역사학歷史學은 무엇보다도 7년간에 걸친 왜란倭亂과 1627년과 1636년 두 차례에 걸친 청의 침입에 많은 영향을 받았다. 토지가 황무지로 변했고, 면세전이 많아짐에 따라 국가재정이 빈곤해 졌다. 아울러 조선법제의 근본적 개혁을 주장한 실학사상의 발흥이 촉진되었고, 국토에 대한 애정, 지리에 대한 관심이 고조되었다. 이러한 사회내부의 변화는 그동안의 역사의식이 변화되는 계기를 마련했다. 15세기 국가통치제도와 경제력 정비를 목적으로 추진된 역사학과 중국사中國史가 그 연구의 주요 대상이었던 16세기의 역사학과는 근본적으로 차이점을 지니고 있었다. 즉 당시 지식인들은 중국의 역사에 관심이 깊었던 반면 동국사東國史에 대한 관심과 교육은 저조했다. 17세기의 역사학은 16세기와 같이 개인학자에 의한 연구가 이루어졌지만, 성리학 이해의 진전으로 주자의 『자치통감강목資治通鑑綱目』의 방식에 의해 역사를 재편찬하려는 노력이 경주되기도 했다.[91] 아울러 외침을 당한 위기 속에서 역사를 통해 애국충신 의

---

91 한영우, 『조선후기사학사연구』, 일지사, 1981.

식을 강화시키는 것은 물론 조선의 강역과 군사적 요충지인 관방의 소재, 대외적 전투의 격전장 등에 대한 역사지리학적 연구가 있었다.[92]

이러한 자국사自國史에 대한 관심의 고조는 불교계의 저술 작업에도 적지 않은 영향을 주었다. 해안海眼이 사적기를 찬술한 이후 18세기 후반에는 정약용과 대둔사 승려들이 『대둔사지』를 찬술하고, 19세기에는 범해 각안梵海覺岸이 『동사열전』을 찬술했다. 이러한 불교계의 현상은 조선전기와는 뚜렷한 차이를 보이고 있다. 사실 고려 말 『삼국유사』가 일연에 의해 찬술된 이후 조선건국과 함께 불교탄압의 진행으로 불교계의 찬술작업은 승려의 문집文集이나 경전간행經典刊行과 같은 최소한의 서적인출 이외에는 뚜렷한 성과가 없었다. 그러나 17세기 이후 전란의 참여로 사회적 재평가와 지위의 향상은 불교계의 정체성을 확인하는 계기가 되었고, 그것은 일반사서의 찬술과 함께 동일한 역사의식을 내포하고 있는 불교사서의 찬술을 가능하게 했다.

한편 해안의 사적기는 전란 이후 찬술된 사적기 가운데 시기적으로 가장 초기에 해당되며, 그 내용 또한 조선후기 불교계의 동향을 반영하고 있다. 17세기 불교계는 전란으로 소실된 사찰을 복구하는데 진력했다. 사찰사적기 또한 이후 전개되는 각종 사원의 복원불사와 함께 사찰의 연혁과 전각, 고승의 행적, 사원경제 등 사원의 역사와 당시의 현황을 정리하려는 목적으로 찬술되었다. 사찰에 관한 사적기는 이전부터 찬술되었지만, 임란 이후 망실된 사원의 복원과 함께 본격적으로 진행되었다.[93]

---

92 정구복, 「16·7세기의 사찬사서에 대하여」, 『전북사학』 1, 1977 ; 정구복, 「한백겸의 『동국지리지』에 대한 일고찰」, 『전북사학』 2, 1978.
93 현존하는 사지류는 대부분 전란이후 찬술되었다(東國大學校佛教文化研究所編, 『韓國佛教撰述文獻總錄』, 1976, 303~353쪽).

더욱이 석존의 생애, 불교의 중국전래, 고대 조선의 불교전래와 홍포 등을 수록하여 조선불교사 인식의 범주까지 확대시켰다.

마지막으로 해안의 사적기는 이후 찬술된 불교사서에 많은 영향을 주었다. 그의 『대둔사사적』은 비록 18세기 후반 다산 정약용과 그 영향을 받은 대둔사 승려들이 『대둔사지』를 찬술할 때 많은 비판을 받았지만, 그들 역시 해안의 『대둔사사적』을 저본으로 이용했다. 전란 이후 관계전적이 거의 전무한 상황에서 그의 사적기는 훌륭한 참고자료가 되었을 뿐만 아니라 이후 찬술된 사지류寺誌類의 전형典型이 되었다. 19세기에는 범해 각안梵海覺岸이 『동사열전』을 찬술했다. 『동사열전』은 고대부터 조선말기까지 198인의 승전僧傳을 정리한 것으로 종합적인 불교사서로서의 성격을 지니고 있어 이전 시기의 불교사서가 지닌 한계성을 극복하고자 했다.[94] 이 가운데 고대승전은 『삼국유사』와 비문碑文을 기초로 찬술되었는데, 각 자료를 비교했을 때 해안의 사적기와 그 내용이 거의 동일함을 엿볼 수 있다. 『동사열전』의 고대승전古代僧傳 가운데 대부분이 해안의 사적기에 정리된 승전을 기초로 찬술된 것을 볼 수 있기 때문이다.[95]

---

94 오경후, 「『동사열전』의 사학사적 검토」, 『사학연구』 63, 한국사학회, 2001.
95 해안의 사적기에 등재된 인물은 慈藏·道詵·阿度·元曉·義相으로 이들 인물은 그 대부분이 19세기 각안의 『동사열전』에도 나타난다. 阿度和尙·元曉國師·義相祖師·慈藏法師·眞鑑國師·智證國師·無染國師·金大城·朗空大師·道詵國師·慧徹國師가 그들이다.

# IV.
# 『大芚寺志』의 편찬과
# 불교사 인식

# Ⅳ. 『대둔사지大芚寺志』의 편찬과 불교사 인식

## ① 불교계의 동향

### 1. 편찬자와 정약용

대둔사大芚寺·만덕사萬德寺 승려들과 정약용이 참여한 『대둔사지大芚寺志』의 편찬은 우선 대둔사의 산일散逸된 자료를 모으고 기록의 오류를 바로잡는데 있었다. 그러나 궁극적인 목적은 조선후기 불교계에서 『대둔사지』가 차지하는 위상을 천명하는데 있었으며, 더 나아가 조선불교가 지닌 독자성과 부실한 채 남아있는 조선불교사를 복원하려는 의도 또한 지니고 있었다. 『대둔사지』에 대한 이제까지의 연구는 『대둔사지』의 구성과 찬자 그리고 서지학적인 측면을 중심으로 진행되었으며[1] 정약용이 『대둔

---

1 許興植, 「대둔사지의 편찬과 그 가치」, 『대둔사지』, 아세아문화사, 1983 ; 「『萬德寺志』와 『大芚寺志』」, 『高麗佛敎史硏究』, 一潮閣, 1986.

사지』찬술작업에 참여하게 된 계기와 권4『대동선교고』의 편자가 정약
용이었음을 밝히기도 했다.[2] 그러나 이러한 연구는『대둔사지』에 대한 해
제적인 측면이 강해 18세기 후반과 19세기 전반기에 걸친 시기 불교계의
상황을 폭넓게 검토하는 상황에서 이루어진 것이 아니어서『대둔사지』가
지닌 조선후기 불교계의 특성이나 역사적 의미와 같은 구체적인 문제를
규명하는데 한계를 지니고 있는 것도 사실이다.

『대둔사지大芚寺志』는 모두 4권 2책으로 구성되었다. 각 권의 편찬을 맡
아서 완성시킨 인물이 서두書頭에 다음과 같이 밝혀져 있다.

卷之一

鑑定：玩虎尹佑　　編輯：袖龍賾性·草衣意洵

留授：兒菴惠藏,　校正：騎魚慈弘·縞衣始悟


卷之二

鑑定：玩虎尹佑　　編輯：袖龍賾性·草衣意洵

留授：兒菴惠藏　校正：騎魚慈弘·縞衣始悟


卷之三

鑑定：玩虎尹佑　　編輯：袖龍賾性·草衣意洵

留授：兒菴惠藏　校正：騎魚慈弘·縞衣始悟

---

2 崔柄憲,「茶山 丁若鏞의 韓國佛敎史硏究」,『丁茶山硏究의 現況』, 民音社, 1985.

卷之四

鑑定 : 玩虎尹佑    編輯 : 袖龍賾性·草衣意洵

留授 : 兒菴惠藏    校正 : 騎魚慈弘·縞衣始悟


완호玩虎 윤우尹佑(1756~1826)는 전권全卷의 감정鑑定을 맡았고, 수룡袖龍 색성賾性(1777~?)과 초의草衣 의순意洵(1786~1866)이 편집을 보았다. 그리고 기어騎魚 자홍慈弘과 호의縞衣 시오始悟(1778~1868)가 교정을 담당했다. 아암兒菴 혜장惠藏(1772~1811) 유수留授는 아암兒菴이 사지寺誌에 대한 부분적인 초고草稿를 남기고 타계(1811)하였으므로 이를 이용했다는 의미인 듯하다.[3] 결국 사지寺志는 대둔사의 완호玩虎 윤우尹佑와 만덕사의 아암兒菴 혜장惠藏을 중심으로 그 제자들이 완성한 것으로 볼 수 있다. 반면 다산茶山 정약용丁若鏞(1762~1836)이 사지편찬에 참여했고 그 정도가 어떠했는지는 『대둔사지』에 구체적으로 보이지 않는다. 완호 윤우는 조선후기 불교계의 대표적인 승려 연담蓮潭 유일有一(1720~1799)의 제자다. 그는 13세에 대둔사에 출가하여 백련白蓮 도연燾演에게 교학敎學을 익히고, 연담蓮潭 유일有一로부터 선학禪學을 수학했다. 무오년戊午年(1798) 10월에는 대둔사 청풍료淸風寮에서 강경講經 대법회를 개최했는데 100여 명의 학인學人들이 모여 성황을 이루었다고 한다.[4] 그리고 1811년에는 대둔사 남원南院의 여러 전각殿閣이 소실燒失되었을 때 제성濟醒과 은봉隱峰·새현璽絢과 함께 중창 불사를 일으켜 이듬해 5월 극락전極樂殿·용화전龍華殿·지장전地藏殿을 새로 지어 대둔사를 쇄신시키기도 했다.[5] 또한 1812년에는 경주 기림사祇林寺에


---

3 許興植, 앞의 글, 812쪽 ; 崔柄憲, 앞의 글, 331쪽.
4 梵海 覺岸, 「玩虎講師傳」, 『東師列傳』 卷4(『韓國佛教全書』 10, 1032a쪽).

서 옥석玉石으로 천불千佛을 조성했다. 이 천불千佛을 실은 배는 중간에 풍랑을 만나 일본에 표류하기도 했지만, 무사히 대둔사 법당에 봉안되었다. 완호는 서산西山의 의발衣鉢이 대둔사에 전해진 이후 대둔사가 조선후기 선교禪敎의 종원宗院으로서의 면모를 갖출 수 있도록 내외內外로 진력했던 인물이다. 성품 또한 수행자로서의 면모를 지녀 절 소유지에서 나오는 수확물의 많고 적음을 탓하지 않았고, 죽을 때까지 의식衣食의 좋고 나쁨을 분별하지 않았다고 한다. 그는 이러한 성품과 수행으로 대둔사 12강사 가운데 한 사람으로 추앙받기도 했으며, 제자는 선禪을 전수받은 제자가 20여 명, 교학敎學을 전수받은 제자가 10여 명, 전계제자傳戒弟子가 80여 명에 이른다고 한다. 이 가운데『대둔사지』편찬에 참여했던 초의草衣 의순意洵은 문학에, 호의縞衣 시오始悟는 덕행으로 유명했다.

초의草衣 의순意恂은 자字가 중부中孚로, 출가하여 완호의 제자가 되었다. 틈틈이 범자梵字를 익혔고, 초상화를 잘 그렸으며, 전서篆書와 예서隷書의 법칙을 터득했다고 한다. 그는 교리에 정통하면서도 선경禪境을 개척했다[6]고 한다. 그의 선사상이 온축되어 있는『선문사변만어禪門四辨漫語』는 백파白坡 긍선亘璇(1767~1852)의 『선문수경禪文手鏡』의 선론禪論을 반박하기 위한 저술로 이들의 선논쟁은 점차 확대되어 반세기 이상 조선후기 선종사를 지배했으며, 당시 선학禪學이 발전할 수 있는 기틀을 마련하였다. 초의는 당대의 유학자였던 다산茶山 정약용丁若鏞과 해거도위海居都尉 홍석주洪奭周, 자하紫霞 신위申緯·추사秋史 김정희金正喜와 함께 시를 주고받는 등 폭넓게 교유하니 '옛 동림사東林寺의 혜원慧遠이나 서악西嶽의 관휴貫休라 지칭하여

---

5 『大芚寺志』卷2, 강진문헌연구회, 165쪽.
6 申櫶, 「普濟尊者草衣大宗師意洵塔碑銘幷序」,『一枝庵文集』第2卷.

명성이 일시에 자자했다[7]고 한다. 특히 정약용과의 교유는 유서儒書와 저술에 대한 법法을 익히는 좋은 계기가 되었다. 시도詩道 또한 다산에게서 배웠는데 그 천기天機가 넘쳐 흘렀다.[8] 1813년 51세의 정약용이 26세 초의에게 보낸 글에는 시에 대한 가르침이 잘 나타나 있다.

> 시라는 것은 뜻을 말하는 것이다. 본디 뜻이 저속하면 억지로 청고한 말을 하여도 조리가 이루어지지 않는 것이다. 본디 뜻이 편협하고 비루하면 억지로 달통한 말을 하여도 事情에 절실하지 못하게 된다. 시를 배움에 있어 그 뜻을 헤아리지 않는 것은 썩은 땅에서 맑은 샘물을 걸러내려는 것 같고, 냄새나는 가죽나무에서 특이한 향기를 구하는 것과 같아서 평생 노력해도 얻지 못할 것이다. 그러면 어떻게 해야 하는가? 天人과 性命의 이치를 알고 人心과 道心의 나뉨을 살펴서 찌꺼기를 걸러 맑고 참됨이 발현되게 하면 된다.[9]

정약용은 초의에게 시를 배우기 위해서는 뜻을 헤아리고, 천인天人과 성명性命의 이치를 알고 인심人心과 도심道心의 나뉨을 살펴 참됨이 발현되게 하라고 가르치고 있다. 두 사람 사이의 교유交遊 정도가 시우詩友와 도교道交[10]이기 보다는 사제지간師弟之間의 훈육訓育인 셈이다. 초의 또한 "종아리를 걷고 가르침을 청할 것이요, 혹 수레가 떠날 때 주신 말씀은 가슴 깊이 새겨 띠에 써 두렵니다"[11]라고 하여 제자로서의 예를 갖추었다. 더

---

7 申櫶, 위의 글.
8 李喜豊, 「草衣大師塔銘序」, 『一枝庵文集』 第2卷.
9 丁若鏞, 「草衣僧意洵贈言」(『茶山詩文集』 卷17).
10 「名僧草衣傳」, 『康津邑誌』.

욱이 정약용은 그가 주관한 '역학회易學會'에도 초의를 참여시켜 일부를 초역抄譯하게 할 만큼 스승과 제자의 관계가 돈독했다. 초의는 정약용의 이러한 호의에 감사함을 가졌고, 스승 다산이 그리워 초당草堂에 가려고 했지만 비가 내려 못 가고 되돌아오면서 쓸쓸한 심정[12]을 읊기도 해 정약용에 대한 초의의 추앙이 대단했음을 알 수 있다.

아암 혜장은 만덕사萬德寺의 승려로 30세에 대둔사 『화엄경』 대법회에서 주맹主盟으로 활약할 정도로[13] 교학에 해박하여 대둔사의 12강사 가운데 1인으로 추앙받기도 했다. 아암은 어린시절부터 연담蓮潭 유일有一과 운담雲潭 정일鼎馹 문하에서 수학修學했으며, 불교경전은 『수능엄경』과 『기신론』을 특히 좋아했다. 그는 불교경전 외에도 유교경전에도 이해가 깊었다. 그와 사제師弟의 인연을 맺었던 다산은 아암이 "불교경전 뿐만 아니라 외전外典 중에서 『논어論語』를 매우 좋아하여 그 지취旨趣를 연구하고 탐색하여 빠뜨린 온축이 없도록 기했으며, 여러 가지 성리서性理書에 이르기까지 모두 정확하게 연마하여 속유俗儒들로서는 미칠 바가 아니었다"[14]고 한다. 아암의 이러한 외전外典에 대한 조예는 그의 스승 춘계春溪 천묵天黙의 영향을 받은 듯하다. 다산은 아암의 학덕學德에 스승 연담 유일이 12종사宗師 가운데 순서로는 가장 끝이고, 제자 아암 역시 12강사講師 가운데 가장 끝이었지만, 마지막이 아니라 정화精華라고 했으며, '연노대련야蓮老大蓮也 파공소련야坡公小蓮也'[15]라고 높이 평가했다. 때문에 아암은 연담을 제

---

11 草衣 意洵, 「奉呈籜翁先生」(『草衣詩藁』 卷1).
12 草衣 意洵, 「阻雨未往茶山草堂」(『草衣詩藁』 卷1).
13 梵海 覺岸, 「蓮坡講師傳」, 『東師列傳』 4(『韓國佛敎全書』 10, 1033쪽).
14 丁若鏞, 앞의 글, 卷17.
15 『大芚寺志』 卷1, 강진문헌연구회, 72~73쪽.

외한 여러 강백의 어설픈 교학강의敎學講議에 부정과 비웃음을 연발했다고 한다.

아암과 다산의 교유는 다산이 강진으로 유배 온 직후부터다. 다산이 아암을 처음 만난 것은 1805년 봄 백련사白蓮寺에서였다. 당시 아암은 백련사의 주지로 다산을 이전부터 몹시 만나기를 갈망했다.[16] 다산은 이 때의 인연으로 그해 겨울에 거처를 주가酒家에서 보은산방寶恩山房으로 옮겼다. 이후 두 사람 사이의 교분은 두터워지고, 다산은 아암에게 『주역周易』을 중심으로 한 학문적인 영향을 주기 시작한다. 두 사람이 처음 만난 날 아암이 다산의 『주역』에 대한 해석에 감탄하여 더 가르쳐주기를 부탁한 것이나, 다산이 『시경詩經』·『서경書經』·『주역周易』을 내세워 『화엄경』·『능엄경』·『원각경』을 풀이했을 때 아암이 천성을 되찾은 눈물을 흘렸다[17]고 한 점으로 미루어 두 사람은 사제師弟의 의義를 맺은 것으로 보인다. 『다산시문집』에는 다산이 혜장에게 보내거나 읊은 14수의 시가 전해지고, 탑명塔銘과 제문祭文까지도 수록되어 있다. 이것은 다산이 교유한 승려와 주고받은 시 가운데 가장 많은 수에 해당되어 두 사람 사이의 관계를 알 수 있다. 다산은 아암의 성품을 "굳건하고 어질고 호탕한 사람"[18] "솔직하고 꾸밈새가 없었으며 남에게 아부하는 태도가 없는 사람"으로 평가하고, 이러한 아암의 성품이 교만하게 보일까 염려하여 걱정하는 시도 지어 보냈다.[19] 이밖에 다산은 아암에게 차를 빌기도 하고[20] 서로 보은산방

---

16 丁若鏞, 「兒菴藏公塔銘」(『茶山詩文集』卷17).
　　혜장은 이미 그의 스승 蓮潭 有一로부터 다산에 대한 이야기를 들었던 것이다.
17 丁若鏞, 「惠藏至高聲寺遣其徒相報 余遂往逆之 値小雨留寺作」(『茶山詩文集』卷5).
18 丁若鏞, 위의 글.
19 丁若鏞, 「懷檜七十韻 寄惠藏」(『茶山詩文集』卷5).
20 丁若鏞, 「寄贈惠藏上人乞茗」(『茶山詩文集』卷5).

寶恩山房의 풍광에 대해 연구聯句를 읊기도 했으며[21] 술 마시며 시를 읊조리기도 했다.[22]

호의 시오는 출가 이후 연담 유일의 문하에서 사집四集을 수학하고 완호에게서 『능엄경』을 배웠다. 이후 여러 스승으로부터 불교경전 뿐만 아니라 유가儒家의 장구章句나 역사서歷史書와 고문古文을 배웠다. 1807년 겨울에는 역시 『대둔사지』 편찬에 참여했던 수룡 색성과 함께 『화엄경』을 공부하기도 했다. 호의는 완호의 법을 계승한 후에는 경주 기림사에서 천불千佛을 조성하여 대둔사에 봉안하는 큰 불사를 수행했다. 그리고 1858년에는 초의와 함께 스승 완호의 비碑를 건립하여 그 법풍法風을 널리 폈고, 유덕遺德을 기렸다. 스승에 대한 효성이 지극하여 그 문중門中에서도 효도하는 제자가 끊이지 않았다고 한다. 정약용 또한 호의와 그 교분이 두터워 호의의 법호法號에 대한 게송偈頌과 그 서문序文을 지어 주었다. 아마도 호의가 초의와 같은 완호의 문중門中이었고, 초의와 다산이 스승과 제자의 관계였다면 호의 역시 다산에게서 많은 학문을 수학했을 것이다.

아암의 제자는 수룡袖龍 색성賾性 · 기어騎魚 자홍慈弘 · 철경掣鯨 응언應彦 · 침교枕蛟 법훈法訓 등이 있는데, 수룡袖龍 색성賾性과 기어騎魚 자홍慈弘이 『대둔사지』 편찬에 적극적으로 참여했다.[23] 수룡 색성은 해남海南 색금현塞琴縣 사람으로 현해懸解 모윤慕閏에게 출가했지만, 내외전內外典을 두루 섭렵하고

---

21 丁若鏞, 立春後三日 余在寶恩山房 藏上人見過 小雪初霽山夜淸寂 戱爲聯句以述其事 學稼與焉(『茶山詩文集』 卷5).
21 丁若鏞, 立春後三日 余在寶恩山房 藏上人見過 小雪初霽山夜淸寂 戱爲聯句以述其事 學稼與焉(『茶山詩文集』 卷5).
22 丁若鏞, 五月七日余在寶恩山房 藏公携酒相過厚意也 拈周易坎六四韻 與之酬酢(『茶山詩文集』 卷5.
23 정약용이 撰한 「兒菴藏公塔銘」에는 袖龍 賾性과 騎魚 慈弘만이 보이고 이들에게 의발을 전했다고 했다. 아마도 이들에 관한 글이 『다산시문집』에도 나타나는 것으로 보아 아암과 함께 다산과도 적지 않은 교유를 가진 것으로 보인다.

**114**  寺誌와 僧傳으로 본 조선후기 불교사학사

아암의 문하에서 수행했다. 정약용 또한 수룡과는 막역한 사이로 수룡을 아암의 많은 제자 가운데 가장 기걸奇傑하다고 했으며, 『화엄경』의 교리를 터득하고 두보杜甫의 시詩까지 배운다고 칭송했다. 더욱이 차도 잘 만들어서 평상시 아암의 심부름으로 차와 서신을 다산에게 전해준 듯하다.[24] 기어 자홍은 그 생몰년과 행적이 자세하지 않다. 다만 『다산시문집』에 기어에 대한 글이 단편적으로 실려 있을 뿐이다. 아암이 입적한 1811년 9월 다산이 지은 아암 혜장의 제문祭文에 의하면 기어 자홍에게 "곡哭하며 아암의 영전에 산과山果와 술 한사발을 올리게 했다"[25]고 한다. 또한 수정사水精寺에 살았던 자홍이 능주綾州에 밥을 구하러 왔기에 "군자는 도道를 걱정하지 가난을 걱정하지 않는다"[26] 하여 그 수행 가운데 빈곤貧困함을 걱정하지 말라고 경책했다. 정약용이 아암 입적 후 그 제자들에게 보인 이러한 면모는 단순한 교유의 관계를 벗어나 사제지간師弟之間의 면모로 볼 수 있다. 요컨대 이들 사이의 관계는 아암이 입적한 이후에도 지속되어 정약용에게서 유교경전을 중심으로 한 여러 학문에 대한 많은 가르침을 받은 것으로 생각된다.

한편 정약용은 『만덕사지萬德寺志』 편찬에서 전체 내용을 감정鑑定한 것과는 달리 『대둔사지』에서는 권1의 단 한 곳에서 자신의 의견을 나타내고 있을 뿐이다. 그러나 사지편찬의 과정에서 그의 영향은 매우 중요한 것이다. 사지의 구성과 자료수집, 자료의 비판과 고증, 편찬자들의 찬술태도와 불교사 인식 등은 이전의 사지寺誌와는 근본적으로 다르다. 사지

---

24 丁若鏞, 藏旣爲余製茶 適其徒磧性有僧 逢止不了 聊致怨詞以徼卒惠, 「謝磧性寄茶」(『茶山詩文集』 卷5).
25 丁若鏞, 「兒菴惠藏祭文」(『茶山詩文集』 卷17).
26 丁若鏞, 「爲騎魚僧 慈弘贈言」(『茶山詩文集』 卷17).

편찬에 대한 정약용의 기여를 간과할 수 없다. 더욱이 다산이 18년 동안의 강진유배기康津流配期에 승려와 교유했고, 승려와 사찰을 소재로 한 시문詩文은 그의 불교관佛教觀과 함께 학문적 영향을 면밀하게 관찰할 수 있다.[27] 실제로 『다산시문집茶山詩文集』에는 시문詩文과 기문記文 등 적지 않은 불교관계 작품들이 수록되어 있다.

〈표 Ⅳ-1〉茶山의 佛教關聯 詩文

| 收　錄　文 | 收　錄　回　數 |
|---|---|
| 詩文 | 87 |
| 策 | 1 |
| 序 | 5 |
| 記文 | 8 |
| 詩卷에 대한 題 | 1 |
| 僧侶의 墓誌銘 | 4 |
| 祭文 | 1 |
| 書簡 | 2 |

다산의 시문집에는 유년시절부터 유배이후인 만년晩年의 시기까지 총 8

---

27 다산의 불교관과 저술에 관한 이제까지의 연구성과는 다음과 같다.
李乙浩, 「儒佛相教의 面에서 본 丁茶山」, 『白性郁博士頌壽紀念佛教學論集』, 1959, 7~730쪽 ; 丁鍾俅, 「茶山의 佛教觀」, 『茶山學報』1, 茶山學研究院, 1978, 203~223쪽 ; 崔柄憲, 「茶山丁若鏞의 韓國佛教史研究」, 『茶山研究의 現況』, 民音社, 1985, 313~341쪽 ; 許興植, 『『萬德寺志』와 『大芚寺志』」, 『高麗佛教史研究』, 一潮閣, 1986, 805~831쪽 ; 鄭奭鍾, 「茶山 丁若鏞의 康津流配期 스님과의 交歡」, 『東洋學』 27, 단국대 동양학연구소, 1997, 177~191쪽. 정약용의 불교관에 대해서는 그의 방대한 연구성과 속에 가리워져 지극히 일천한 상황이다. 기존의 연구성과 또한 대부분 강진유배기 동안 승려와의 교유라든지 저술들에 관한 단순한 관찰에 집중된 한계를 극복하지 못하고 있다. 그의 승려와의 교유와 불교관계 저술 속에서 적어도 당시 불교계의 동향과 불교가 다산에게 미친 영향이라든지 다산이 자신의 학문적 성과와 사상을 불교계에 투영시킨 면모와 그 성격을 면밀하게 살펴야 된다고 생각한다. 결국 다산의 불교관과 그 영향은 개인적인 차원이 아닌 조선후기 사상계와 불교와의 관계 속에서 고찰되어야 한다.

종種 107건의 불교관계 시문이 수록되어 있다. 사찰 주변의 자연경관을 예찬한 글이 대부분이고, 독서의 장소, 당시 불교계의 피폐상이나 폐단 등과 같은 불교계의 동향이 주된 내용을 이루고 있다. 그는 유배 이전 동림사東林寺에서 중형仲兄과 40여 일 동안 입사入仕를 위해 유교경전을 독서하는 득의得意의 일면을 보이기도 했다.[28] 22세(1783, 정조 7) 때는 봉은사奉恩寺에 머물면서 경의經義의 과문科文을 공부하기도 하였는데[29] 4편의 봉은사에 관한 시에는 그때의 감흥뿐 아니라 당시 불교계에 대한 사정도 단편적이나마 보이고 있다. 그는 본분을 잃고 방황하는 승려들을 "서울에서 떠도는 천박한 무리"로 표현했는가 하면, "중들 대부분 무식하여 세속의 영화에 빠져 세속의 초탈한 즐거움을 모른다"[30]고 비난했던 것이다.

『다산시문집』에는 승사僧寺를 주제로 한 시가 적지 않게 보인다. 강진康津 만덕사萬德寺에서 금강산金剛山 정양사正陽寺에 이르기까지 약 28개 사찰에 대한 70여 편의 시가 수록되어 있다.[31] 그러나 유배 이전에는 다른 유학자들과 마찬가지로 유람과 과거시험을 준비하는 독서의 장소로서 사찰을 이용한 내용이 대부분이어서 개인적인 신앙심이나 교리연구의 자세는 파악하기 어렵다. 또한 대부분 불교계의 부정적인 측면이나 피폐상을 읊고 있어 유배 이전 그의 불교관은 당시 다른 유학자들의 그것과 뚜렷한 차이를 보이고 있지 않다.

---

28 丁若鏞, 「東林寺讀書記」(『茶山詩文集』 卷13), 「讀書東林寺」(『茶山詩文集』 卷1).
29 丁若鏞, 「自撰墓誌銘」(『茶山詩文集』 卷16).
30 丁若鏞, 「宿寺」(『茶山詩文集』 卷1).
31 丁鍾侾는 다산의 佛敎關係저술을 40여 수의 詩文과 5·6편의 記와 贈言이라고 하였으나(丁鍾侾, 「茶山의 佛敎觀」, 『茶山學報』 1, 1978, 209~210쪽) 필자가 『다산시문집』을 조사한 결과 이보다 많은 불교관계 작품들이 수록되어 있다. 이밖에 승려들의 문집에 수록되어 있는 다산의 시 또한 그 수가 적지 않아 실제적인 시문은 그 이상일 것으로 보인다.

다산이 불교와 직접적으로 접촉하게 된 계기는 1795년 중국인 신부 주
문모周文謨의 입국入國과 1801년 황사영黃嗣永 백서사건帛書事件에 연루되어 강
진으로 유배 간 이후부터다. 다산은 1801년 겨울 강진康津에 도착해서 동
문東門 밖 주가酒家에 거처했고, 1805년 겨울에는 보은산방寶恩山房(고성사高聲
寺)으로 옮겼다. 1806년 가을에는 이학래李鶴來의 집으로 옮겼고, 1808년
봄에는 만덕산 기슭의 윤박尹博의 산정山亭인 다산茶山으로 옮겨 10여 년 동
안을 살았다.[32] 이시기 동안 다산은 만덕사와 대둔사 승려들과 교류를 통
하여 불교와의 깊은 관계를 갖는다. 18년의 유배기간 동안 그는 부분적
이나마 개인의 불우한 환경을 불교에 의지하였으며, 불교경전을 섭렵하
기도 하고, 승려들에게 시와 유학을 가르쳤다. 그의 이러한 승려들과의
교유는      『만덕사지萬德寺誌』·『대둔사지大芚寺志』·『만일암지挽一菴志』       등
대둔사와 만덕사를 비롯한 사암寺庵의 역사를 편찬하는 작업에서도 엿볼
수 있다. 이와 같이『대둔사지』는 다산과 사제지간의 교연交緣을 맺은 만
덕사와 대둔사의 승려가 중심이 되어 편찬된 것이다. 그런데 이들 승려
개인의 행적과 문집에서는 이들이『대둔사지』편찬의 과정에서 보여 준
우리나라 고대사나 불교사에 대한 이해의 정도를 판단할 수 있는 자료는
거의 찾아 볼 수 없다.

『대둔사지』는 그 내용이 당시 일반사서의 그것과 동일한 수준이었다. 대
둔사와 관련 깊은 고대사와 불교사에 대한 정리는 대부분 아암과 색성·초
의·자홍이 주도했다. 특히 대둔사의 연혁에 대한 이전 자료의 비판과 고
증은 연대오류나 그에 따른 삼국의 형세, 그리고 고대 대둔사의 창건과

---

32 茶信契節目(茶信契節目은 李乙浩의 「全南 康津에 남긴 茶信契節目-丁茶山 遺稿研究 第
 一報 -」(『湖南文化研究』 1, 전남대 호남문화연구소, 1966)에 그 全文이 소개되어 있다.)

중건에 대한 검토가 매우 치밀하게 진행된 것이다.

필자는 승려들의 이러한 자료수집과 이전자료에 대한 비판과 고증은 스승 정약용이 영향을 준 결과라고 생각한다. 승려들은 시와 유교경전 등의 수학과 함께 전란 이후 자기인식이 강렬하게 부각되었던 조선의 역사에 대한 이해까지도 전수받은 것이다. 결국 정약용은 제자들에게 사지 편찬에 이용할 자료를 수집하게 하고, 그 비판과 고증을 실시케 하여 주註 또는 안설案說을 덧붙이게 했던 것으로 해석할 수 있다. 그러므로 『대둔사지』는 정약용에게서 학문적인 영향을 받은 완호와 아암을 필두로 하는 승려들 즉 다산학파茶山學派의 역사연구에 대한 결과물로 해석할 수 있다.

『대둔사지』의 편찬자와 편찬시기에 대한 문제는 단순히 서지학적 측면에 국한된 것은 아니다. 『대둔사지』는 우리나라 불교 사지寺誌의 정형이라는 평가를 받고 있고, 조선후기 일반사서의 편찬과 동일한 맥락을 지니고 있다. 그러므로 편찬자와 시기 문제는 편찬의 과정에서 보이는 다산의 기여도와 편사정신을 파악할 수 있는 중요한 근거가 된다. 현재 『대둔사지』는 편찬자와 편찬시기가 확실치 않다. 특히 권4『대동선교고』는 편찬자가 다산이라는 근거가 미약하여 문제의 소지를 안고 있다. 일찍이 최남선은 『대동선교고』 뿐만 아니라 『대둔사지』 전권全卷이 다산 1인의 저작이라고 밝힌 바 있다.[33] 김영호와 허흥식은 윤동尹峒의 발문跋文과 편찬방식을 기초로 다산의 저작임을 주장하고 있다.[34] 최병헌 역시 윤

---

33 崔南善, 「大東禪敎攷解題」, 『佛敎』 37, 1927, 31~32쪽.
34 金泳鎬, 「與猶堂全書解題」, 『與猶堂全書補遺』 2, 경인문화사, 1974, 4쪽.
　　허흥식, 「『대둔사지』의 편찬과 그 가치」, 『대둔사지』, 아세아문화사, 1980. ; 「『만덕사지』와 『대둔사지』」, 『고려불교사연구』, 일조각, 1986, 805~831쪽.

동의 발문만을 근거로 다산이 편찬자임을 설명했다.[35] 최남선을 제외한 이들은 『대동선교고』만이 다산의 저작임을 주장했다. 『대동선교고』는 이외에 최익한崔益翰에 의해 『해동선교고海東禪敎攷』[36]로 불리기도 하고, 『대일본속장경大日本續藏經』에서는 심지어 박영선朴永善이 집집輯한 『조선선교고朝鮮禪敎考』로 둔갑하기도 했다.[37] 전용운 또한 초의를 비롯한 승려들이 편찬하고 다산이 필사했다.[38]고 한다.

한편 『대둔사지』의 찬술 시기는 1814년부터 다산이 강진을 떠난 1818년 이전으로 보는 설과 1823년(순조 23) 설이 대두되고 있다. 전자는 『대둔사지』 본문 가운데 연대를 알 수 있는 사실로 가장 늦은 시기인 1813년에 다산이 제제題한 「연담시권蓮潭詩卷」과 역시 1813년에 지어진 「연담대사비명」을 기초로 한 것이다.[39] 후자는 뚜렷한 근거를 제시하지 않은 채 1823년 설을 주장하고 있다.[40]

이상 『대동선교고』가 다산의 저작이라고 주장한 이들은 대체로 윤동의 발문을 근거로 밝히고 있지만 소략한 것은 사실이다. "우대동선교고자하산방소편마야右大東禪敎攷紫霞山房所編摩也"[41]라고 하는 기사가 전부인 것이다. 필자 역시 『대동선교고』가 다산의 저작이며, 『대둔사지』가 1813년부터 다산이 강진에서 떠난 1818년 이전에 편찬되었다는 선학들의 견해에 동조하여 좀더 구체적으로 설명하고자 한다. 첫째, 발문에 보이는 "자하

---

35 崔柄憲, 「茶山 丁若鏞의 韓國佛敎史 硏究」, 『丁茶山硏究의 現況』, 민음사, 1985, 331쪽.
36 金泳鎬, 「與猶堂全書解題」, 『與猶堂全書補遺』 2, 경인문화사, 1974, 4쪽에서 재인용.
37 『新編大日本續藏經』 第87卷, 國書刊行會, 1988, 220쪽.
38 전용운, 「초의집해제」, 『한글대장경』, 33~34쪽.
39 허흥식, 앞의 글, 813~814쪽 ; 최병헌, 앞의 글, 312쪽.
40 한국불교연구원, 『대흥사』, 일지사, 1982, 18쪽 ; 전용운, 앞의 글, 33~34쪽.
41 정약용, 「대동선교고」, 『대둔사지』 권4, 398쪽.

산방紫霞山房"이다. '자하紫霞'가 다산의 별호라는 사실은 초의의 시문집과 연담의 시권에서 확연히 드러나고 있다. 1813년 초의는 비가 내려 다산 초당에 가지 못한 심경을 시로 읊고 있다. 초의는 이 시에서 다산이 자하동紫霞洞에서 지내고 있는 것으로 묘사했다.[42] 또한 그는 다산이 자하동에 살 때 그와 간화시看花詩를 지은 것을 회상하기도 했다. 이 시에는 "석어탁옹지서자하昔於籜翁之棲紫霞…"[43]라고 하여 다산이 자하동에 살고 있었음을 알 수 있다. 그리고 다산이 1813년에 제題한 연담蓮潭 유일有一의 시문집 「연담시권蓮潭詩卷」에는 "자하산방정약용제紫霞山房丁若鏞題"[44]라고 표기되어 있다. 결국 윤동의 발문에 보이는 '자하산방'은 다산의 별호別號로 생각할 수 있다. 즉 자하산방의 주인인 다산이 『대동선교고』를 편찬한 것이다.

둘째, 편찬방식이다. 『대동선교고』를 수록하고 있는 『대둔사지』는 각 권에 실린 중요사항을 체계적으로 1자씩 대두시키고 그에 대한 세부사항과 자료를 1자씩 낮춰 전재轉載하였다. 이설異說과 해설解說은 '모안某案' '모운某云'으로 표시하여 관련자를 밝히고 있다. 그것은 한 주제를 제시한 뒤 그에 대한 관련 자료를 망라하여 자신의 논지를 증명하는 방식이었다. 이러한 체제는 편찬 작업에 주도적으로 참여한 다산의 저작에서도 나타난다. 다산이 1811년 찬한 『아방강역고我邦疆域考』는 대체로 편찬자의 결론을 앞에다 제시하고 그 다음에 그 결론을 뒷받침하는 국내의 자료들을 넓게 망라하면서 그 자료에 대한 자신의 의견을 '안설按說'로서 비판하고 검증

---

42 草衣, 「阻雨未往茶山草堂」, 『草衣詩藁』 권1(『한불전』 10, 833b쪽).
43 초의, 위의 책, 839b쪽.
   이 시는 초의가 다산이 고향으로 간지 10여 년 뒤에 화답한 것으로 보아 1828년을 전후하여 지은 것으로 추정된다.
44 정약용, 「題蓮潭詩卷」, 『朝鮮佛教通史』 上, 581쪽.

하는 형식을 취하고 있는 것이다.[45] 그가 고증에 제가諸家의 설을 널리 참고하는 태도가 『대둔사지』나 『대동선교고大東禪敎攷』에서도 동일하게 나타나고 있다.

이와 같이 『대둔사지』는 편찬방식을 기초로 살폈을 때 다산의 영향이 지대했으며, 특히 『대동선교고』는 그의 저작임이 분명하다. 『대둔사지』의 편찬시기 또한 1823년 설은 뚜렷한 근거가 없다. 필자는 『대둔사지』가 "1813년부터 다산이 강진을 떠난 1818년 사이에 편찬되었다"는 허흥식의 견해에 동조한다.[46] 더욱이 초의가 다산과 관련한 시가 지어진 연대나 다산이 자하동에 있었던 시기 등을 고려한다면 1823년 설은 타당하지 않다. 그러므로 『대동선교고』를 비롯한 『대둔사지』는 다산이 강진을 떠난 1818년 이전에 편찬되었을 것으로 확신한다. 요컨대 『대둔사지』와 『대동선교고』는 다산의 유배기간이나 『대둔사지』와 『만덕사지』의 편찬방식, 초의의 시 그리고 다산 저작에 보이는 편찬방식을 기초로 살폈을 때 다산이 유배 기간 동안 사지편찬 작업에 적극적으로 참여하였으며, 권4 『대동선교고』는 그가 찬한 것으로 해석할 수 있다.

---

45 한영우, 「19세기초 정약용의 역사관과 대외관」, 『조선후기사학사연구』, 일지사, 1989, 365쪽 ; 조성을, 「『아방강역고』에 나타난 정약용의 역사의식」, 『규장각』 15, 서울대학교규장각, 1992.
46 허흥식, 앞의 글, 813쪽.

## ② 역사인식과 사지편찬

### 1) 찬술동기

조선후기 『대둔사지』의 찬술은 단순히 대둔사 사적의 정리와 복원에
만 국한된 것은 아니다. 조선후기 사상계와 변화한 불교계의 동향에서도
적지 않은 영향을 받았다. 『대둔사지』의 직접적인 찬술 동기는 17세기
중관中觀 해안海眼(1567~?)이 찬술한 『대둔사사적大芚寺事蹟(죽미기竹迷記)』[47]에
서부터 출발한다. 찬자 해안은 그 행적이 널리 알려져 있지 않지만, 청허
淸虛 휴정休靜의 법손法孫으로 사승師僧이자 외숙 뇌묵당雷黙堂 처영處英과 함께
임진왜란 당시 의승군義僧軍으로 활약하기도 했다. 그는 행주산성幸州山城에
서 처영·권율 장군과 함께 3만여 명이나 되는 왜군을 격퇴했고[48], 경주
에서는 전란으로 소실된 불국사佛國寺를 중건하기도 했다.[49] 그는 비록 승
려였지만 "임진년壬辰年(1592)에서 정축년丁丑年(1637)까지 장의총통승군仗義摠
統僧軍으로 활약한 것이 한두 번이 아니었다"[50] 해안은 생의 대부분을 전
장에서 보내면서 지난至難한 조선의 상황과 암울한 불교계 현실을 목도目
睹했다. 그가 만년晩年에 지리산智異山 대은암大隱庵에 주석하면서 찬술한
『금산사金山寺』·『화엄사華嚴寺』·『대둔사사적大芚寺事蹟』은 단순히 망실亡失된
사찰의 역사를 복원하려는 의미를 초월하여 전장戰場에서 성숙시킨 조선

---

47 中觀 海眼, 『全羅道海南郡頭輪山大芚寺事蹟記』, 『대둔사지』, 아세아문화사, 1983, 321~
   342쪽. 중관의 이 사적기는 『竹迷記』로 불리기도 한다. 이하 『죽미기』로 약칭한다.
48 中觀 海眼, 「畣都體府摠戎使書」, 『中觀大師遺稿』(『韓國佛敎全書』 8, 218a쪽) 『한국불교
   전서』는 이하 『韓佛全』으로 약칭함.
49 『佛國寺古今創記』, 경북불교협회, 1937, 22쪽.
50 恁麽居士, 「跋文」, 『中觀大師遺稿集』(『韓佛全』 8, 220a쪽).

불교에 대한 인식이 주체적으로 확대된 결과였던 것이다.[51] 『대둔사사적大芚寺事蹟』은 전란 이후 불교계에서 찬술된 가장 초기의 사서史書에 해당된다. 내용은 사찰의 연혁과 전각, 고승의 행적 등 사찰에 직접적으로 관련된 부분과 석존의 생애, 불교의 중국전래, 고대 조선의 불교전래와 유통 등을 수록하고 있다. 이러한 사찰사적의 찬술은 전란으로 피해를 입은 사원의 중건重建과 함께 진행되었다.

『대둔사사적』은 불교사적 의미를 지니고 있었지만, 그 문제점 또한 적지 않았다. 『금산사(1635)』·『화엄사(1636)』·『대둔사(1636)사적』의 체재 뿐아니라 그 내용 또한 사찰의 연혁과 전각 등 사찰에 관련된 부분을 제외하고 대부분 동일한 것이다. 심지어 『불국사고금창기佛國寺古今創記』 또한 예외는 아니다. 기본적으로 찬술과정에서 이용했던 인용자료引用資料의 출처出處가 명확하지 않고, 내용의 연혁이나 고대불교에 대한 사실史實이 정확하지 않다.[52] 『죽미기竹迷記』가 지닌 한계성은 180여 년 후에 찬술된 『대둔사지』 찬자들에 의해 제기되었다. 『죽미기』가 『대둔사지』 찬술에 저본底本의 역할을 할 정도로 중요한 부분을 차지한 것은 사실이다. 그러나 18세기의 조선사朝鮮史에 대한 적극적이고 주체적인 역사인식이나 광범위한 자료수집과 치밀한 고증 등 실학적 연구방법론에 경도된 이들에게 비판의 대상이 된 것은 당연한 것이다. 아암 혜장과 초의 의순 등 『대둔사지』 찬자들은 『죽미기』에 수록된 대둔사의 창건과 그 시기, 삼국의 영토문제부터 연대표기의 오류와 창건주에 관한 문제부터 의상義相이나 원효元曉

---

51 吳京厚, 「17세기 佛國寺古今創記와 湖南의 寺刹事蹟記」, 『新羅文化』 19, 동국대학교신라문화연구소, 2001.
52 吳京厚, 앞의 글, 21~26쪽.
　　金相鉉, 「華嚴寺의 創建年代와 創建者」, 『華嚴寺 華嚴石經』, 화엄사, 2002.

등 승전僧傳에 이르기까지 사적기의 전반적인 내용을 망라하여 강도 높게 비판했다.

> a. 大芚寺의 舊蹟은 兵燹으로 잃어버리고 崇禎末年에 『竹迷記』를 지으니 異說이 紛興하여 後生들이 疑惑될 곳이 있다.[53]
> b. 蹟性이 살펴보니 『竹迷記』는 西山大師의 親徒인 中觀 海眼이 지었다. …… 그 때 中觀은 智異山에 있으면서 오직 大芚寺 승려의 근거 없는 말만 듣고서 이렇게 적었다.[54]

이들은 『대둔사사적』이 전란으로 이미 소실된 이전의 대둔사大芚寺 사적기事蹟記를 복원한 것이지만, 후생後生들로부터 의혹을 살 만큼 그 내용이 사실과 다르다는 것이다. 초의草衣 의순意洵은 심지어 『죽미기』가 "저자거리의 잡설雜說을 모두 모아 놓으니 앞으로 어떤 것을 가려서 써야 할지 모르겠으며, 그 내용이 엎치락뒤치락 헤아리지 못할 것이 한 둘이 아니니 이치에 합당할 리가 없다"[55]고 혹평했다. 그러므로 『대둔사지』 전반에 걸쳐 보이는 29회의 『대둔사사적』에 대한 비판기사는 이전에 찬술된 사적기와 비교할 수 있는 좋은 사례이기도 하다.[56]

승려들의 『죽미기』 비판과 『대둔사지』 찬술은 또 다른 동기를 지니고

---

53 『大芚志』 卷2, 135쪽.
54 『大芚志』 卷2, 135~136쪽.
55 『大芚志』 卷2, 136쪽.
56 이에 대해 許興植은 "『대둔사지』 찬자들이 戰亂 후의 경황에도 적지 않은 자료를 모아 준 該寺外의 인물이 베푼 노력을 감사할 줄 아는 아량이 조금도 나타나지 않았다'고 지적했다. 아울러 해안이 해박한 지식으로 한국불교사 자료를 정리하고 체계화한 그의 높은 안목은 재평가되어야 한다고 했다(許興植, 「大芚寺志의 編纂과 그 價値」, 『大芚寺誌』, 아세아문화사, 1983).

있었다. 대둔사가 조선후기 불교계에서 차지하는 위상과 관련된 문제로 『대둔사지』편찬의 궁극적인 목적이기도 하다. 첫째, 대둔사의 12종사宗師와 12경사經師의 배출은 대둔사가 조선후기 불교계의 교학敎學을 발흥시키는 산실産室역할을 했음을 의미한다. 대둔사는 "모든 요사寮舍에 각각 방장실方丈室을 두고 불경佛經을 몸에 지니고 공부하는 자가 살도록 하고, 혹간에 명예가 혁혁赫奕한 강사講師가 있으면 모셔와 배우는 이로 하여금 잘 모시게 하는 강회講會"의 전통이 있었다.[57] 대둔사는 대승경전을 중심으로 강회講會·대회大會[58]·법회法會가 빈번히 열렸는데 특히 『화엄경華嚴經』의 연구는 그 오류를 바로잡고[59] 대화엄강회大華嚴講會[60]·화엄대법회華嚴大法會[61] 등을 열어 화엄사상의 연구를 활발하게 진행시켰다. 상월霜月 새봉璽篈(1687~1766)이 주최한 1754년(영조 30) 선암사仙巖寺 화엄강회華嚴講會는 모두 1,287명이 참석한 대규모 강회講會로 전국의 승려들이 일제히 모일 정도로 성황을 이루었다고 한다. 둘째, 대둔사는 임진왜란과 그 이후 서산대사의 의발衣鉢이 대둔사로 전해지고, 조정의 명命으로 표충사表忠祠가 건립되면서 단순히 서산문도西山門徒의 종원宗院만이 아니라 조선불교의 중흥지重興地로서의 면모를 지니게 된다.[62] 이와 같은 조선후기 대둔사의 두드러

---

57 『大芚志』卷1, 75~76쪽.
58 李法山은 종래의 일정한 순서없이 개발되고 정리되어 온 講院의 履歷과정이 조선후기에는 大會라는 새로운 명칭을 가진 교육기관을 개설하고 교과과정을 새롭게 정비하였다고 하여 대회가 곧 교육기관으로 개설되었다고 했다(法山, 「조선후기 불교의 교학적 경향」, 『한국불교사의 재조명』, 불교신문사, 1994, 348쪽).
59 「金剛山楓潭堂大禪師碑銘」, 『朝鮮佛敎通史』上, 511쪽.
60 「虎岩宗師傳」(『韓佛全』10, 1026b쪽)
61 「蓮坡講師傳」(『韓佛全』10, 1033a쪽)
62 대둔사의 寺勢는 조선전기까지만 해도 미약했다. 예컨대 태종 7년 12월에 단행된 불교교단의 전반적인 정비는 88개의 사찰을 諸州의 資福寺로 대체했는데, 이 때 대둔사 주변의 영암의 道岬寺, 강진의 無爲寺와 萬德寺 등이 포함되었고 대둔사는 제외되었다(김갑주, 「해남

진 변화는 격상된 대둔사의 위치를 부각시킬 『대둔사지』 편찬을 필요로
했을 것이다. 『죽미기』가 비록 많은 문제점을 지니고 있었지만, 전란戰亂
으로 소실된 대둔사의 역사를 밝히는데 훌륭한 저본底本의 구실을 해주었
고, 찬자들의 자료발굴과 검토는 광범위하고도 면밀하게 이루어졌다. 유
나維那인 윤훤允烜이 "문적文跡이 소략疎略한 것은 대둔사의 수치다. 그러므
로 찬지撰志를 힘써서 구한다"[63]고 한 것은 대둔사가 당시 불교계에서 높
은 위상을 차지하고 있음을 의식한 것이었다.

한편 『대둔사지』의 편찬은 왜란倭亂과 호란胡亂 이후 지속적으로 전개된
불교계에 대한 사회적 인식의 격상과 변화, 성리학을 중심으로 한 당시
사상계의 변화와 같은 보다 근본적인 배경이 내재內在되어 있었다. 성리
학은 조선후기에 그 인식이 더욱 심화되고, 조선사상계에서 지배적 지위
를 차지하면서 조선왕조의 체제와 그 사회질서를 유지시켜 주는 기능을
지속적으로 담당했다. 그러나 18세기를 전후한 조선성리학계는 조선후
기 사회의 각 방면에 걸친 변화로 정통론正統論과 명분론名分論을 강화强化시
키고, 성리학적 가치관價値觀을 사회에 확산시키려는 보수사상으로 전락
하여 전체적인 변화상에 대응하고자 했다.[64] 성리학계의 이러한 체제유
지를 위한 변화는 성리학에 대한 비판의식을 태동시키고 성숙시켰다. 즉
성리학이 당시의 사상계에서 차지하고 있던 지도적 위치에 대한 비판적
이해가 시도되고 있었던 것이다. 도가철학道家哲學의 연구와 중종대中宗代
이후 진행된 주자학의 심학화心學化 과정에서 형성된 양명학陽明學 수용 또

대흥사의 보사청연구」, 『조선시대사원경제연구』, 동화출판공사, 1983. 243~244쪽).
63 『大芚寺志』 卷2, 168쪽.
64 鄭求福, 「朝鮮時代의 學術과 思想의 諸問題」, 『朝鮮時代研究史』, 한국정신문화연구원,
1999, 290쪽.

한 성리학과 대등한 입장에 서거나 그 독자적 발전을 이룩하지는 못했지만, 당시 성리학 체제에 대한 반성에서 비롯되었던 것이다. 또한 17세기 이래 근기近畿 남인南人들의 선진유학先秦儒學 연구研究에서 비롯된 실학사상實學思想은 당시의 역사적 모순을 직시하고 이를 바로잡기 위한 새로운 개혁안을 범유학汎儒學의 입장에서 발견하고자 했다. 이들 실학자들은 비록 현실개혁안을 정부당국에 제시하여 이를 관철시키고 사회의 여론으로 만들어 확대 재생산하는데는 실패했지만, 조선성리학의 후진적 이념을 극복하고 전통적 왕도정치의 이념 구현과 실사구시實事求是를 지향하고자 했다.[65] 요컨대 도가철학이나 양명학, 실학사상은 당시 사회변화에 적극적으로 대응하지 못한 채 체제유지와 사회통제의 역할만을 담당했던 성리학의 한계를 비판하면서 형성되어 다양한 사회변화에 대응할 수 있는 사상적 사회제도적 대안을 제시했다. 이러한 탄력적인 당시 사상계의 동향은 불교에서도 엿볼 수 있다.

불교는 조선왕조의 성리학 수용과 가치체계 확립을 위한 노력으로 탄압을 받아 겨우 명맥만을 유지했다. 승려들은 왜란과 호란 중에 산성山城의 축조築造와 보수, 군량미 운송, 종묘건립宗廟建立과 서적인출書籍印出은 물론 전란으로 희생된 시체를 매장하는 일까지 담당했다. 이러한 사정은 18세기에도 예외는 아니었다. 승려들은 사고史庫와 산성山城을 수비하고, 각종 국역國役의 과중으로 환속하여 텅 빈 사찰寺刹은 피폐해져 갔다.[66]

---

65 趙珖, 「朝鮮後期 思想界의 轉換期的 特性-正學·實學·邪學의 對立構圖-」, 『韓國史轉換期의 問題들』, 지식산업사, 1993. 155~162쪽.
66 『正祖實錄』, 正祖 10年 4月 20日(癸巳)條.

僧役이 치우치게 고통스러운 것이 평민보다도 더 극심하지만, 그들의 자취가 公門과 멀기 때문에 품은 마음이 있어도 伸理할 길이 없습니다. 대저 良役의 減布가 있은 이후 民人 가운데 山門에 자취를 의탁하는 사람이 거의 없고 어쩌다 하나 있는 정도이기 때문에 이름난 巨刹도 남김없이 殘敗되었습니다.[67]

정조대正祖代 경상도 관찰사 조시준趙時俊의 상소문은 승역僧役이 과중하여 이름난 큰 사찰조차도 황폐화되었다는 것이다. 더욱이 정조 7년(1783)에는 승려들이 쌀을 구걸하기 위해 도성에 난입한 일로 승려의 도성출입都城出入을 엄중히 단속하기도 했다. 그러나 조선후기 불교계는 이러한 과중한 국역과 통제정책에도 불구하고 자생적 변화를 꾸준히 모색해 나갔다. 승려들은 왜란倭亂과 호란胡亂이 발발했을 때는 적극적으로 참여했고, 전란 이후에는 남북한산성南北漢山城의 축조와 방어를 담당하여 집권층뿐만 아니라 사회적으로 불교를 새롭게 인식할 수 있는 계기를 마련해 주었다.

불교계는 외적인 변화와 함께 내부에서 불교사상의 이해를 심화시켜 나가기도 했다. 특히 이 시기의 『화엄경華嚴經』을 중심으로 한 대승경전에 대한 강경講經과 경經에 대한 자신의 견해나 저술의 어려운 부분을 풀어내는 작업이 크게 성행했다. 대둔사의 12종사宗師와 강사講師들은 18세기를 전후한 시기에 교학敎學의 발전을 부흥시키기도 했다. 아울러 백파白坡 긍선亘璇(1767~1852)과 초의草衣 의순意恂(1786~1866)에서 출발한 삼종선三種禪

---

67 『正祖實錄』, 正祖 5年 12月 28日(丙寅)條.

에 관한 논쟁은 선학에 대한 전통성 고수와 시대사조를 수반하는 해석이라는 차이를 보이면서 제자들에게까지 이어져 조선후기의 선학禪學을 발전시키는 계기가 되었다.[68] 불교계 내부의 이러한 변화는 18세기 정조正祖의 우호적인 불교정책 또한 적지 않게 작용하였다. 정조는 즉위년에 원당願堂에 대한 폐단을 금지하고 불교를 이단異端으로 인식했지만, 세속을 교화시키는 공적을 인정하기도 했다.[69] 그는 부친 사도세자思悼世子가 묻힌 현륭원顯隆園의 원찰願刹로 용주사龍珠寺를 창건하고, 세조의 원찰인 봉선사奉先寺와 표훈사表訓寺의 승려를 무휼撫恤하고 곡물을 보조하여 보수하게 했다. 더욱이 의승방번전義僧防番錢을 반감하는 조치는 그 실효를 거두지는 못했지만, 승역僧役의 부담을 덜어 주어 승려의 환속을 막는 역할까지 했다. 정조의 이러한 불교정책은 개인적인 호불적好佛的 면모와 함께 시대의 영향도 작용한 것이었다. 정조는 세자 시절부터 주자학은 물론 노장老莊·양명陽明·불학佛學 등을 통해 자유로운 사색적 편력을 거쳤다. 정조의 학문과 사상의 다양성은 18세기 이후 조선의 사상계와 사회변동에 기인한 것이라고 볼 수 있다.[70]

이러한 불교계의 대내외적인 변화는 자신의 종교적 가치를 재확인하는 노력과 함께 불교사를 정리하는 움직임으로 나타났다. 17세기 중관中觀 해안海眼의 대둔사·금산사·화엄사사적기는 전란으로 소실된 사찰의 역사를 복원하면서 조선불교사를 정리하기도 했다. 1764년(영조 40) 사암獅巖 채영采永은 『서역중화해동불조원류西域中華海東佛祖源流』를 편찬하여 과거

---

68 鄭炳三, 「불교계의 동향」, 『조선후기의 문화』(한국사 35), 국사편찬위원회, 1998, 151쪽.
69 正祖, 「文章」, 「日得錄」(『弘齋全書』 권163).
70 金俊爀, 「朝鮮後期 正祖의 佛敎認識과 政策」, 『中央史論』 12·13合輯, 중앙대학교 중앙사학회, 1999, 38쪽.

칠불過去七佛로부터 인도印度·중국조사中國祖師와 우리나라의 역대歷代 조사祖師의 계보를 밝히기도 했다. 그 이후 다산茶山 정약용丁若鏞(1762~1836)과 대둔사大芚寺·백련사白蓮寺 승려들이 편찬한『대둔사지大芚寺志』와『만덕사지萬德寺志』·『만일암지挽日庵志』·『대동선교고大東禪敎攷』등은 사지寺誌의 형식을 빌렸지만, 조선불교사를 정리한 불교사서佛敎史書의 역할을 한 것이다.

요컨대『대둔사지』편찬의 직접적인 동기는 17세기 해안이 찬술한『대둔사사적大芚寺事蹟』을 비판하면서 출발했지만, 18세기 후반 대둔사의 불교계와 사회적 위상과도 밀접한 관련을 지니고 있다. 대둔사가 선교학禪敎學의 산실産室이며, 조선불교의 중흥조인 서산대사의 의발을 전수받은 그 문도의 종원宗院으로서 당시 조선불교계를 대표하는 사찰임을 천명하는 의도에서 비롯되었던 것이다. 아울러 조선후기 탄력적인 사상계의 동향과 불교계의 전반적인 변화는『대둔사지』편찬이 불교계에 국한된 것이 아닌 당시 자유로운 사상계의 동향을 반영하고 있음을 의미하는 것이기도 하다.

## 2) 구성

『대둔사지』의 체재는 17·8세기의 편사編史의 일반적 경향인 강목체綱目體를 따르고 있다. 찬자들은 각 권에 실린 중요사항을 체계적으로 1자씩 대두시키고, 그에 대한 세부사항과 자료를 1자字씩 낮춰 전재轉載하였다. 이설異說과 해설解說은 '모안某案' '모운某云'으로 표시하여 관련자의 책임을 밝히고 있다.[71] 그것은 한 주제를 제시한 뒤 그에 대한 관련 자료를 망라하여 자신의 논지를 증명하는 방식이다. 이러한 체재는 편찬 작업에 주도적으로 관여했던 다산의 저작에서도 나타난다. 1811년 찬撰한『아방강역고我邦疆域考』는 대체로 편찬자의 결론을 앞에다 제시하고 그 다음에 그 결론을 뒷받침하는 국내의 자료들을 넓게 망라하면서 그 자료에 대한 자신의 의견을 안설按說로서 비판하고 검증하는 형식을 취하고 있다.[72] 『대둔사지』의 전체적인 구성 역시 이와 다르지 않다.

『대둔사지』는 전체 4권 2책으로 구성되었다. 권1은 대둔사의 지리적 위치와 연혁, 전우방료殿宇房寮 등을 정리했다. 그리고 창건주創建主와 고려말의 태고太古 보우普愚, 조선불교의 중흥조이자 대둔사를 선교禪敎의 종원宗院으로 격상시킨 서산대사西山大師와 그 문도門徒, 대둔사의 12종사宗師와 12강사講師 등 대둔사를 중흥시킨 대표적 인물 등을 수록했다. 그러므로 권1은 우리나라 불교사와 『대둔사지』의 전체적인 개요를 정리한 것으로 이해할 수 있다. 먼저 대둔사의 지리적 위치는 곤륜산崑崙山에서부터 해남海南 대둔사에 이르기까지의 지형과 산세를 묘사했으며, 전우방료殿宇房寮의 사정 또한 상세하게 수록했다. 전우방료는 그 창건자와 중수자를 『죽미기竹迷記』와 다른 자료를 기초로 그 존폐여부까지 정리했다.

권1의 주요내용은 대둔사의 연혁으로 고대부터 고려까지는 창건創建과 중수重修의 기록이 중심을 이루었고, 조선시대는 임제종臨濟宗의 정맥正脈을 계승한 태고太古 보우普愚를 시발始發로 청허淸虛 휴정休靜과 제자 편양鞭羊 언기彥機(1581~1644)와 소요逍遙 태능太能(1562~1649), 그들의 법손法孫이기도 한 조선후기 대둔사의 12종사宗師와 강사講師의 생애를 정리했다. 대둔사의 종사와 강사의 인적 계보는 대부분 편양 언기의 제자나 법손으로 구

---

71 이러한 체재는 茶山의 다른 저술에 보이는 체재와 매우 유사하다. 『대둔사지』는 다산이 1811년 50세에 찬술한 『我邦疆域考』의 체재와 내용면에서 많은 영향을 받은 듯 하다(趙誠乙, 「『我邦疆域考』에 나타난 丁若鏞의 歷史意識」, 『奎章閣』 15, 서울대학교규장각, 1992).
72 한영우, 「19세기초 정약용의 역사관과 대외관」, 『조선후기사학사연구』, 일지사, 1989, 365쪽.

성되어 있지만 그렇지 않은 경우도 있었다. 12종사 가운데 취여醉如 삼우三愚((1622~1684)·화악華岳 문신文信(1629~1707)·벽하碧霞 대우大愚·설봉雪峰 회정懷淨(1677~1738)은 강진康津 만덕사萬德寺를 중심으로 한 소요 태능의 제자와 법손들이다. 또한 12경사 가운데 나암懶菴 승제勝濟·운담雲潭 정일鼎馹(1741~1804)·금주錦洲 복혜福慧·낭암朗巖 시연示演·아암兒菴 혜장惠藏(1772~1811)은 만덕사계이며, 벽담碧潭 행인幸仁은 부휴浮休 선수善修의 후예後裔다. 12경사는 그 절반이 소요 태능의 후예인 만덕사 승려들이다.[73] 이것은 조선후기에 만덕사와 대둔사의 승려들이 교류가 빈번했고,[74] 만덕사의 승려들일지라도 교학에 탁월하면 대둔사에 머물면서 강사가 되었으며, 마침내 대둔사가 선교학의 종원으로 정착하는데 기여한 12경사로 추대된 것이다. 강사講師들이 머물렀던 방장실方丈室에 대한 기록은 대둔사가 법맥의 구분 없이 실력 있는 강사를 초빙한 당시 화엄학華嚴學 강의의 요람으로서의 역할을 명확하게 보여주는 사례인 것이다.

권2는 대둔사의 창건과 중건, 전우방료殿宇房寮의 사정·암자菴子·암동巖洞과 임천林泉에 관한 내용을 권1보다 더욱 구체적으로 서술했다. 편찬자들은 중관의 『대둔사사적』의 내용을 분석하고 다양한 관계 자료를 기초로 고증을 시도하였으며, 그 오류에 대해서는 강하게 비판했다. 채팽윤蔡彭胤이 지은 「대둔사사적비大芚寺事蹟碑」 역시 『죽미기』를 기초로 찬술되었다 하여 내용에 대해 각 부분마다 구체적인 분석과 함께 비판이 이루어졌다. 전우방료殿宇房寮는 찬자들이 파악한 것보다 『죽미기』에 기록된 것이 6전殿·4원院·7루樓·14당堂·15료寮가 더 있다고 지적했다. 이에 대해 색성

---

73 『大芚寺志』 卷1, 43~75쪽.
74 許興植, 「大芚寺志의 編纂과 그 價値」, 『大芚寺志』, 아세아문화사, 1983.

은 대둔사의 남북이원南北二院의 터가 너무 좁아 중관이 정리한 전각殿閣이 모두 세워질 수 없다고 했다. 더욱이 "『대둔사사적』이 찬술된 지 200년도 되지 않았고, 그 흔적도 없으며, 건물의 위치를 아는 사람도 없으니 사실과 다르다"[75]는 것이다. 예컨대 편찬자들은 1635년 희식希式이 대법당을 중건했다는 『죽미기』 내용에 대해서 취여 삼우가 1668년에 중건했음을 지적하여 중건한지 불과 30년밖에 되지 않았기 때문에 『대둔사사적』의 기록을 인정하지 않았고, 팔상전은 『대둔사사적』이 언급한 것처럼 만력말萬曆末에 중창했다면 10년밖에 지나지 않았는데 1737년에 거듭 중건할 정도로 폐허가 될 수 있을까라고 의문을 제기했다.

권2는 이밖에 1조祖 태고보우를 위시하여 6종宗 8노老 8사師의 영정을 봉안한 영정각影幀閣을 정리했고, 일조一祖 팔사八師의 비碑와 부도浮屠, 1조祖 2노老 9사師와 제노諸老의 주골珠骨을 안치安置한 비원碑院을 묘사했다. 마지막에는 시인과 풍류객이 대둔사에 머물면서 문지방이나 기둥에 남긴 제영題詠을 수록하기도 했는데, 백호白湖 임제林悌(1459~1587), 고산孤山 윤선도尹善道(1587~1671), 청음淸陰 김상헌金尙憲(1570~1652) 등이 대둔사와 그 자연 풍광을 읊은 시가 보인다.

권3은 조선불교의 중흥조이자 대둔사를 조선후기 선교禪敎의 종원宗院으로 격상시킨 청허淸虛 휴정休靜(1520~1604)의 생애生涯와 행적行蹟을 정리했다. 청허가 입적한 후 그의 의발衣鉢이 대둔사로 옮겨진 경위와 대둔사에서 기재忌齋를 지내고 영당影堂을 건립하여 해년마다 향화香火를 올린 일을 기술하기도 했다. 이러한 내용은 대둔사가 단순히 서산의 의발衣鉢을 전

75 『大芚寺志』 卷2, 141~142쪽.

수 받았고, 매년 제사를 지내기 때문에 청허문파淸虛門派의 종원宗院임을 자부한다는 의미와 함께 대둔사가 침체된 조선불교의 종원이자 중흥지의 위상 또한 지니고 있음을 천명한 것이기도 하다. 장유張維가 지은 청허의 비碑가 대둔사에 세워지자 '종원宗院의 동표銅標'[76]라고 한 사실이나, "서산의 의발이 이곳(대둔사)에 있고, 影幀도 이곳에 있는 것이 확실하며, 忌日에 제사를 올리는 것도 확실하며, 죽음에 이르러 부탁한 물품이 지금도 대둔사에 전해오니 8로路의 종원宗院이 된다."[77]고 한 아암 혜장의 언급에서도 그 의미를 파악할 수 있다.

권3은 이밖에 1788년(정조 12) 왕명으로 표충사表忠祠를 건립하게 된 경위와 사정을 파악할 수 있는 문건과 비문의 내용, 심지어 청허의 유물목록까지 상세하게 고증考證한 후에 수록했다. 이 가운데 청허의 행적을 정리한 「금자보장록金字寶藏錄」은 "청허의 친도親徒가 기록한 것이 아니고 후인後人이 추조追造한 것"이어서 8가지의 오류를 지적하기도 했다.[78] 결국 『대둔사지』 찬자들의 청허의 행적과 사후의 평가에 대한 정리는 조선후기 불교계에서 청허와 함께 대둔사의 위상을 선양하여 격상시키고자 한 그들의 의도가 강하게 반영되어 있음을 살필 수 있다.

권4는 다산 정약용이 "다듬어서 엮은"[79] 『대동선교고大東禪敎攷』다. 내용은 「고구려선교시말高句麗禪敎始末」·「백제선교시말百濟禪敎始末」·「신라선교시말新羅禪敎始末」과 신라 말까지의 승려에 대한 여러 사정을 정리했다. 우선 각 나라의 선교시말禪敎始末은 우리나라 고대불교사자료를 연대순年代順으로

76 『대둔사지』 권3, 250쪽.
77 위의 책 권3, 265쪽.
78 위의 책 권3, 262~265쪽.
79 尹峒, 「跋文」, 앞의 책 권4, 398쪽.

정리한 것이다. 서술방식은 강목체網目體형식으로 각 사실의 요지를 강綱
에 두고, 인용 자료와 함께 자신의 의견을 안설按說로 표기하여 서술하거
나 내용에 대한 고증을 시도했다. 그 기초 자료는 김부식金富軾의 『삼국사
기三國史記』에 수록된 불교기사가 중심이 되었다. 권4는 또한 『불조역대통
재佛祖歷代通載』·『경덕전등록景德傳燈錄』과 같은 중국의 불적佛籍에 수록된 신
라승新羅僧을 적출하여 그들의 화두나 사승관계, 스승과의 선문답禪問答을
정리했고, 최치원崔致遠의 『사산비명四山碑銘』이나 당시에 간행되어 주목받
고 있었던 사암獅巖 채영采永의 『서역중화해동불조원류西域中華海東佛祖源流』[80]
에서 홍척洪陟·혜철慧徹·무염無染·도의道義 등 신라 말 구산선문九山禪門의
개창조開創祖를 위시한 승려들의 법맥을 정리하기도 했다. 다산의 이러한
고대불교사 정리 작업은 단순한 자료정리의 수준을 넘어선 것이었다. 『
경덕전등록』에 수록된 신라승들을 소개할 때는 구체적으로 그 권수卷數
까지 표기했고, 동일인물은 『경덕전등록』과 『불조원류』를 비교 검토하
는 세심함을 보이기도 했다.[81] 그는 『불조원류』를 이용하여 '신라新羅의
명덕名德'가운데 참고할 인물이나 '성적가심자聲跡可尋者'·'절무성적자絶無聲
跡者'를 정리하기도 했다. 그는 당시에 간행된 『불조원류』가 신라의 명덕
名德에 대한 사실을 잘못 기록하여 믿기 어렵다고는 했지만, 참고하도록
덧붙여 둔다고 전제했을 뿐만 아니라 성적聲跡이 끊기고 없는 사람은 명
자名字라도 기록하여 후세 사람들이 알아보게 할 만큼[82] 인용 자료의 비교
검토와 후세의 연구를 염두해 둘 만큼 학자적 자세를 견지했던 것이다.

---

80 采永, 『西域中華海東佛祖源流』(『韓佛傳』 10, 107b~118a쪽) 이하 『佛祖源流』로 약칭함.
81 『대둔사지』 권4, 377쪽. 新羅品日禪師 鹽官齊安禪師法嗣 ○無話句 源流云創三陟三和寺
　　號孤山
82 위의 책 권4, 391~395쪽.

현재 다산의 「대동선교고」에 대한 평가는 "우리나라 고대불교사에 대한 연대나 지명고증地名考證 등 불교사에 부수적인 사항들에 관한 견해의 제시에 그치고 불교승려의 저술을 도외시한 한계성을 지니고 있다는 부정적인 지적을 받고 있는 것"[83]이 사실이다. 그러나 다산의 찬술에 대한 이러한 비판은 탄압과 산일散逸로 얼룩진 우리나라 고대불교사를 복원하고 체계화하고자 한 노력에 대해서는 온전한 평가를 받아야 한다. 더욱이 편찬의 과정에서 보여준 자료에 대한 정확한 고증과 안설按說을 통한 합리적인 해석은 당시 실학자의 역사인식과 연구방법론이 그대로 불교사연구에 반영되어 있어 조선후기 불교사 연구가 발전하게 된 계기가 되었다.

## ③ 『죽미기竹迷記』 비판과 대둔사의 위상 강조

『대둔사지』가 조선후기 불교사서로서 주목 받는 것은 단순히 사찰의 사적史籍이기 때문은 아니다. 조선후기 불교계의 동향과 사회적 위치, 불교사 인식을 살필 수 있는 사서로서의 위치를 지니고 있다. 더욱이 사지의 찬술방식과 태도는 이전의 찬술형태와는 근본적으로 다른 것이었다. 그것은 당시 실학實學의 영향과도 무관하지 않다. 본장은 대둔사지 찬자들의 광범위한 자료수집과 비판에서부터 고증을 통한 객관적 서술, 우리나라 불교사를 체계화시키고자 했던 노력들을 살펴보고자 한다. 아울러

---

83 崔柄憲, 「茶山丁若鏞의 韓國佛教史研究」, 『丁茶山研究의 現況』, 民音社, 1985, 334쪽.

당시 불교계의 중흥을 모색했던 일면까지도 고찰하여 찬자撰者들의 불교사 인식을 정리하고자 한다.

## 1) 인용자료의 검토

자료의 수집과 정리는 역사연구와 편찬에 있어서 가장 기본적인 작업이다. 그 비판과 검증은 편사編史태도와 역사인식의 성격까지도 결정한다. 특히 조선후기는 박학고거주의博學考據主義를 기초로 역사서술의 과정에서 광범위한 자료수집과 그 검증작업이 강조되었던 시기이기도 하다. 우선『대둔사지』는 당시에 찬술된 불교사서로는 드물게 많은 자료를 인용했다.『삼국사기三國史記』나『고려사高麗史』와 같은 관찬사서를 비롯하여 각종 사지寺誌·기문記文·문집文集·『불조통재佛祖通載』·『경덕전등록景德傳燈錄』과 같은 중국의 불서佛書에 이르기까지 그 종류가 37종에 이른다. 이것은 17세기 대둔사사적기인『죽미기竹迷記』가 약 8종의 자료를 기초로 찬술된 것과는 뚜렷한 차이점을 지니고 있다.[84]

〈표 Ⅳ-2〉 대둔사지에 인용된 자료

| 卷1 | 卷2 | 卷3 | 卷4 |
|---|---|---|---|
| 竹迷記 新增東國輿地勝覽 晚日菴古記 北菴記 遊四佛山記 佛祖源流 蓮潭詩卷(林下錄) 海南縣志 雲潭鼎馹詩文 華嚴講會錄 | 佛祖通載 道岬古記 高麗史 李忠武公全書 大芚寺大雄殿重建記 三國史記 大芚寺八相殿上樑文 香積殿記 古記 金潭鎖卷 東文選 | 西山道具錄 道具錄道記 青蓮堂道具 靈岑大師道具 金字寶藏錄 松雲奮忠錄 賜額表忠單子 備邊司關子 致祭文 日享祝文 表忠祠記 | 傳燈錄 拈頌集 |

84 吳京厚,「17世紀 佛國寺古今創記와 湖南의 寺刹事蹟記」,『新羅文化』19, 동국대학교신라문화연구소, 2001, 137쪽.

자료의 대체적인 경향은 『삼국사기』·『고려사』와 같은 우리나라 사서와 『불조통재』·『전등록』과 같은 중국의 불서佛書를 기초로 우리나라 불교사를 개관槪觀했다. 『불조통재』와 『전등록』은 우리나라 승려들의 전등을 밝혀 고대불교사를 보완하는데 기여했다. 특히 권3은 장부帳簿나 문서文書가 많이 인용되었는데, 청허淸虛 휴정休靜의 행적과 정조正祖의 명으로 표충사表忠祠가 세워진 경위가 상세하게 수록되었다. 이것은 대둔사의 사회적 위상을 격상시키고, 조선후기 불교계의 동향을 파악하는데 중요한 역할을 하기도 했다.

『죽미기竹迷記』·『삼국사기三國史記』·『불조원류佛祖源流』는 『대둔사지』의 전체적인 구성과 내용의 기초를 이루고 있다. 『죽미기』는 전체 36회에 걸쳐 인용되었다.[85] 대둔사의 창건과 시기, 전우방료殿宇房寮에 관한 부분까지 찬술과정에서 전반적으로 인용되었다. 이것은 찬자들이 『죽미기竹迷記』의 내용을 비판한 것에서 비롯되었지만, 『죽미기竹迷記』 자체가 주는 기본 자료의 성격도 크게 영향을 준 까닭이었다. 『삼국사기』와 『불조원류』는 다산이 찬술한 것으로 알려진 권4 「대동선교고大東禪敎攷」의 기본 자료로 이용되었다. 『삼국사기』는 다산이 우리나라 고대불교사를 체계화시키고자 이용한 자료다. 찬자들은 『삼국사기』에 수록된 불교관계기사를 적출하고 여기에 『불조통재』나 『전등록』 등의 전적典籍을 보조 자료로 활용하여 생략이나 오류를 바로잡기도 했다. 『불조원류』는 채영采永의 『서역중화해동불조원류西域中華海東佛祖源流』로 "불문佛門에서의 전등傳燈한 계통이 분명하지 못함을 개탄하고, 1762년(영조38) 봄부터 전국을 돌아다니면서 각

---

85 『大芚寺志』 卷1 : 11회, 권2 : 24회, 권3 : 1회 인용되었다.

파의 고증될 만한 문헌을 모아 1764년(영조40) 여름에 간행한" 불교사서
다.[86] 내용은 칠불七佛, 서천조사西天祖師, 중화조사中華祖師와 같이 인도와 중
국의 조사祖師를 정리했고, 우리나라 승려들의 계보인 해동원류海東源流는
조선중기 저자가 속한 계파를 중심으로 정리한 것이다. 『불조원류』는 우
리나라 불교사 자료로서는 가장 많은 고승이 실려 있고, 최초의 전반적
인 불교사의 정리로 주목되는 긍정적인 평가를 받고 있다.[87] 그러나 우리
나라 고대와 고려의 전등기록은 조사의 기록이 소멸되어 산성散聖으로 취
급했다.[88] 이 또한 오자誤字와 오류誤謬가 많고, 삼국시대의 고승과 고려시
대의 고승이 뒤바뀌어 자료섭렵의 한계나 그 고증이 부실한 문제점을 안
고 있다.[89] 다산茶山은 『불조원류』의 이러한 자료상의 한계를 지적하면
서[90] 그 보완을 위해 『불조통재』와 『경덕전등록』에 수록된 신라승新羅僧을
발췌하고, 최치원이 찬한 「사산비명四山碑銘」에 보이는 승려를 정리하여
고대불교사의 불완전한 면모를 보충하고자 했다. 더욱이 "성적가심자聲跡
可尋者" "절무성적자絶無聲跡者"의 정리는 멸실된 고대불교사의 흔적을 복원
하고자 했던 다산의 편사編史정신이 돋보이는 부분이기도 하다.

『대둔사지』는 전적典籍 이외에 대둔사의 12종사宗師와 12강사講師, 청허
휴정의 비명碑銘 등 조선후기 승려의 비명을 비롯하여 대둔사를 다녀간
유학자와 승려의 제영題詠을 수록하고 있다. 이 가운데 적지 않은 부분을

---

86 采永 佛祖源流後跋, 韓國佛教全書 10, 1993, 134쪽.
87 許興植, 「『海東佛祖源流』의 古代와 中世의 散聖」, 『高麗佛教史硏究』, 一潮閣, 1986, 746쪽 ;
　崔柄憲, 「다산정약용의 한국불교사연구」, 『정다산연구의현황』, 민음사, 1985.
88 采永, 위의 글, 134쪽.
89 허흥식, 위의 글, 756쪽.
90 丁若鏞, 「大東禪教攷」, 『大芚寺志』 권4, 391쪽.
　다산은 "불조원류에 기록된 신라의 明德에 대한 사실이 잘못되어 믿기 어려우나 참고하도
　록 덧붙여 둔다"고 했다.

차지하고 있는 비명은 조선후기 화엄학을 강설했을 때의 기록인 '강회록 講會錄'이나 '시문집詩文集', '해남현지海南縣志' 등과 면밀히 대조하여 업적 가운데 비명에 누락되거나 잘못된 부분을 수정하기도 했다.[91] 고노古老의 증언證言과 『이충무공전서李忠武公全書』는 임진왜란 당시 대둔사가 왜군의 만행으로 소실되었다는 『죽미기』의 기록이 오류인 것을 바로잡는데 기여하기도 했다. 예컨대 색성頤性은 고노古老의 말을 빌려 "1592년 12월 29일 왜적 수백 명이 대둔사에 와서 약탈은 했지만, 궁실宮室은 분소焚燒를 면했다"고 했다. 비록 천년된 제사諸師들의 유적遺籍과 오랜 흔적들이 이때에 모두 소실되었지만 다행히 전각은 소실을 면했다는 것이다. 이러한 사실은 초의 의순에 의해서 더욱 구체화된다. 의순은 『이충무공전서』에 대둔사의 분소焚燒사실이 없어 고노古老들의 전하는 말이 거짓이 아니라고 하여 색성의 논지를 뒷받침해주고 있다.[92] 『대둔사지』는 이와 같이 다양한 인용 자료를 통해 이전 기록의 오류를 바로잡고, 대둔사의 역사적 위상을 정립시켰으며, 우리나라 고대불교사를 체계화시키고자 노력했다.

한편 편찬자들이 보여 준 인용자료 수집과 활용에서 주목할 점은 우리나라 고대불교사를 정리하면서 고대불교의 풍부한 자료를 제공하고 있는 일연의 『삼국유사三國遺事』를 이용하지 않은 점이다. 사실 『대둔사지』에는 『삼국유사』뿐만 아니라 우리나라 승려들이 찬한 불교사서를 찾아볼 수 없다. 심지어 대둔사의 승려들이 중심이 되어 찬한 권1~3조차도 상황은 예외가 아니다. 『대둔사지』의 이러한 한계성은 당시 역사연구와

---

91 『대둔사지』 卷1, 60~61쪽. 撰者인 尹佑는 비문과 강회록을 살펴 "虎巖大師는 精進堂에서 設會한 것이 분명한데 비문에는 수록하지 않았다."고 지적했다.
92 『大芚寺志』 卷2, 147~148쪽.

찬술방식과 긴밀한 상관관계를 지니고 있다. 우선 이 시기의 사서는 사료수집이 철저했고, 사료고증史料考證의 중요성을 강조했다. 역사 서술의 공정성을 주장했으며, 서술에서도 윤색을 배격하고 객관성을 강조하였으며, 합리적 관점에서 설화說話·전설傳說·미신迷信을 배격한 것이다.[93] 특히 합리적인 해석을 추구하는 문헌고증학적 경향과 신이사神異事에 대한 비판은 조선후기의 역사연구방법론에서 특히 강조되었다. 이익은 특정한 사실을 규명하기 위해서는 "전사前史를 역고歷考하고 여러 책들을 방증傍證하여 참험參驗하고 이를 교감校勘하여야지 참으로 한 책만을 오로지 믿어 이정已定이라고 해서는 안 된다."[94]고 하여 문헌의 교감校勘을 강조하였다. 안정복 또한 "사료가 수집되면 수집된 사료를 철저히 고증해야 함"을 강조하기도 했다.[95]

이 시기 실학자들의 역사연구와 찬술에서 신이사神異事에 대한 인식은 부정적이어서 안정복은 『삼국유사』가 승려가 쓴 사서라는 이유로 또는 황탄荒誕하다는 이유로 인용 자료로 이용하지 않았다.[96] 『대둔사지』 찬술에 깊이 관여했던 다산茶山조차도 "우리 측 사료가 황당하며, 근거가 없는 비합리적인 신화나 전설적인 면을 갖고 있는 점을 거론했다. "본국의 전기傳記에서 수습한 것은 모두 허황하며 근거 없는 이야기다. 알에서 깨어났다거나 궤가 떠내려 왔다거나 …… 매우 부끄러운 것이다."[97]라고 하여 안정복과 같은 입장을 지니고 있었다.

93 卞媛琳,「安鼎福의 歷史認識」,『史叢』 17·18, 1973.
94 李瀷,「讀史料成敗」,『星湖僿說』 卷20.
95 安鼎福,「考異」,『東史綱目』 3.
96 趙珖,「朝鮮王朝時代의 新羅認識-東史綱目을 중심으로-」,『民族文化研究』 16, 고려대민족문화연구소, 1982, 158쪽.
97 丁若鏞,「弁辰考」,『我邦疆域考』(與猶堂全書 6).

『대둔사지』가『삼국사기』만을 인용하여 불교사 자체의 본질적인 문제에 관한 것은 없고, 연대年代나 지명고증地名考證 등 불교사에 부수적인 사항들에 관한 견해의 제시에 그친 한계성을 지니고 있는 것은 사실이다.[98] 그러나 이 시기 사서 편찬의 기본적인 입장이 다양한 자료의 수집과 면밀한 고증의 경향이 강했음을 전제로 했을 때『대둔사지』또한 편찬 경향의 범주에서 이해할 필요성이 있다.『대둔사지』는 궁극적으로 17세기『죽미기』의 부실을 완전히 극복하는데 기여했음을 간과할 수 없다.『대둔사지』찬자들은『삼국유사』를 기초 자료로 이용한『죽미기』의 치명적인 한계성을 이미 그 비판을 통해 반성하고 극복하기 위해 노력했던 것이다.[99] 더욱이 이들의『대둔사지』찬술목적은 대둔사와 함께 부실한 우리나라 고대불교사를 체계화시키고 재정립시키는 것이었다. 다산이 "『불조원류』가 신라의 명덕名德에 대한 사실이 잘못되어 믿기 어렵지만 참고하도록 덧붙여 둔다."[100]고 말한 것이나,『불조통재』나『전등록』에서 우리나라 승려기록을 적출하여 수록한 것은『불조원류』의 부실을 보완했다는 의미에서 시사하는 바가 크다. 비록『대둔사지』가 우리나라 고대불교사에 대한 종합적 면모를 정리하고자 한 노력에는 그 한계가 분명하지만, 당시 부실하고 산일된 단편적인 기록들을 보완하고 재구성한 업적은 지대한 것이었다.

이와 같이『대둔사지』는『죽미기』·『삼국사기』·『불조통재』·『불조원류』등이 기초 자료가 되어 대둔사의 연혁이나 전우방료殿宇房寮의 소실과

---

98 최병헌, 앞의 글, 334쪽.
99 오경후, 앞의 글, 141~146쪽.
100 정약용,「대동선교고」,『대둔사지』권4, 391쪽 참조.

중건에 관한 오류誤謬를 바로잡고, 부실한 우리나라 고대불교사를 체계화시키는데 중요한 역할을 했다. 각종 비명碑銘과 장부帳簿·문서文書는 대둔사의 위상을 격상시키는데 활용되었고, 강회록講會錄은 화엄학華嚴學을 중심으로 한 당시 교학敎學의 강설講設규모와 강사 그리고 참석인원 등 강회에 대한 전반적인 사항을 상세하게 정리하여 비명의 누락된 부분을 보충하기도 했다.

『대둔사지』는 비록 승려가 중심이 되어 찬술되었지만, 이전의 『죽미기』단계에서 보여주었던 자료의 고증을 통한 객관성의 부실을 극복한 점은 두드러진 성과라고 할 수 있다. 찬자들의 이러한 면모는 개인적인 역사인식의 태도나 방법이 작용한 것이지만, 그들과 사제관계師弟關係를 통해 실학의 학술적學術的 사고思考를 불어 넣은 다산의 역할 또한 적지 않게 작용한 것으로 해석할 수 있다.

## 2) 『죽미기』 비판

『대둔사지』 찬자들의 우리나라 고대불교사에 대한 관심은 당시 유행했던 역사인식과 그 맥락을 같이하고 있다. 문제의 발단은 1636년 중관이 찬술한 『죽미기竹迷記』가 대둔사의 창건이나 중건의 사실을 막연한 추측이나 근거 없는 자료를 기초로 기록한 것이다. 『대둔사지』 찬자들의 우리나라 고대사와 불교사에 대한 지식이나 이해는 매우 깊고 광범위했다.

> a. 대둔사는 眞興王 때 阿度가 창건했다.[101]
> b. 해남현의 대둔사는 縣의 남쪽 30리 頭輪山 가운데 있고, 梁 天監 13년 즉 신라 법흥왕 때 아도화상이 처음으로 창건한 도량이다.[102]

이 두 기록은 대둔사가 신라 법흥왕 13년(514)과 진흥왕 때 아도에 의해서 창건되었다는 것이다. 이에 대해 찬자 아암兒菴의 지적은 상당히 분석적이다.

> a. 兒菴이 말하기를 해남은 옛날의 백제 땅으로 백제불교는 枕流
> 王 元年(384)에 시작되었지만 그 후 200여 년 동안 佛法이 끊겼다가
> 法王 元年(599)에 殺生을 금지하는 命을 내리고 현재 부여에 王興寺
> 를 세운 것이(무왕 35년, 634) 남쪽 땅의 佛寺로서는 처음이다. 그러
> 므로 호남의 모든 사찰이 634년 이후에 건립되었다면 대둔사가 그 이
> 전인 514년에 백제 땅에 건립된 것을 믿을 수 있는가[103]
>
> b. 梁 天監 13年은 백제 무령왕 14년이다. 八良嶺 大幹龍의 서쪽
> 어느 곳 할 것 없이 신라의 땅이 된 적이 없는데 신라의 법흥왕이 어
> 떻게 남의 나라인 頭輪山에 절을 지으라고 할 수가 있겠는가[104]

위의 인용문은 『대둔사사적기』가 제시하고 있는 신라의 대둔사 최초 창건과 그에 따른 연대나 영토문제와 같은 정황을 『대둔사지』에서 세부적으로 지적하고 있다. 먼저 『대둔사사적기』에는 대둔사가 양梁 무제武帝 대동大同 12년 즉 신라 진흥왕眞興王 5년(544)에 왕이 어머니 지소부인只召夫人

---

101 海眼, 『竹迷記』(『大芚寺志』, 아세아문화사, 1980, 321~322쪽).
102 『大芚寺志』 권1, 30쪽. 현재 『대둔사지』에서 出典을 밝힌 輿地勝覽에는 이와 같은 기록은
  보이지 않고 있다. 다만 1871년에 편찬된 『湖南邑誌』는 대둔사가 '梁武 大同 12년 신라 진
  흥왕이 어머니 只召夫人을 위해 창건했다.'고 한다.(『호남읍지』 全羅道②, 아세아문화사,
  1983, 628쪽)
103 『大芚寺志』, 31쪽.
104 『大芚寺志』 卷1, 31~32쪽.

IV. 『대둔사지』의 편찬과 불교사 인식  **145**

을 위해 흥륜사興輪寺와 함께 이 절을 창건했다는 것이다.[105] 그러나 『대둔사지』 찬자들의 주장은 백제불교가 비록 384년에 불법佛法이 시작되었지만, 법왕法王 원년元年(599)에 국가적으로 살생殺生을 금지하면서부터 본격화되었으며, 634년 즉 백제 무왕 35년에 왕흥사를 세운 것이 남쪽 땅의 불우佛宇로서는 처음이라는 것이다. 이때까지 해남은 백제의 영토였는데 514년에 신라 진흥왕이 이 곳에 대둔사를 창건했다는 것은 중대한 오류라고 지적한 것이다. 아암은 창건주 아도阿道에 대해서도 문제를 제기한다. '창건주 아도는 두 명으로, 전진왕前秦王 부견符堅이 파견한 아도는 374년에 고구려에 왔고, 또 한 사람은 신라 비처왕毗處王(479~499)때 시자侍者 3명을 데리고 신라 모례毛禮의 집에 수년간 머무르다 병이 들어 죽은 고구려의 아도라는 것이다.[106] 아암은 중국의 아도와 대둔사의 창건은 100여 년 이상의 차이가 나며, 비처왕 원년(479)부터 대둔사를 창건했다는 514년까지는 36년의 차이가 난다. 고구려의 아도가 대둔사를 창건했을 가능성은 있지만, 아암은 고구려의 아도마저도 신라 모례의 집에 머물다 병들어 죽은 것으로 이해했다. 법흥왕 때 아도 창건설에 대한 부정은 草衣에 의해 진흥왕 창건설 마저도 부정된다. 초의는 '법흥왕 때만 해도 아도의 뼈가 해를 지났는데 하물며 진흥왕 때까지 남아 있었을까'하는 강한 의심을 품는다. 결국 아암과 초의는 대둔사 창건에 대한 『죽미기』와 『여지승람』의 기록을 철저히 부정해버린 것이다. 그들은 대둔사가 호남의 불사佛寺가 대부분 신라가 통일을 이룩한 후에 창건되었음을 전제로, 660년 백제의 멸망 이후 백제의 군현郡縣들이 점차 신라의 지배를 받게

---

105 『대둔사사적』, 321~322쪽.
106 『대둔사지』 권1, 30~34쪽.

된 신라 말엽 쯤 도선道詵이 창건한 것으로 추정했다.

『대둔사지』편찬자들은 대둔사의 중건주重建主를 자장과 도선으로 밝힌
『죽미기』의 기록 역시 부정했다.

> 자장법사가 唐에 들어가 佛法을 구하여 圓香을 이별하고 신라에
> 돌아와 大芚·黃龍·太和·月精 등의 伽藍을 一時에 중건하였다. 그
> 후 도선이 당에 들어가 一行과 이별하고 신라에 돌아오니 대둔사는
> 그때 가져 온 東方山水圖의 3800개 裨補所 가운데 점 찍혀진 것이
> 다.[107]

『죽미기』는 자장과 도선이 중국에서 귀국한 이후 대둔사를 중건한 것
으로 적고 있다. 찬자 색성頤性은 이에 대해 "자장이 당에서 귀국한 선덕
왕 12년(643)은 아직 백제가 멸망하기 전으로 신라승인 자장이 백제 땅에
있는 대둔사를 중건하지 못하며, 이미 신라에는 황룡사가 창건되어 신라
의 대찰大刹이 되었고, 진평眞平·선덕왕善德王 때에 백고좌百高座를 열어 강경
講經과 설법說法을 행했는데 대둔사를 중건했다는 것은 맹랑한 것"[108]이라
고 비판했다. 초의 또한 도선의 대둔사 중건설에 대해『불조통재佛祖通載』
와 최유청崔惟淸이 찬한 도선비명道詵碑銘을 기초로『죽미기竹迷記』뿐만 아니
라 1653년 도갑사道岬寺에 세워진 이경석李景奭의 도갑사도선비명道岬寺道詵碑
銘과 도갑고기道岬古記·고려사高麗史의 기록을 비판했다. 초의는 일행선사—
行禪師는 725년에 입적했고, 도선은 827년에 태어났다. 일행이 도선에게

---

107 中觀『죽미기』, 앞의 책, 329쪽.
108 『대둔사지』권2, 136~137쪽.

말한 '아들(왕건王建)을 낳을 것'이라고 예언한 왕건은 876년에 태어났음을 거론하여 일행과 도선의 만남이나 일행의 왕건 출생에 대한 예언까지도 부정했다. 『대둔사지』찬자들은 오히려 도선을 대둔사의 창건주로 인정하고 있다. 윤우尹佑는 '신라의 불교가 크게 흥성한 헌강왕憲康王대에 도선이 사방을 돌아다니면서 여러 곳에 사찰을 건립케 하였을 것 같고, 대둔사도 이 때에 창건하였음은 의심할 여지가 없다.'[109]고 확신했다.

찬자들의 『죽미기』비판은 대둔사가 원효元曉나 의상義相과의 관련설에도 계속된다. 『죽미기』는 '원효가 대둔사 해회당海會堂에 머물렀으며, 의상은 당의 침입을 불력佛力으로 극복하고자 신인대덕神印大德을 시켜 통도사通度寺·화엄사華嚴寺와 함께 대둔사에 밀단密壇을 설치하고 기도를 드리게 하여 침략을 면하게 되었다.'[110]고 기술했다. 이에 대한 찬자들의 전반적인 인식은 '원효와 의상의 족적足跡이 대둔사에 미치지 않았고 빙거憑據할 수 없음에도 불구하고 대둔사의 선덕先德으로 추대되고 있음'을 지적했다. 초의는 '원효와 의상은 문무왕文武王때의 인물로 이 때는 백제가 이미 망했지만, 유인궤劉仁軌와 유인원劉仁願이 군사를 이끌고 호남에 머물고 있어 신라승新羅僧이 대둔사에 주석할 만한 상황이 아니었다.[111]는 것이다. 이 시기는 신라와 당이 군사동맹을 맺고 백제와 고구려를 멸한 이후로, 당은 신라와의 맹약盟約을 깨고 동방 전체를 자기의 영토를 삼으려는 의도로 660년 백제를 멸한 직후 그 옛 땅에 웅진도독熊津都督을 두고 그 밑에 7주州 52현縣을 설치했다. 웅진도독은 유인궤가 임명되어 백제의 옛 땅을 당唐의

---

109 『대둔사지』권1, 35쪽.
110 『죽미기』, 앞의 책, 333~334쪽.
111 『대둔사지』권2, 143~144쪽.

관할에 놓았던 것이다.[112] 초의는 또한『죽미기』에 나타난 원효암元曉菴과 의상암義相菴이 "대둔사에 오랫동안 주석한 노승老僧 조차도 모르니 믿을 수 없다."고 했다. 의상이 창건한 화엄십찰華嚴十刹에 대둔사가 들어 있는 사실 또한 당시 해남현이 신라의 땅이 아니었다는 역사적 사실을 통해 『죽미기』의 기록을 부정했다.[113]

이러한『대둔사지』찬자들의『죽미기』기록에 대한 비판을 통한 불교 사 이해는 권4『대동선교고大東禪敎攷』에서 더욱 직접적으로 드러난다.『대 동선교고大東禪敎攷』는 자하산인紫霞山人 정약용丁若鏞이 삼국시대三國時代 불교 가 전래된 이후부터 신라 말까지의 불교사 관계 자료를 체계적으로 정리 한 우리나라의 고대불교사다. 전반부는『삼국사기三國史記』의 불교관계 기 록을 기초로 <고구려선교시말高句麗禪敎始末>·<백제선교시말百濟禪敎始末>· <신라선교시말新羅禪敎始末>을 편년체 형식을 빌려 연대순으로 정리했다. 후반부는『불조통재』·『전등록』·『사산비명』·『해동불조원류』등을 기초 로 우리나라 고대 승려의 인명과 법맥계승을 정리했다. 여기에는 자신의 안설案說을 제시하여 검토檢討와 비평의 방식을 취하고 있어 그의 불교인 식의 정도를 살필 수 있다. 그러므로 다산이 정리한 우리나라 고대불교 사는 삼국의 불교전래와 유통, 승관제도僧官制度, 사찰 그리고 중국과 우리 나라 불적佛籍에 나타난 승려의 법맥과 화두話頭에 관한 것 등이다. 이러한 불교사 찬술의 종합적 면모는 일찍이 조선시대에는 불교계에서조차도 유래가 없는 일이었다. 단순한 불교사 찬술의 의미 보다는 망실된 우리 나라 불교사를 복원하는 중요한 역사적 의미를 지니고 있다.『대동선교

---

112 李基白·李基東,『한국사강좌』고대편, 일조각, 1990, 298쪽.
113『대둔사지』권2, 145쪽.

고大東禪敎攷』는 삼국불교의 시말始末에서 일차적으로 『삼국사기』를 기초로 찬술되었지만, 다산의 지적은 적지 않다. 고구려·백제불교 기사가 지나치게 소략함을 지적했고[114] '서토불사西土佛寺의 창사創寺에 대한 글과 승인僧人의 현화現化한 발자취가 모두 틀리고 어그러져(違舛) 전부를 믿기 어렵다.'[115]고 하여 『삼국사기』 기록 자체에 대해 불신不信을 표시하기도 했다. 이밖에 다산은 '묵호자墨胡子가 고구려에서 신라로 온 때는 『삼국사기』가 표기한 소양蕭梁때가 아님을 밝혔으며, 374년 고구려로 온 중국 승僧 아도가 479년에 신라로 왔다는 『삼국사기』 기록은 100여 년 이상의 차이가 있어 잘못되었다'[116]고 했다.

한편 다산은 『대동선교고大東禪敎攷』 후반부에 중국의 불적佛籍과 최치원의 『사산비명』, 채영의 『해동불조원류』를 기초로 중국으로 유학 간 신라승新羅僧을 적출하여 정리하고 그들의 중국 선종의 법맥계승과 선문답禪問答을 정리했다. 아울러 최치원이 찬한 『사산비명』에 등재된 승려들의 생애와 수행·교화·사승관계嗣承關係를 정연하게 정리했다. 다산은 마지막으로 참고할 명덕편名德篇에 『해동불조원류』의 산성조散聖條에 실려 있는 승려를 '성적가심자聲跡可尋者'와 '절무성적자絶無聲跡者'로 구분하여 수록했다. 그런데 다산이 '불조원류佛祖源流에 기록된 신라의 명덕에 대한 사실이 잘못되어 믿기 어려움에도 불구하고 참고하도록 덧붙여 놓은'[117] 까닭은 무엇일까? 『해동불조원류』는 고려 말 나옹懶翁 혜근惠勤과 태고太古 보우普愚 계통의 승려들을 중심으로 그 법맥관계를 정리했으며, 조선중기 이후는

---

114 『대둔사지』 권4, 365쪽.
115 『대둔사지』 권4, 359쪽.
116 『대둔사지』 권4, 365쪽.
117 『대둔사지』 권4, 391쪽.

태고보우 계통의 청허淸虛 휴정休靜의 계파와 부휴浮休 선수善修의 계파만을 중심으로 정리했다. 더욱이 태고와 나옹 이전의 고대와 고려의 승려들은 모두 '法 받은 것을 알 수 없다.'하여 산성散聖으로 취급했다. 이 또한 인 맥 상 체계가 없을 뿐만 아니라 연대순으로 수록되지 않았으며, 오자誤字 와 오류誤謬가 많고, 삼국시대의 고승과 고려시대의 고승이 뒤바뀌어 실 린 경우, 이명동인異名同人을 2인으로 수록한 적지 않은 부실함을 보이고 있다.[118]

다산이 이러한 치명적인 한계를 지니고 있는 불조원류를 자료로 활용 한 점은 단순히 자료정리의 차원을 넘어서 고대불교사의 복원復元을 염두 해 두었기 때문으로 생각할 수 있다. 다산은 민족사를 체계화시키기 위 해 고대사에 대한 관심과 연구 및 찬술이 심화된 당시의 분위기 속에서 고대불교사에 관심을 가졌던 이유 또한 그와 같은 맥락에서 이해할 수 있다. 더욱이 조선시대의 불교는 탄압으로 겨우 명맥만을 유지할 뿐 자 기인식의 계기를 마련하지 못한 상황 속에 놓여 조선불교의 역사를 주체 적으로 파악할 수 있는 사료는 망실亡失되고 있을 뿐이었다. 다산의 민족 사의 재구성과 독자성의 천명을 위한 노력은 불교사에도 예외는 아니었 다. 다산의 불교사 연구와 찬술은 궁극적으로 이러한 의도가 내포되어 있었을 것으로 해석할 수 있다.

이상의 『대둔사지』 찬자들의 대둔사 연혁을 중심으로 한 불교사 찬술 은 불교사 인식의 차원에서 다음 몇 가지로 정리할 수 있다. 첫째, 우리 나라 고대불교사에 대한 폭 넓은 이해를 꼽을 수 있다. 찬자들은 대둔사

---

118 許興植, 「『海東佛祖源流』의 古代와 中世의 散聖」, 『高麗佛教史研究』, 一潮閣, 1986, 746~757쪽.

의 창건과 중건 그리고 인물들에 대한『죽미기』의 내용을 비판하는 과정에서 그들이 이해한 고대사와 불교사 지식을 활용한 것이다. 고대 삼국의 불교전래에 대한 사정과 삼국의 정세, 영토와 인물들의 생몰년에 이르기까지 불교사 전반에 걸쳐 면밀하게 살피고 있었다. 찬자들의 이러한 고대사에 대한 폭 넓은 이해는 광범위한 자료수집과 분석에서 이루어졌지만, 궁극적으로는 우리나라 고대불교사를 복원하고 체계화시키고자 했던 그들의 의지가 담겨있었던 것이다.

둘째, 중국사서의 신뢰를 들 수 있다. 찬자 초의草衣와 자홍慈弘이 도선과 일행의 생몰년을 기초로 도선이 당에 들어가 일행을 만났다는 도갑고기道岬古記의 기록을 부정한 것은 중국의 불적佛籍인『불조통재』가 기초가 되었고, 다산 또한『삼국사기』를 기초로 불교사를 정리했지만, '서토불사西土佛寺의 창수創修한 글과 승인僧人의 현화現化한 발자취는 모두 틀리고 어그러졌으니 그 전부를 믿기가 어렵다.'고 했다. 더욱이『해동불조원류』는 비록 참고했지만 '신라의 명덕名德에 대한 사실이 잘못되어 믿기 어렵다.'고 했던 것이다. 요컨대『대둔사지』찬자들은『삼국사기』나『해동불조원류』, 기타 우리나라 기록을 불신不信한 반면『불조통재』나『전등록』등 중국의 전적典籍을 더 신뢰했다. 찬자들의 이러한 경향은 당시의 역사연구나 찬술과 같은 맥락을 지니고 있다. 예컨대『동사강목東史綱目』을 저술한 안정복安鼎福은 종래 우리나라 역사서의 기록에 강한 불만을 표시했고, 더욱이 후대의 사가史家들이 종래 역사서 기록의 오류를 그대로 답습해오고 있다[119]고 지적했다. 종래 역사서에 대한 이러한 지적은『대둔사지』

---

119 안정복,「覆瓿考」6, 徐台命膺君受書 乙未 ; 姜世求,「안정복의 역사이론 전개와 그 성격」,『국사관논총』93, 2000, 284쪽에서 재인용.

찬술에 참여했던 다산에게서도 나타난다. 다산은 한사군漢四郡과 삼한三韓의 위치 등 우리의 역사지리를 연구함에 있어서『한서漢書』「지리지地理志」,『통전通典』·『후한서後漢書』와 같은 중국 측 자료를 기본으로 하여 이들이 정확하다고 보고『삼국사기』등 우리 측 자료보다 더 신뢰했다.[120] 이러한 당시 학자들의 우리나라 사서에 대한 불신은『대둔사지』찬술과정에서도 나타난다. 그러므로 찬자들은 17세기에 찬술된『죽미기』의 기록을 전면 부정하면서 광범위한 자료수집과 고증을 통해 대둔사의 사실史實을 재구성한 것이다.

셋째, 역사지리에 대한 이해를 살필 수 있다.『대둔사지』가 기존의『죽미기』와 다른 뚜렷한 차이점은 지리적 관심이다. 우선 찬자들은 대둔사의 지리적 위치를 기술하는 과정에서 곤륜산맥崑崙山脈에서 백두산白頭山에 이르는 지형, 그리고 조선팔도朝鮮八道의 중요 산山과 고개·성城을 소개하였고, 각각 주註를 덧붙여 상세하게 설명까지 해 놓았다.[121] 더욱이 고구려·백제·신라의 정세에 따른 강역을 이해하고 있었던 것이다. 다산 역시 372년 동진東晋에서 백제로 불법佛法이 전래된 사실에 대해 다음과 같이 안설案說을 덧붙였다.

살펴보건대 西晋때에 貊人이 春川으로 내려와서 살면서 樂浪太守라고 서명하거나 또는 樂浪王이라 지칭했다. 그러나 韓과 魏때 중국으로부터 바다건너 벼슬아치를 자주 보내왔다. 대체로 洌水의 북쪽과

---

120 『與猶堂全書』1, 「地理策」, 경인문화사, 1981, 152쪽 ; 趙誠乙, 「『我邦疆域考』에 나타난 정약용의 역사인식」, 『奎章閣』 15, 1992, 65쪽.
121 『대둔사지』 권1, 23~25쪽.

浿水의 남쪽은 본래가 漢나라 땅이다. 曇始가 살던 때도 바다를 건너서 樂浪에 왔을 것이나 佛法은 실행되지 않았을 것 같다.[122]

이 기록은 최치원崔致遠이 찬한 「지증대사비명智證大師碑銘」에 서진의 담시가 맥貊(춘천)으로 들어와 교화했으리라는 기록에 문제를 제기한 것이다. 더욱이 고구려가 불법은 가장 먼저 전래되었지만 평양의 밖에 불사佛寺를 창건하지 못한 이유를 한수漢水의 북쪽과 패수浿水의 남쪽은 본래 한漢의 땅이고, 현재의 철령鐵嶺 북쪽은 남옥저南沃沮, 마천령摩天嶺의 북쪽은 북옥저北玉沮 그리고 백제는 한수漢水의 남쪽인 경기京畿와 충청忠淸·전라全羅 땅이었기 때문으로 해석했다. 역사지리를 기초로 불교전래의 사정을 해석한 것이다. 다산의 이러한 역사지리를 통한 불교사에 대한 정리는 이미 『대둔사지』가 찬술되기 이전인 1811년에 찬술한 『아방강역고我邦疆域考』에서 심화되었지만, 역사지리에 대한 이해를 통한 우리 민족의 영토 확인과 민족사의 체계화를 위한 노력이[123] 불교사에까지 연결된 것이다. 이밖에 다산은 고구려에 불교가 전래된 것은 연燕의 모용위慕容暐가 전진前秦의 부견苻堅에게 항복하고 이때부터 요동遼東으로 가는 길이 뚫리면서부터라고 하여 고구려 불교전래를 현실적으로 해석하고 있다.[124]

넷째, 『삼국사기』의 신라중심의 불교사 찬술을 비판한 것이다. 다산은 『삼국사기』불교 관계 기사를 기초로 찬술한 고구려·백제·신라선교의 시말에서 고구려와 백제의 불교사 기록이 소략함을 지적했다. 『삼국사기』는

---

122 『대둔사지』 권4, 361쪽.
123 조성을, 앞의 글, 66~79쪽.
124 정약용, 『대동선교고』(『대둔사지』 권4, 401쪽)

393년 광개토대왕이 평양에 9사寺를 창건한 이후 100여 년 후인 497년 문자왕文咨王 7년에 금강사金剛寺를 처음으로 창건했음을 기록했다.[125] 다산은 이에 대해 100여 년 사이에 사찰을 창건한 사실이 이보다는 많았음에도 불구하고 찬자 김부식金富軾이 이를 자세히 기록하지 않았다는 것이다. 이러한 사례는 백제도 마찬가지다. 다산은 『삼국사기』에 보이는 백제의 사찰이 두 곳에 불과하고 나머지는 기록되지 않았다는 것이다. 실제로 『삼국사기』에 보이는 삼국의 불교 관계 기사는 양과 질적인 측면뿐만 아니라 객관성에서도 많은 문제점을 지니고 있다. 우선 고구려의 불교기록은 혜량법사惠亮法師가 신라에 귀화歸化한 사실이나 고구려 승려가 신라의 정황을 염탐한 일, 보덕화상普德和尚이 탄압으로 백제로 가버린 일 그리고 신성信誠이 성문城門을 열어주어 고구려가 멸망하게 된 일 등을 기록하고 있다. 백제의 경우는 불교전래와 법왕法王때 불법佛法이 다시 시작된 사실이나 백제의 멸망과 복신福信·도침道琛 등이 부흥운동을 전개한 사실만을 기록하여 그 내용이 더욱 소략하다. 이에 반해 신라는 고구려에서 불교가 전래된 이후 이차돈異次頓의 순교와 불교공인, 흥륜사興輪寺나 황룡사皇龍寺 기록 그리고 승관제도僧官制度와 진흥왕 이후 중국의 교빙交聘을 통한 구법활동求法活動을 기록했다. 이밖에 원효元曉와 의상義相 등 고승高僧에 관한 사실이나 통일統一 이후 불교의 흥성 등을 기록하여 고구려와 백제와는 달리 신라불교의 전모를 살필 수 있다. 다산이 비록 사찰건립에 국한시켜 김부식의 찬술태도를 비판했지만, 이것은 조선후기 실학자들이 지니고 있었던 『삼국사기』에 대한 부정적 인식과 그 궤軌를 같이 하는 것이다.

---

125 『三國史記』卷第19, 高句麗本紀, 文咨明王 7年條.

### 3) 대둔사의 위상 강조

『대둔사지』 찬자들은 대둔사가 지닌 과거의 역사성만을 강조한 것이 아니었다. 대둔사의 역사적 위상은 물론이고 침체된 조선불교의 중흥을 선도하는데도 적극적이었다. 대부분의 내용이 임란壬亂과 호란胡亂 이후인 동시대의 기록을 차지하고 있는 이유도 여기에 있다. 우선 권1은 대둔사의 12종사宗師와 강사講師의 비문碑文을 근거로 그들의 생애를 정리했다.[126] 12종사는 청허 휴정의 문도門徒로 대둔사가 조선후기 불교계에서 선교학禪敎學의 장려로 부상할 수 있는 기틀을 마련했다. 이들은 모두 『화엄경華嚴經』을 수학修學하고, 그 강회講會를 개최하여 전국의 치림緇林이 대둔사로 운집雲集하여 선교학을 수학하는 종원宗院으로 부상하는데 기여한 인물들이다. 12강사 또한 12종사가 대둔사를 선교禪敎의 근기根基로 마련하였다면, 화엄학을 중심으로 한 강회講會를 통해 대둔사를 더욱 발전시킨 인물들이다. 그러므로 이들은 당시 대둔사와 조선불교계의 대표적인 고덕석학高德碩學과 경사經師들인 것이다. 찬자들은 종사와 강사의 비문을 중심으로 그들의 전기傳記를 정리했다. 비문에 대한 면밀한 검증은 기본이고, 누락된 부분이나 일화逸話는 '운云'이라고 하여 보충설명을 하고 있다. 이들은 또한 강회를 '양법미제良法美制'로 소개했다. 그들은 '대둔사의 모든 요사寮舍에 방장실方丈室을 마련하고 강사講師를 모셔 공부하는 자가 살도록 하고, 명예가 혁혁한 강사가 있으면 반드시 모셔와 배우는 이로 하여금 잘 모시게 했다.'고 한다. 강회가 있을 때는 전국의 수행자들이 운집했는

---

126 『大芚寺志』 권1, 43~75쪽.

데 가장 작게 모일 때가 1,000여 명에 이른다고 했다.[127] 18세기 불교계에는 연담蓮潭 유일有一(1720~1799)과 인악仁岳 의첨義沾(1746~1796)이 각각 호남과 영남에서 『화엄경』을 강론하여 당시 학인學人들의 화엄학 연구와 발전에 기여했다.[128] 이것은 조선후기 화엄학이 유행한 불교계의 동향을 엿볼 수 있는 것이지만, 한편으로는 찬자들이 화엄학과 강회를 통해 대둔사가 조선후기 불교의 종원宗院임을 천명하고자 하는 의도 또한 자리 잡고 있는 것이다.

한편 편찬자들은 권3에서 서산대사의 생애와 1788년(정조 12) 계홍戒洪과 춘계春溪 천묵天默이 정조에게 상소하여 표충사表忠祠를 건립한 경위를 상세히 기술했다. 이밖에 서산의 비문이나 유품목록인 「도구록道具錄」 등 서산대사와 관련된 모든 기록을 면밀한 고증을 통해 정리했다. 대둔사는 조선전기까지만 해도 그 사세寺勢가 침체되어 특기할 만한 것이 나타나지 않았지만, 서산대사의 의발을 보관하면서부터 변화가 일어났다. 의발의 전수는 대둔사가 서산의 법통法統을 계승한 것을 의미하기 때문이다. 더욱이 표충사 건립과 같은 추존사업은 대둔사가 서산의 문도뿐만 아니라 조선불교계의 종원으로서의 위치를 확고히 할 수 있는 기반을 마련해 준 것이다.[129] 표충사의 건립은 대둔사가 조선불교의 종원宗院이라는 사실을

---

127 『대둔사지』 권1, 75~76쪽.
128 이에 대한 최근의 연구 성과는 "조선후기 華嚴講會의 성행은 화엄경이 가지고 있었던 "理事無碍法界觀"과 주자성리학과의 친연성에서 비롯되었음을 전제로 당시 불교계가 화엄경을 중심으로 집권층에게 호응을 얻고자 했다."고 한다(趙成山, 「19세기 전반기 노론계 불교 인식의 정치적 성격」, 『한국사상사학』 13, 한국사상사학회, 1992, 311쪽). 그러나 조선후기 승려와 유학자 간의 교유는 활발했지만, 아직 화엄사상과 성리학의 공통성에 대한 당시의 기록이 명확히 제시되지 않고 있다. 더욱이 화엄경을 중심으로 집권층에게 호응을 얻고자 했다는 주장은 논리의 비약인 듯하다.
129 張維가 지은 청허의 碑가 대둔사에 세워지자 '宗院의 銅標'라고 한 사실(『대둔사지』, 250

대내외적으로 천명하고 공인公認받기에 이르렀다. 대둔사가 사액賜額 사우祠字의 건립을 추진한 것은 서산대사가 임진왜란 때 세운 공훈功勳에 기초하고 있다. 그가 "종풍宗風을 발양發揚하여 국난을 구제하고, 승병을 일으켜 근왕勤王의 원훈元勳"[130]임을 강조한 것이다. 더욱이 대둔사는 서산대사가 '종통宗統이 돌아갈 곳이라고 했고, 제자들에게 가사와 발우를 전하라고 유언을 남겼던 곳이기도 하다.[131]

> 戊午年間에 영남의 緇徒들이 나라에 호소하여 特命으로 밀양 땅에 사당을 세우고 표충이라는 사액을 내려 서산을 배향하였다. 先師(스승)를 제자의 자리에 모시고 首功을 세웠는데도 제자의 밑에 두었으니 尊卑의 차례를 잃었고 事理와 체면이 뒤바뀌었으니 온 나라의 치도가 어느 누군들 感慨歎惜치 않으리오…… 성상께 엎드려 빌 건데 영남에 있는 표충의 건립 예에 따라 二字의 사액을 내려……[132]

인용문은 1788년(정조 12) 대둔사의 계홍戒洪이 춘계春溪 천묵天默과 함께 조정에 올린 상서上書의 일부분이다. 이들은 1738년(영조 14) 밀양 표충사를 중건할 때 스승인 서산대사보다도 제자인 사명당을 주벽主壁에 배향한

---

쪽)이나, "서산의 의발이 이곳(대둔사)에 있고, 影幀도 이곳에 있는 것이 확실하다. 忌日에 제사를 올리는 것도 확실하며, 죽음에 이르러 부탁한 물품이 지금도 대둔사에 전해오니 전국 사찰의 宗院이 된다."(『대둔사지』 권3, 265쪽)고 한 아암혜장의 언급에서도 그 의미를 파악할 수 있다.

130 「正宗大王御製西山大師畵像堂銘幷序」, 『淸虛堂集』(補遺)(『韓佛全』 7, 736쪽).
131 惟政·海眼·明照·彦機·雙仡, 「淸虛堂大禪師寶藏錄序」(한글대장경152 『사명대사집』, 동국역경원, 93~94쪽) 『보장록』은 『한국불교전서』의 서산과 사명의 문집에는 수록되어 있지 않다.
132 『대둔사지』 권3, 324쪽.

사실을 지적하고 대둔사에 서산대사의 제향祭享을 위한 '표충'의 사액을 내려 줄 것을 건의한 것이다. 정조는 대둔사를 중심으로 한 호남 승려들의 여러 번의 건의에 따라 1788년 "장계狀啓에 의하여 행하라하고 선액宣額과 사훈賜勳의 절차를 예조禮曹에 명하여 작기炸記하라"[133]고 했다. 표충사는 그 이듬해(1789)에 건립되어 사당에 신주神主를 모시고 조정에서는 예관禮官을 보내 사제賜祭하고 사액賜額도 내렸다. 사액 사우로 건립된 표충사는 일반 유가儒家의 사액서원에 준하는 지원이 이루어졌다. 춘추의 제수 비용을 관으로부터 지원받았고, 사원에 부과되던 각종 잡역을 면제받는다. 그리고 부역을 면제시키는 복호復戶와 보솔保率의 혜택을 받는다.[134] 정부의 이러한 경제적 지원은 승려들이 각종 부역으로 징발되어 혹심한 고통을 받고 있던 당시의 상황으로서는 파격적인 것이었다.[135] 즉 표충사의 건립은 궁핍한 사원경제를 회복하기에 충분한 것이었다.

대둔사는 사액이 내려지면서부터 경제적 지원을 받지 못하다가 1791년 장우壯愚의 요청으로 "관에서 제수를 마련해 주고, 부역을 면제시키는 토지가 5결, 보솔 30명을 지원받았으며, 2월과 8월 가운데 정일丁日에 제사를 올렸다"[136]고 한다. 대둔사의 표충사는 이밖에 원장院長, 도총섭都摠攝, 도유사都有司, 승통僧統의 직제職制를 바탕으로 정부에서 인정한 사액 사우를 수호하고 춘추로 사당에 향사享祀하였다.[137] 이러한 표충사 건립은 교

---

133 「乾隆五十三年五月二十三日 啓下備邊司」, 앞의 책, 106쪽.
134 長東杓, 「朝鮮後期 密陽 表忠祠의 沿革과 祠宇 移建 紛爭」, 『사명당유정』, 지식산업사, 2000, 531~533쪽.
135 尹用出, 「17세기 이후 승역의 강화와 그 변동」, 『조선후기 요역제와 고용노동』, 서울대학교 출판부, 1998, 141~172쪽.
136 梵海 覺岸, 「大芚寺志略記」, 『梵海禪師文集』 권1(『韓佛全』 10, 1079a쪽).
137 徐有隣이 1791년 찬한 「海南大興寺西山大師表忠祠紀蹟碑文」(1991, 『歷代高僧碑文』(朝鮮篇1), 가산불교문화연구원출판부, 288~298쪽)의 立碑 관계자 명단에는 僧職과 그 명단

학의 강회와 함께 대둔사를 명실상부하게 조선 제일의 사찰로 거듭나게 하였다. 편찬자들이 대둔사를 불가佛家의 종원으로 표방한 것은 단순히 대둔사와 불교계에 국한된 것은 아니었다. 정부의 사액과 그에 따른 경제적 지원은 대둔사를 조선불교의 종원으로 공인公認하는 계기가 되었던 것이다. 『대둔사지』의 편찬은 이러한 측면에서 대둔사가 조선후기 선교학과 불교계의 종원이라는 사실을 대내외에 선양하는데 훌륭한 매개체가 되었던 것이다. 이것은 『대둔사지』가 쇠락한 조선불교를 중흥시키려는 당시 불교계의 의지를 반영한 것이기도 하다.

## ④ 불교사적 의의

『대둔사지』는 대둔사·만덕사의 승려들과 정약용이 대둔사의 최초창건에서부터 19세기 초까지의 연혁·인물·전우방료 등을 수록한 사지寺誌다. 그러나 『대둔사지』는 이전의 불교사서와는 근본적으로 다른 성격을 지니고 있어 주목할 만하다. 더욱이 불교가 겨우 명맥을 유지하고 있었던 조선후기에 실학자들의 역사연구나 인식과도 그 맥락을 같이하고 있어 불교사적으로 적지 않은 의미를 지니고 있다.

첫째, 광범위한 자료수집과 고증을 기초로 한 객관적 서술이다. 『대둔사지』는 『삼국사기』·『고려사』와 같은 우리나라의 관찬사서를 비롯하여 중국의 불서佛書가 인용되었으며, 각종 사지寺誌와 기문記文·문집文集 등 약

이 정리되어 있다.

37종에 이르는 자료를 기초로 찬술되었다. 중관 해안이 찬술한 『죽미기竹迷記』가 약 8종의 소략한 자료를 기초로 찬술된 것과는 좋은 대조를 이룬다. 폭넓은 자료의 수집과 활용은 특정한 사실을 규명하기 위해 여러 책들을 방증傍證하여 참험參驗하고, 이를 교감校監했던 당시의 사료 고증을 통한 역사연구 방법론이기도 했다. 찬자들이 대둔사의 창건이나 그와 관련된 인물들에 대한 『죽미기』의 기록을 비판하고, 그 사실을 면밀하게 규명할 수 있었던 것은 사서史書에 대한 폭넓은 지식과 자료의 수집을 비롯한 고증에서 비롯된 것이었다. 여기에는 당시 유배와 있던 정약용의 영향이 컸다. 정약용이 사지찬술에 관여했던 표면적인 흔적은 단 1회에 불과하지만, 그 체재나 찬술방법론 등에서 관여했던 흔적은 곳곳에서 찾아볼 수 있다. 체재는 한 주제를 제시한 뒤 그에 대한 관련 자료를 망라하여 자신의 논지를 증명하는 방식이었다. 여기에 실증적 역사학 방법은 광범위한 자료수집과 엄격한 자료비판에 근거하여 논리적으로 타당한 결론을 끌어내는 것이었다.

정약용이 강진유배기에 두 아들에게 쓴 편지에서는 "저서著書의 방법은 반드시 그 시대의 선후를 안 뒤 고증考證·증험證驗할 수 있다."[138]고 하여 그가 역사적 사실을 연대에 따라 체계적으로 이해하는 것을 중시하고 있음을 알 수 있다.

　一. 一家의 說만이 있거나 諸家의 說이 같으면 그냥 기록하고,
　一. 諸家의 견해차이가 있으되 큰 문제가 아닌 경우 '어떤 사람은 이렇게 말한다.(只云一云如此)'라고만 말하며,

---

138 丁若鏞, 「寄兩兒」, 『여유당전서』 1.

一. 큰 문제인 경우 각자의 人名 또는 書名을 기록한다.[139]

인용문은 정약용이 37세(1798)때 지은 「진사기찬주계進史記纂注啓」 서두에 써 놓은 주석을 붙인 원칙이다. 그가 고증에 제기諸家의 설을 널리 참고하는 태도가 주목된다. 정약용의 이러한 저서지법著書之法이나 주석의 원칙은 찬자들이 대둔사 창건과 그와 관련된 인물들의 생몰년과 활동시기, 삼국의 정세 등을 기초로 대둔사의 창건을 고증한 것이나, 찬자들의 고증을 통해 피력한 각자의 견해이기도 한 '안설按說'이나 '운설云說'의 형태에서도 그 흔적을 찾아볼 수 있는 것이다. 더욱이 '무징불신無徵不信'의 유교사관은 그 영향이 가장 뚜렷한 것으로 고대불교에 관한 풍부한 자료를 제공해 주는 『삼국유사』와 같은 불교 사서를 근거가 없는 설화나 미신으로 취급한 것이다. 이와 같이 『대둔사지』는 대둔사 내외의 많은 자료를 토대로 이전의 『대둔사사적기』의 오류를 바로잡았으며, 산일散逸된 우리나라 고대불교사 기록을 재구성하기도 했다. 여기에는 당시 실학자들의 광범위한 자료수집과 비판, 고증의 방법이 그대로 적용되어 합리적이고 객관적인 서술의 성과를 거두었던 것이다.

둘째, 우리나라 고대불교사 복원에 기여한 점이다. 『대둔사지』의 찬자들은 우리나라 고대사나 불교사 지식, 많은 자료들을 활용하여 대둔사가 법흥왕 13년(514)에 아도화상이 창건했다는 기존의 오류를 바로잡았다. 그들은 대둔사의 중건이 자장과 도선에 의해 이루어졌다는 이전의 기록 또한 부정했다. 이외에 찬자들은 의상과 원효가 대둔사에 주석하였고, 의

---

139 丁若鏞, 「進史記纂注啓」, 『여유당전서』 1.

상이 당의 침입을 불력佛力으로 극복하고자 대둔사에 밀단密壇을 설치하고 기도를 드렸다거나, 대둔사가 화엄십찰華嚴十刹 가운데 하나였다는 오류를 비판했다. 찬자들의 이러한 찬술태도는 단순히 대둔사에 국한된 문제는 아니었다. 승려가 미천한 계급으로 전락하고, 불교사의 사정을 알 수 있는 기록들이 이미 전란으로 소실되어 버린 상황에서 기록의 치명적인 오류는 바로 사실史實로 각인될 위기에 처해있었던 것이다. 그러므로 찬자들이 대둔사의 연혁과 지나온 사정을 바로잡기 위해 수집한 자료와 그들이 지닌 고대사와 불교사에 대한 폭이 넓고 깊은 지식은 단순히 대둔사에 국한된 지엽적인 차원이 아니었다. 그들은 분명 대둔사의 역사를 통해 잊혀져 가고 탄압으로 왜곡되어 가는 우리나라 불교사를 온전히 소생시키고자했던 사명감 또한 지니고 있었던 것이다.

정약용은 권4『대동선교고』에서『삼국사기』의 불교기사가 "기록이 모두 어그러져 전부를 믿기 어렵다."며 불신不信을 표시했음에도 불구하고 수록했으며, 채영의『해동불조원류』가 "신라의 명덕에 대한 사실이 잘못되어 믿기 어려움에도 불구하고 참고하도록 덧붙여 놓은 것이다." 정약용은 여기에 그치지 않고 최치원의 사산비명四山碑銘과 중국의『불조원류』나『전등록』에 입전된 해동 승려의 기록 또한 발췌하여 수록해 놓았던 것이다. 정약용의 이러한 찬술정신은 단순히 자료를 수집하고 정리하기 위한 것만은 아니었다. 당시 그의 우리나라 고대사에 대한 관심은 자국사自國史가 중국사中國史와 분명히 다른 독자성을 지니고 있음을 강조한 것에서 비롯되었고, 문화文化를 척도로 하는 화이관華夷觀을 기초로 한 자존의식自尊意識의 표출이었던 것이다. 그의『대동선교고』찬술은 이러한 맥락에서 조선의 불교사가 민족사를 체계화시키는 것과 직접적으로 연결되어 있으며, 조선불교의 역사를 주체적으로 이해하고 재구성하고자 한

목적에서 이루어졌던 것이다.

셋째, 대둔사가 조선후기 불교계에서 차지하는 위상을 천명한 것이다. 『대둔사지』는 당대사를 중심으로 한 불교사 서술이기도 하다. 임진왜란 이후 조선후기 대둔사에 관한 내용이 대부분을 차지하고 있기 때문이다. 찬자들은 권1에서 대둔사를 조선후기 선교禪敎의 종원宗院으로 격상시킨 12종사와 12강사의 생애를 비문을 기초로 정리했다. 권3은 조선불교의 중흥조인 서산대사의 생애와 입적 후 대둔사로 의발이 옮겨진 경위와 조정으로부터 그 공적이 인정되어 표충사表忠祠를 건립하는 시말始末까지를 정리하기도 했다.

대둔사는 조선전기까지만 해도 그 사세가 침체되어 특기할 만한 것이 나타나지 않았다. 그러나 서산대사가 생전에 해남과 대둔사의 지리적 조건을 중요시하고 그의 의발을 보관하게 함으로써 조선후기 대사찰로 성장할 수 있었다. 더욱이 조선 조정의 사당건립과 추존追尊사업은 청허문도뿐만 아니라 조선불교계의 종원으로서의 위치를 확고히 할 수 있는 기반을 마련해 준 것이다. 여기에 당시 화엄학華嚴學을 중심으로 한 걸출한 종사宗師와 강사講師들을 배출한 것은 대둔사를 명실상부하게 조선 제일의 사찰로 탈바꿈시켜 놓았던 것이다. 『대둔사지』는 이러한 대둔사의 대내외적인 위상을 선양하는데 훌륭한 매개체가 되었던 것이다. 찬자들의 궁극적인 목표는 대둔사의 과거사過去史 규명과 함께 당대 불교사에 중점을 두어 대둔사의 위상과 대둔사를 중심으로 한 조선후기 불교의 중흥을 모색한 것으로 해석할 수 있다. 요컨대 『대둔사지』는 단순히 대둔사가 지닌 과거의 역사성만을 강조한 것이 아니라 당시 침체된 조선불교를 주체적이고 독자적으로 중흥시키고자 했던 찬자들의 의지가 내포된 것이었다.

넷째, 이후 찬술된 불교사서에 영향을 미친 점이다. 『대둔사지』가 찬술되고 난 직후에 대둔사와 지리적으로도 가깝고, 교류 또한 활발했던 강진康津의 만덕사萬德寺(백련사白蓮寺)에서도 사지가 편찬되었고, 대둔사의 후학後學 범해梵海 각안覺岸(1820~1896)이 198인의 우리나라 승전을 찬술하기도 했다. 『만덕사지萬德寺誌』는 정약용이 모든 감정鑑定을 맡았고, 그와 관련 있는 학림鶴林 이청李晴·기어騎魚 자홍慈弘 등 5명이 자료를 모으고 그것을 편집하고 교정하여 편찬을 마친 것이다.[140] 그 체재와 찬술방식이 『대둔사지』와 동일한 것으로 보아 정약용을 중심으로 한 만덕사의 승려들이 『대둔사지』를 모범으로 하여 찬술한 것으로 생각된다.[141] 『동사열전』은 범해각안이 찬술한 승전僧傳으로 우리나라 불교사의 사상과 신앙 그리고 홍통에 관한 사실을 전해주고 있는 종합적인 불교사서의 성격을 지니고 있다. 찬자 각안은 『대둔사지』의 교정을 맡았던 호의縞衣 시오始悟의 제자이기도 하다. 각안은 방대한 자료 수집을 토대로 전란과 탄압으로 망실亡失된 조선불교사를 복원하고자 했으며, 조선불교사를 인도나 중국과 대등한 입장에서 찬술하고자 노력하였다. 또한 자료의 고증을 통해 이전 기록이 지닌 오류와 문제점을 바로잡기도 했다.[142] 이와 같이 두 사서가 지닌 체재와 찬술방식, 성격 등은 『대둔사지』가 지닌 찬사纂史 정신精神을 계승하고 있는 것이다. 정약용과 대둔사 승려들의 찬술의 과정에서 보여준 조선불교사에 대한 적극적이고도 치밀한 연구와 역사의식이 이후의 사서에서도 적극적으로 반영되고 있다.

---

140 許興植, 「『萬德寺誌』의 編纂과 그 價値」, 『萬德寺誌』, 아세아문화사, 1977, 454쪽.
141 허흥식은 『만덕사지』가 1814년 이후에 찬술되었으며, 『대둔사지』도 1회 인용된 것으로 보아 『대둔사지』가 먼저 찬술된 것으로 보고 있다(허흥식, 「『만덕사지』와 『대둔사지』」, 『高麗佛教史研究』, 1986, 811쪽).
142 吳京厚, 「『東師列傳』의 史學史的 檢討」, 『史學研究』 63, 韓國史學會, 2001, 148~152쪽.

# V.
# 『萬德寺志』의 찬술과 성격

# Ⅴ. 『만덕사지萬德寺誌』의 찬술과 성격

1800년대 초반 찬술된 『만덕사지萬德寺誌』는 동시대에 찬술된 사지류寺誌類와는 확연한 차이를 지니고 있다. 『대둔사지』와 함께 실학자들의 사서史書 찬술과 역사인식의 영향까지도 반영하고 있기 때문이다.

『만덕사지』에 관한 연구는 조선시대 불교사 연구가 다양한 측면에서 활발하게 이루어지지 못한 탓에 조선시대 사적기寺蹟記와 사지연구 역시 전무한 실정이다.[1] 다만 채상식의 고려시대 백련결사에 관한 연구에서 자료로 활용되었을 뿐이다.[2]

---

1 『만덕사지』에 관한 검토는 일본인 管野銀八과 허흥식의 해제가 있다.
  管野銀八, 「萬德寺志に就いて」, 『朝鮮』 160, 1928 ; 管野銀八, 「東白蓮考」, 『靑丘學報』 10, 1932 ; 許興植, 「萬德寺志의 編纂과 그 價値」, 『萬德寺志』, 亞世亞文化社, 1977 ; 「『萬德寺志』와 『大芚寺志』, 『高麗佛敎史硏究』, 一潮閣, 1986.
2 蔡尙植, 「高麗後期 天台宗의 白蓮社 結社」, 『韓國史論』 5, 서울대학교국사학과, 1979 ; 「13世紀 信仰結社의 成立과 思想的 傾向」, 『高麗後期 佛敎史硏究』, 일조각, 1991.

**구성과 인용자료의 검토**

## 1) 찬자와 구성

『만덕사지』의 각권 서두에는 찬술에 참여한 인물들을 밝혀 놓았다.

〈표 V-1〉『만덕사지』와 『대둔사지』의 찬자

| 『萬德寺志』 | | | 『大芚寺志』 | | |
|---|---|---|---|---|---|
| | | | 卷1 玩虎尹佑鑒定 | 袖龍賾性·草衣意洵編輯 | |
| 卷1 茶山鑒定 | 鶴林李晴輯 | 騎魚慈玄編 | 兒菴惠藏留授 | 騎魚慈弘·縞衣始悟校正 | |
| 卷2 茶山鑒定 | 鶴林李晴輯 | 騎魚慈玄編 | 卷2 玩虎尹佑鑒定 | 袖龍賾性·草衣意洵編輯 | |
| 卷3 茶山鑒定 | 鶴林李晴輯 | 騎魚慈玄編 | 兒菴惠藏留授 | 騎魚慈弘·縞衣始悟校正 | |
| 卷4 茶山鑒定 | 騎魚慈玄集 | 掣鯨應彦校 | 卷3 玩虎尹佑鑒定 | 袖龍賾性·草衣意洵編輯 | |
| 卷5 茶山鑒定 | 白下謹學編 | 鼈岳勝粲校 | 兒菴惠藏留授 | 騎魚慈弘·縞衣始悟校正 | |
| 卷6 茶山鑒定 | 騎魚慈玄集 | 掣鯨應彦校 | 卷4 玩虎尹佑鑒定 | 袖龍賾性·草衣意洵編輯 | |
| | | | 兒菴惠藏留授 | 騎魚慈弘·縞衣始悟校正 | |

<표 V-1>은 『만덕사지』와 『대둔사지』의 찬술에 참여했던 인물들을 정리해 놓은 것이다. 『만덕사지』는 우선 다산 정약용이 전권全卷에 대해서 감정을 맡았고, 아암 혜장兒菴惠藏의 제자인 만덕사의 승려들이 편집과 교정을 맡았다. 다산의 제자인 학림鶴林 이청李晴이 속인俗人으로서는 유일하게 찬술에 참여하였다. 다산을 중심으로 한 찬자들은 이미 해남 대흥사의 『대둔사지』 찬술에 참여한 인물들로 구성되어 있다. 예컨대 수룡 색성袖龍賾性과 기어 자홍騎魚慈弘 등은 아암의 제자로 『대둔사지』 찬술에 적극적으로 참여하였다. 때문에 두 사지의 체재體裁나 찬술방식, 불교사 인식의 경향이 매우 유사함을 살필 수 있다.

한편 다산이 사지찬술에 주도적으로 참여하게 된 것은 1801년 황사영黃嗣永 백서사건帛書事件으로 강진으로 유배 간 이후 아암 혜장을 비롯한 만

덕사와 대흥사 승려들과의 교유에서 비롯되었다. 아암은 『만덕사지』 찬자들의 스승이기도 하다.

『만덕사지』 찬술에 주도적으로 참여한 기어 자굉騎魚慈宏[3]·철경 응언鐵鯨應彦 등은 모두 아암의 제자들이다. 이 가운데 기어 자굉은 『대둔사지』 찬술에도 적극적으로 참여한 인물이다. 자굉은 그 생몰년과 행적이 자세하지 않다. 다만 『다산시문집』에 기어에 대한 글이 단편적으로 수록되어 있다.[4]

고래보다 더 큰 생물은 없으리

이빨은 雪山같고 지느러미는 金城같네.

코를 들어 숨 내쉬니 바다가 들끓고

지느러미 펄떡이매 벼락소리 나누나

우주에 가득한 소리, 바다도 놀란 듯

산 같은 파도에 땅도 기우는 듯

수척한 대장부, 모습 청수한데

언덕 위에 홀로 서서 수심에 잠기네

머리칼 같은 눈썹을 얼레에 감아

바람결에 불으니 살갗이 나르네

고래 꼬리에 붙어도 얽어매진 않았으나

고래는 아이처럼 묶여 끌려오네.

---

3 騎魚 慈宏은 다산의 문집에 '騎魚 慈弘'으로 기록되고 있는데 '宏'은 弘曆의 避諱일 것으로 추측된다(허흥식, 「만덕사의 편찬과 그 가치」, 『만덕사지』, 아세아문화사, 1977, 455쪽).
4 아암 혜장과 그의 제자 기어 자홍에 대해서는 『대둔사지』의 편찬자에서 이미 소개한 바 있다.

용을 사로잡고 호랑이 묶는 것이 비교될 것인가

瓠巴와 長庚에 손색이 없네.[5]


인용문은 다산이 아암의 제자 철경을 장하게 여겨 지어준 게송이다.
철경은 아암의 의발과 가통家統을 전해 받은 이후 그에게 배우고자 한 학
인들이 많았다고 한다. 그는 대중들에게 "우리 스승께서는 고래 같은 미
혹의 속성을 바로잡을 수 있는 비결이 있다. 내가 그 비법을 전수받았으
므로 나는 그것을 이끌어 올 수 있다."고[6] 하였다. 대중들은 이때부터 그
를 고래를 이끌어 되돌아 올 수 있다는 뜻을 가진 '철경'으로 법호를 불
렀다. 그는 권4와 권6의 교정을 맡았으며, 사지찬술의 과정에서 10여 차
례 자신의 입장을 피력했고, 오류를 교정하였다. 학림鶴林 이청李淸은 권
1~3까지의 편집을 맡았는데, 다산이 강진 유배 시 그에게 글을 배우고
함께 글을 읽었던 다신계茶信契의[7] 일원이기도 하다. 이청은 『만덕사지』
를 찬술하는 과정에서 광범위한 자료를 수집하는데도 기여하였는데, 특
히 『동문선東文選』에 실려 있는 무외국사無畏國師의 글을 고험考驗하여 유관有
關한 것들을 수록하였다.[8] 이밖에 백하 근학白下謹學과 별악 승찬鼈岳勝粲의
생애와 『만덕사지』 찬술을 중심으로 한 활동은 알기 어렵다.[9]

---

5 梵海 覺岸, 「掣鯨講師傳」, 『東師列傳』 卷4(『韓國佛敎全書』 10, 1037쪽b~c.)
6 梵海 覺岸, 위의 책, 1037쪽b.
7 「다신계」는 다산을 스승으로 모신 書生들이 다산이 유배를 마치고 돌아간 이후에도 서로를
  잊지 않기 위해 결성한 계다. 만덕사의 승려 수룡 색성과 철경 응언도 방외의 연고자로 수록
  되어 계원으로 활동한 것으로 보아 이들의 관계를 알 수 있다(「茶信契節目」, 『茶苑』 vol 1
  No 4, 1983, 134~139쪽).
8 『만덕사지』 권2, 아세아문화사, 1977, 68쪽.
9 허흥식, 앞의 논문, 456쪽.
  이들의 흔적에 대해서는 조선후기 승려들의 문집이나 비문, 그리고 대흥사와 만덕사의 승려

요컨대 『만덕사지』는 다산이 강진으로 유배 간 이후 그와 사제지간의 인연을 맺은 아암과 제자들이 중심이 되어 찬술되었다. 이들은 이미 『대둔사지』 찬술에도 적극적으로 참여하여 자료수집과 교감 작업 등의 경험을 토대로 체계적인 찬술과 주체적인 불교사 인식을 시도할 수 있었다.

『만덕사지』는 모두 6권 1책으로 구성되었다. 맨 앞에는 연표를 수록했는데, 宋송 고종高宗 소흥紹興 14년(1144, 고려高麗 인종仁宗 22)부터 원元 지정至正 원년元年(1341, 고려高麗 충혜왕忠惠王 1)까지로 고려가 멸망한 1392년까지 표기되었다. 이 기간은 고려의 중후기에 해당된다. 찬자들이 이 시기를 연표화한 것은 만덕사의 역사에서 고려후기 백련결사白蓮結社를 강조하기 위한 의도로 보인다. 예컨대 연표는 요세了世부터 무외無畏의 생몰과 행적을 언급하였다. 백련결사는 1216년(고종 3) 천태종의 승려인 요세了世가 중심이 되어 무인란 이후 변화한 사회와 불교에 대한 자각과 반성을 촉구한 신앙결사다. 그러므로 만덕사의 입장에서는 고려시대 백련결사가 우리나라 불교사에서 그 역사적 위상을 지니고 있으며, 만덕사의 불교사적 가치를 강조하기에 충분한 것이었다. 6권 가운데 권1부터 권3은 고려시대 백련결사를 결성한 원묘圓妙 료세了世부터 목암牧菴 무외국사無畏國師까지 백련결사를 계승했던 8국사國師의 생애를 중심으로 기술하였다.

권1은 먼저 백두산에서 시작하여 강진 만덕사에 이르기까지의 지형과 산세를 정리하였고, 만덕사의 창건을 고증을 통해 바로잡기도 하였다. 아울러 8국사 가운데 제1 원묘국사圓妙國師, 제2 정명국사靜明國師, 제3 원환국사圓睆國師의 생애를 비문의 내용을 중심으로 기술하였는데, 찬자들은 『신

---

를 중심으로 찬술된 『동사열전』에서도 인명만 보일 뿐 구체적인 생애와 활동에 대해서는 찾아보기 힘들다.

증동국여지승람新增東國輿地勝覽』·『동문선東文選』이나 교서敎書 등을 기초로 면밀한 고증을 통해 자신의 견해를 밝히고 있다.

권2는 제4 진정국사眞靜國師, 제5 원조국사圓照國師, 제6 원혜국사圓慧國師, 제7 진감국사眞鑑國師, 제8 목암국사牧菴國師의 생애를 기술하였다. 이 가운데 진정국사와 진감·무외국사에 대해서는 상세하게 묘사하였다. 찬자들은 진정국사에 대해 탁월한 학문과 저술에 대해 언급하였는데, 동해 전 홍록東海傳弘錄과 실부록室簿錄 등 천책의 저술이 전하지 않음을 지적하였다. 아울러 동문선 등에 수록되어 전하고 있는 천책의 시문詩文을 발견하여 사지에 수록하여 그 흔적이나마 보존하고자 하였다. 찬자들은 진감과 목암국사가 '무외無畏'라는 법호를 공통으로 사용하고 있음을 지적하고 그 진위여부를 가리고자 하였다. 『불조원류』는 "무외국사無畏國師는 휘諱 혼기混其, 자字 진구珍丘, 호號 목암牧菴이며, 성姓은 조씨趙氏이고 숙공肅公 덕유德裕의 백부伯父이며, 원묘圓妙의 11세손이다."라고 하였지만[10] 다산은 호산록의 발문이나 동문선·고려사 등을 전거로 진감국사를 무외로 주장하였다.

권3은 동문선에 수록되어 오는 천인天因·천책天頭·무외無畏의 제문祭文, 소疏 등의 유문遺文을 소개하였고, 임계일林桂─·이장용李藏用·유경柳璥 등 고려 문인들이 만덕사와 8국사에 대해서 지은 시문詩文들이 수록되어 있다. 이것은 광범위한 자료수집의 면모를 엿볼 수 있는 대목이지만, 산일散逸된 만덕사의 자료를 수집하여 보존하고자 한 의도 역시 지니고 있음을 살펴 볼 수 있다.

권4는 조선전기 행호行乎의 중건 사실과 함께 조선후기 만덕사의 대표

10 『만덕사지』 권2, 아세아문화사, 1977, 68쪽.

적인 승려 8대사大師와 '주석자산자住錫玆山者' 6인의 생애와 활동을 중심으로 소개하였다. 8대사는 청허淸虛 휴정休靜의 제자로 편양鞭羊 언기彦機와 함께 한 계파를 형성한 소요逍遙 태능太能과 그 법손들이다. 이들 가운데 취여醉如 삼우三愚·화악華岳 문신文信·설봉雪峰 회정懷淨은 조선시대 대흥사를 선교禪敎의 종원宗院으로 격상시키는데 공헌한 12종사이기도 하다. 연파蓮坡 혜장惠藏 역시 조선후기 대흥사를 화엄학華嚴學을 중심으로 한 교학敎學의 요람으로 만든 대표적인 경사經師이기도 하다. 이밖에 벽하碧霞 대우大愚·나암懶菴 승제勝濟·운담雲潭 정일鼎馹·금주錦洲 복혜福彗·낭암朗巖 시연示演 등 대흥사의 12종사와 경사는 만덕사계의 승려들이기도 하다. 특히 12경사는 그 절반이 소요 태능의 후예인 만덕사의 승려들이다.[11] 이것은 조선후기 만덕사와 대흥사의 승려들이 교류가 빈번했고, 만덕사의 승려들일지라도 교학에 탁월하면 대흥사에 머물면서 강사가 되었으며, 마침내 대흥사가 선교학禪敎學의 종원宗院으로 정착하는데 기여한 12경사로 추대된 것이다.

권5는 만덕사의 동서東西 2원院을 중심으로 한 전우殿宇와 방료房寮, 누각樓閣과 승당僧堂, 산내암자와 고적古蹟 등을 기술하였다. 특히 찬자들이 높이 평가하고 있었던 고려시대의 천인天因·천책天頙·정오丁午가 주석했던 용혈암龍穴菴에 대해서는 다산의 기문記文을 소개하여 그 가치를 부각시켰다. 이밖에 완도莞島와 청산도靑山島 등 섬의 부속암자와 가수嘉樹와 기목奇木까지 소개하였다. 또한 만덕사를 다녀간 문인들의 제영題詠을 소개하고 있는데, 약 20여 수 이상의 제영은 연담蓮潭과 아암兒菴뿐만 아니라 다산과

---

11 『대둔사지』 권1, 강진문헌연구회, 1997, 43~75쪽.

그의 아버지 정재원丁載遠, 김창흡金昌翕 등 여러 문인들이 만덕사의 풍광과 역사에 대해 읊기도 하였다. 권6은 무외의 15편의 유문遺文과 이미 폐허가 된 사찰에 남아 있는 비문, 그리고 천책의 시문을 모은 호산록湖山錄의 일부분을 수록하였다.

> 無畏의 遺文은 오히려 東文選에 많이 실려 있고, 全藁는 없지만 湖山錄은 있어 마땅히 卷尾에 덧붙여 오래 전하도록 한다.[12]

권 6은 인용문의 내용으로 보아 산일散逸된 채 『동문선』에만 수록되어 있는 무외의 유문을 재수록하였고, 일부분만 남아 있는 『호산록』 역시 수록하였다. 이것은 『만덕사지』 찬자들의 불교사 자료보존에 대한 수준과 인식을 살펴볼 수 있는 대목이다. 그들은 사지찬술을 통해 고려시대를 중심으로 한 만덕사의 위상을 강조하고 격상시키는 것에 일차적인 목적을 두고 있지만, 산일된 채 사라질 위기에 처한 소중한 불교사의 흔적들을 보존하기 위한 노력을 게을리하지 않은 것이다.

### 2) 인용자료의 검토

『만덕사지』가 지닌 특징은 광범위한 자료수집과 면밀한 고증을 통한 찬술이라는 점이다. 이전 자료에 대한 비판과 검증은 동시대 사지류에서는 쉽게 찾아볼 수 없는 객관적 면모이다. 때문에 『만덕사지』는 만덕사

---

12 『만덕사지』 권6, 아세아문화사, 1977, 182쪽.

만을 소개하는 단편적인 사지의 역할을 초월하고 있다. 예컨대 조선후기 유행했던 박학고거주의博學考據主義에 입각하여 자료수집과 면밀한 검토를 통해 고려시대 불교를 중심으로 한 우리나라 불교사를 찬술하고 주체적으로 이해하는 계기를 마련케 한 것이다. 『만덕사지』는 『대둔사지』 보다 많은 자료를 수집하고 인용하지는 못했지만, 부족한 고려시대 불교사 자료를 수집하고 그 내용을 복원하고자 진력한 흔적을 엿볼 수 있다. 『만덕사지』는 우선 승려들의 비문을 중심으로 한 각종 기문記文과 소疏·시詩, 『신증동국여지승람新增東國輿地勝覽』과 『강진현지康津縣志』와 같은 지리지와 읍지, 그리고 먼저 찬술된 『대둔사지』도 인용하였다.

<표 V-2> 『만덕사지』의 인용자료

| | 인 용 자 료 |
|---|---|
| 卷 1 | 新增東國輿地勝覽(3), 碑銘(2), 東文選(1), 敎書(1), 疏(1), 序文(1), 佛祖源流(1) |
| 卷 2 | 序文(2), 疏(1). 記文(2), 書(2), 詩卷(1), 跋文(1), 佛祖源流(2), 祭文(2), 高麗史(1), 碑文(2), 新增東國輿地勝覽(1), 康津縣志(1), 詩(1) |
| 卷 3 | 祭文(3), 疏(7), 跋文(1), 詩(13), 其他(1, 說禪文) |
| 卷 4 | 記文(1), 碑文(8), 康津縣志(1), 蓮社題名錄(2), 塔銘(1), 大芚志(1) |
| 卷 5 | 康津縣志(3), 記文(4), 新增東國輿地勝覽(3), 詩(26) |
| 卷 6 | 疏(15), 碑文(2), 高麗史(1) |

( )는 인용회수 및 편수

<표 V- 2>는 『만덕사지』 각 권별 인용자료 목록이다. 인용 자료의 대체적인 경향은 우선 승려들의 비문碑文이 찬술의 기초를 이루고 있다. 사지는 권2의 고려시대 8국사와 권4의 조선시대 8대사를 중심으로 만덕사의 역사와 고려·조선의 불교사, 관련 인물들의 시문 등의 기록으로 전개되고 있다. 우선 비문을 통해 승려의 생애와 활동을 기술하였고, 비문이 남아있지 않은 경우는 승려의 시문을 비롯한 찬자들의 보충설명을 수

록하였다.[13] 예컨대 권2의 진정국사眞靜國師 천책天頭에 관한 인용 자료는 천책의 『선문보장록禪門寶藏錄』 자서自序·소疏·기기記, 그리고 유자儒者와 오고 간 서간書簡, 천책의 시권詩卷에 대한 다산의 언급 등을 기초로 천책의 생애와 업적을 기술하였다.

천인은 詩集이 현재 전하지는 않으나 東文選 가운데 天因이 지은 글이 많이 보인다. 그 내용들을 採錄하니 잊어버리지 않으면 天因도 잊혀지지 않으리라. 나는 山家에서 우연히 동문선 1권을 얻었다. <天因祭圓妙國師文>·<天因立浮屠安骨祭文>·<天因立碑後諱朝祭文>·<天因初入院祝聖壽齋疏文>·<天因初入院祝令壽齋疏文> 모두 다 실었다. 그래서 이 책을 본사에 돌려보내고 현재는 또 하권에 기록한다.[14]

『동문선東文選』은 『만덕사지』 찬술과정에서 인용한 자료 가운데 질적 양적 측면에서 중요한 의미를 지니고 있다. 『동문선』은 1478년(성종 9) 성종의 명으로 서거정 등이 중심이 되어 편찬한 우리나라 역대 시문선집詩文選集이다. 『만덕사지』는 약 36편의 『동문선』 소재 시문詩文이 사지 전권全卷에 걸쳐 인용되고 있으며, 특히 권3과 권6은 천인天因·천책天頭·무외無畏 등 고려 백련결사의 8국사와 관련된 글이 수록되어 있다. 찬자 가운데 한 사람인 자굉慈宏은 "천인의 시집이 전하지 않아 동문선 가운데 천인의 글을 채록採錄했다."고 하였다. 찬자들은 만덕사 관련 인물의 생애와 활동

---

13 『만덕사지』 권2, 아세아문화사, 1977, 42~55쪽.
14 『만덕사지』 권1, 아세아문화사, 1977, 38~39쪽.

을 기술하는데 비문을 적극적으로 활용하였지만, 비문을 비롯한 관련 자료가 소략할 경우 『동문선』은 훌륭한 보조자료 역할을 한 것이다. 아울러 "천인의 글을 채록하여 잊어버리지 않으면 천인도 잊혀 지지 않으리라"는 자홍의 말은 『만덕사지』 찬자들의 자료수집과 취급의 수준을 알 수 있게 해준다. 아울러 단편적인 시문의 기록을 기초로 역사적 사실에 대한 오류를 지적하고, 복원을 시도하였다.

한편 『불조원류』는 소략한 내용을 보충하고, 기록에 대한 진위여부를 분석하는데 활용되었다. 『불조원류』는 채영采永의 『서역중화해동불조원류西域中華海東佛祖源流』로 "불문佛門에서의 전등傳燈한 계통이 분명하지 못함을 개탄하고, 1762년(영조 38) 봄부터 전국을 돌아다니면서 각 파의 고증될만한 문헌을 모아 1764년(영조 40) 여름에 간행한 우리나라 불교의 전등傳燈 기록이다.[15] 내용은 칠불七佛, 서천조사西天祖師, 중화조사中華祖師와 같이 인도와 중국의 조사祖師를 정리했고, 우리나라 승려들의 계보인 '해동원류海東源流'는 조선중기 저자의 계파를 중심으로 정리한 것이다. 『불조원류』는 우리나라 불교자료로서는 가장 많은 고승이 실려 있고, 최초의 전반적인 불교사 정리로 주목되는 긍정적인 평가를 받고 있다.[16] 그러나 우리나라 고대와 고려의 전등기록은 조사의 기록이 소멸되어 산성散聖으로 취급하였다.[17] 이 또한 오자誤字와 오류誤謬가 많고, 삼국시대와 고려시대의 고승이 뒤바뀌어 자료섭렵의 한계나 그 고증이 부실한 문제점을 안고 있다.[18]

---

15 采永, 「佛祖源流後跋」, 『韓國佛教全書』 10, 1993, 134쪽.
16 허흥식, 「『해동불조원류』의 고대와 중세의 산성」, 『高麗佛教史研究』, 일조각, 1986, 746쪽.
   최병헌, 「다산정약용의 한국불교사연구」, 『정다산연구의 현황』, 민음사, 1985.
17 채 영, 위의 책, 134쪽.
18 허흥식, 앞의 논문, 756쪽.

a. 佛祖源流에 이르기를 無畏國師는 諱 混其, 字 珍丘, 號 牧菴이며, 姓은 趙氏이고 肅公 德裕의 伯父이며, 圓妙의 11세손이다.[19]

b. 茶山云 湖山錄의 跋文에 이르기를 大德 11년(1307) 10월에 王師 佛日普照 靜慧妙圓眞鑑大禪師 丁午跋이라 하다. 대덕 11년은 곧 潘王(충렬왕)때의 丁未이다. 그때의 年月이 서로 符合하고 그의 法號도 서로 부합한 것이 한字도 差錯이 없으니 무외가 丁午임을 알 수가 있다. 無畏는 賜號이고 丁午는 法名이다.[20]

인용문 a는『만덕사지』의 제8 목암국사牧菴國師에 관한 기록을『불조원류佛祖源流』「고려조사高麗祖師」의 무외국사부분을 그대로 수록한 대목으로 "무외국사는 호가 목암으로 원묘 료세의 11세손"이라고 하였다. 그러나 인용문 b는 다산이 제7 국사國師 정오丁午 역시 무외無畏임을 그의 저술 호산록을 언급하며 그 진위를 논하고 있다. 예컨대 다산은 b에서 "무외無畏가 사호賜號이고, 정오丁午는 법명法名"이라고 해석하여『만덕사지』제7 무외국사가 곧 정오임을 주장하였다. 이러한 현상은 "국통國統 정오대사丁午大師는 충숙왕忠肅王때 사람"이라는『불조원류』의 기록으로[21] 그 혼란을 가중시키고 있다.

이와 같이 찬자들은 천인天因과 의선義璇[22], 백련결사白蓮結社 주맹主盟의 차

---

19 『만덕사지』권2, 아세아문화사, 1977, 68쪽.
   采永, 「高麗祖師」, 『韓國佛敎全書』10, 1993, 134쪽b.
20 『만덕사지』권2, 아세아문화사, 1977, 62쪽.
21 采永, 「高麗祖師」, 『韓國佛敎全書』10, 1993, 134쪽b.
22 『만덕사지』권1, 아세아문화사, 1977, 40~41쪽. 慈弘과 應彦의 案 참조할 것.

서次序[23] 등 고려시대 만덕사를 중심으로 한 백련결사의 인물에 대한 많은 견해를 제시하였다. 왕조가 교체되고 불교가 쇠퇴하여 전 왕조의 불교사 자료는 거의 남아 있지 않은 상황에서 자료수집과 고거주의考據主義에 입각해 사지를 찬술하고자 했던 조선후기 『만덕사지』 찬자들은 오류투성이인 『불조원류』를 비롯한 단편적인 기록을 기초로 망실된 고려불교를 복원하고자 했던 것이다.

이밖에 『만덕사지』는 비교적 관련 자료들이 풍부했던 조선시대 불교사를 중심으로 찬술했던 『대둔사지』와는 달리 시문과 비문 등 비교적 단편적인 기록들을 기초로 사지 찬술에 진력했다. 『만덕사지』의 인용 자료를 통해 엿볼 수 있는 것은 첫째, 불교사에 대한 객관적인 인식과 복원을 위한 노력들이다. 찬자들은 망실된 전 왕조의 불교사 기록을 수집하여 단편적인 수록과 인용에 그치지 않고, 고려시대 정혜결사와 함께 대표적인 신앙결사였던 백련결사의 흔적을 고증을 기초로 복원하고자 하였다. 비록 찬자들이 주장했던 자료의 고증작업과 불교사적 사실에 대한 진위 여부에 대한 분석은 모호하거나 잘못된 부분도 적지 않다. 그러나 동시대에 찬술된 대부분의 사지류가 이전의 기록을 맹목적으로 수록하거나 창건주나 연대 등을 실제보다 이전의 시기로 상정하는 오류를 범한 것에 비하면, 『만덕사지』는 고거주의에 기초한 객관성을 중시하였으며, 불완전한 채로 전해오는 고려시대 불교사를 온전히 복원하고자 했던 것이다. 둘째, 불교사 자료의 보존 인식이 강했다.

---

23 『만덕사지』 권2, 아세아문화사, 1977, 46~47쪽.
  자홍은 백련결사의 주맹이 圓妙 → 天因 → 圓晥 → 眞靜 순으로 전개되었다고 주장하였다.

인근의 사찰을 널리 수색하니 오직 無爲寺의 逈微國師는 先德이
었는데 사찰은 현재 폐하고 무너질 지경이라 名蹟이 사라질 것 같
다.[24]

인용문은 만덕사가 위치한 강진의 무위사無爲寺에 남아있는 선각대사편
광탑비문先覺大師遍光塔碑文을 『만덕사지』에 수록하였다. 찬자들은 이미 사찰
이 폐허화되어 유일하게 남아있는 형미국사의 흔적을 수습한 것이다. 사
라질 위기에 처한 명적名蹟을 보존하고 한 의도가 분명한 것이다. 이러한
면모는 고려 중기에 창건된 월남사月南寺에 남아있는 진각국사의 비문의
사례에서도 살펴 볼 수 있다. 찬자들은 "진각 혜심의 비碑가 도리어 월남
의 유허遺墟에 있는데 돌이 깨어지고 밭은 묵어져 오래지 않아 행적이 아
주 없어질 것 같다."[25]고 하면서 비문을 그대로 수록한 것이다. 찬자들은
자료수집의 과정에서 고려시대 만덕사를 중심으로 한 불교사 자료가 거
의 남아있지 않음을 안타까워했고, 남아있는 자료조차도 이미 폐허가 되
어 버린 사찰과 함께 사라질 위기에 처한 것이다. 찬자들은 이들 자료가
매우 귀중한 가치를 지니고 있음을 인식하고 『만덕사지』와는 직접적인
관련성이 없지만, 자료보존의 차원에서 수록한 것이다.

---

24 『만덕사지』 권6, 아세아문화사, 1977, 204~207쪽.
25 『만덕사지』 권6, 아세아문화사, 1977, 207~216쪽.

## ② 내용분석과 불교사적 위상 강화

### 1) 내용분석

『만덕사지』는 다산과 아암의 제자들이 만덕사와 관련된 고려와 조선의 만덕사를 비롯한 불교사 자료를 수집하여 고증을 거쳐 찬술하였다. 필자는 『만덕사지』의 핵심이기도 한 고려와 조선의 만덕사의 대표적 인물들을 수록한 권2와 권4를 중심으로 살펴보고자 한다. 우선 찬자들은 각자 편집과 교정 등의 역할을 하고 있었지만, 모두가 전권全卷의 찬술에 참여한 것이나 다름없다.

  a. 慈宏案 옛부터 이 碑는 왜란에 파괴되었고, 오직 석부만 깨어지지 않아 현재 남아 있다. 趙宗著가 지은 新碑는 舊趺에 세웠다고 하다.

  b. 李淸案 최자의 비명은 동문선에 실렸다. 아깝다. 조종저 비는 새로 세우면서 崔滋의 비는 다시금 세우지 못한 일이 - 가경 계유년 겨울(1813)에 내가 경성에 가서 동문선에 실려 있는 최자의 비문을 베껴다 백련사에 보냈다. 이 뒤로 부터는 없어지지 않을 것이다고 한다.

  c. 應彦案 新繁은 현재의 남평현에 속하고, 조계는 현재의 송광사이며, 강남은 고려때 지금의 전라도를 두 개의 도로 나누었는데 담양의 남쪽을 강남도라고 한다고 하다."[26]

인용문은 고려 때 최자崔滋가 지은 원묘국사圓妙國師의 비명碑銘에 대한 찬
자들의 견해이다. 이들은 최자의 비문을 수록하고 이에 대한 분석 작업
을 시도하였다. 먼저 자굉慈宏이 찬술 당시까지 비문의 상태를 거론하였
다면, 이청은 경성京城에 가서『동문선』에 수록되어 있는 비문을 수집하
여 백련사에 보냈음을 언급하였다. 그는 이때 천인天因과 정오丁午의 실적
實跡을 찾아서 돌아오기도 하였다.[27] 아울러 응언은 비문에 보이는 원묘圓
妙 료세了世의 출생지에 대해 세부적인 설명을 덧붙이고 있다. 세 사람의
비문에 대한 언급으로 보아 사지찬술에 각자의 역할이 있었지만, 사실史
實에 대한 면밀한 고증작업은 찬자 모두가 전권에 걸쳐 시도한 것으로 보
인다.

〈표 V-3〉〈민덕사지〉 찬자들의 案 · 云 事例

| 찬자 | 李請 | 兒菴 | 慈宏 | 應彦 | 勝粲 | 茶山 | 謹學 | 翰英 | 泰森 | 設玉 | 智日 |
|---|---|---|---|---|---|---|---|---|---|---|---|
| 회수 | 10 | 1 | 27 | 10 | 3 | 7 | 7 | 4 | 4 | 1 | 1 |

표는 찬자들이 사지를 찬술하는 과정에서 활용한 자료를 고증하여 그
진위나 보충설명을 한 흔적들이다. 이 가운데는 태삼·한영·지일·설옥 등
찬자가 아닌 승려들의 '안案'도 엿볼 수 있다. 찬자들이 사지의 자료와 내
용에 가장 많은 견해를 언급한 부분은 권2로 총 30회의 안案과 운云의 사
례를 보였다. 권2는 고려시대 원묘 료세를 시작으로 한 백련결사의 대표
적인 승려들의 생애와 업적을 찬술한 부분이다. 그러나 찬자들이 살았던

---

26 『만덕사지』 권1, 아세아문화사, 1977, 23~24쪽.
27 『만덕사지』 권5, 아세아문화사, 1977, 157쪽.

동시대가 아니었고, 자료 수집 역시 충분치 못했으므로 그 고증과 찬술 작업 역시 쉬운 것이 아니었다. 때문에 사실史實에 대한 명확한 해석과 내용의 재구성을 위해 다른 권수에 비해 많은 견해를 피력하였다.

> 茶山云 萬德에 無畏가 둘이 있다. 그 하나는 법명을 丁午라 하고, 그 하나는 법명을 混其라 한다. 정오는 원묘의 3~4번째로 전했고, 혼기는 원묘의 11세이다. 모두가 당시에 법호를 '或稱普照''或稱靜慧''或稱眞鑑''或稱無畏'라 한다. 시험 삼아 僧譜를 보니 이러한 유형이 매우 많으니 無畏가 두 명인 것은 의심할 것이 못된다.[28]

다산은 인용문에서 무외가 두 명임을 전제하고 무외無畏 정오丁午가 '무외'임을 주장하였다. 다산의 이러한 노력은 권2의 여러 곳을 통해 볼 수 있다. 『만덕사지』는 이밖에도 제3 원환圓晥을 삼장三藏 의선義璇으로 규정하여 찬자 자굉은 "의선義璇은 반드시 원환圓晥의 표덕表德이지 두 사람이 아니다."[29]라고 하여 원환이 의선임을 강조하였다. 다산은 진정국사 천책이 지은 호산록에 정오가 쓴 발문 끝에 명기된 "불일보조정혜묘원진감대선사정오발佛日普照靜慧妙圓眞鑑大禪師丁午跋"[30]을 사례로 들어 당시 승려들의 법호와 법명이 혼란의 여지가 많음을 전제하고 무외가 원묘를 3~4번째로 이은 정오임을 강조하였다. 다산은 박전지朴全之가 쓴 「영봉산용암사중창기靈鳳山龍巖寺重創記」[31], 『고려사高麗史』[32], 그리고 『동문선』에 수록된 정오의

---

28 『만덕사지』 권2, 아세아문화사, 1977, 71쪽.
29 『만덕사지』 권1, 아세아문화사, 1977, 40~41쪽.
30 『만덕사지』 권1, 아세아문화사, 1977, 56쪽.
31 『만덕사지』 권2, 아세아문화사, 1977, 60~62쪽.

시문詩文을 기초로 인용한 기록에 명시된 무외국사가 정오임을 명시明示하고 다음과 같이 정리하였다.

> 丁午는 眞鑑國師이며, 정오는 法號인데 無畏라는 두자의 법호가 더 있다. 그러나 무외로 行世하였으므로 東文選에는 無畏는 있으나 정오는 없다. 고려사에 실린 朴全之가 지은 龍巖寺記에도 털끝만큼의 차이가 없으니 정오가 무외임이 확실하다.[33]

이밖에 찬자들은 "말류末流가 노망鹵莽하자 바로 무염국사를 祖에 추대推戴하니 그 謬를 쉽게 가릴 수 있다."고[34] 지적하였다. 이에 대해 다산은 "무염국사無染國師의 평생平生에 행동거지인 일동—動 일정—靜이 백월탑白月塔에 자세히 적혀 있는데 강진康津의 만덕萬德에 영향을 끼쳤다고 할 수 있겠는가."라고 하여 만덕사와는 전연 인연이 없는 무염국사를 이전의 기록에서 만덕사의 선조로 인식한 것을 비판하였다. 아울러 "만덕사의 동쪽 기슭에 보조탑普照塔이 고래古來로 목우자牧牛子의 사리舍利를 감춘 곳이라고 하고 목우자를 만덕의 선조로 삼았다."는[35] 지적에 대해 보조국사普照國師 지눌知訥의 생애와 흔적을 기초로 비판하고 "동강東岡에 있는 보조탑은 본사本寺의 정오국사丁午國師인데 그도 호號를 불일보조라 하였으니 이것은 정오의 장주藏珠이다."라고 하였다.

이와 같이 『만덕사지』는 수집한 자료를 기초로 그 진위를 바로잡고,

---

32 『만덕사지』 권2, 아세아문화사, 1977, 63쪽.
33 『만덕사지』 권2, 아세아문화사, 1977, 63~64쪽.
34 『만덕사지』 권2, 아세아문화사, 1977, 71~72쪽.
35 『만덕사지』 권2, 아세아문화사, 1977, 73~75쪽.

소략한 부분에 대해서는 자신들의 견해를 합리적으로 피력하였다. 흩어져 전해오고 있는 단편적인 기록을 고증작업을 거쳐 만덕사의 역사뿐만 아니라 고려시대 불교사까지도 재구성하는 노력을 기울였다.

한편 찬자들이 찬술의 과정에서 보인 오류도 발견된다. 예컨대 자굉은 제3 원환圓晥에 대해 의선義璇으로 이해하였지만, 의선은 조인규趙仁規의 넷째아들로 그 활동시기가 원환이 백련사 제3세 주법主法을 맡았던 1248년과는 시기적으로 현격한 차이가 있다.[36] 또한 찬자들은 원환을 만덕사의 8국사國師의 한 사람으로 지칭하고 있지만, 국사國師의 칭호는 『만덕사지』에서만 찾아볼 수 있으며, 찬자들이 제시한 원환에 대한 자료 역시 그가 국사國師임을 입증하기에는 미흡하다. 더욱이 찬자들이 설정한 8국사가 국사國師를 역임한 인물들을 기준한 것인지는 확실하지 않다. 이밖에도 찬자들은 제7 진감무외국사眞鑑無畏國師와 제8 목암무외국사牧菴無畏國師가 모두 '무외無畏'로 표기되어 있어 그 진위를 밝히고 있다. 다산은 제7 무외국사인 정오는 원묘의 3~4번째로 전했고, 제8 무외국사인 혼기는 원묘의 11세라고 하였으며, 무외가 두 명인 것은 의심할 것이 못된다고 하였다.[37] 1313년 6월 충숙왕이 즉위한지 몇 달 후인 11월에 부왕의 명을 계승하여 무외국통無畏國統으로 책봉한 인물[38]이 『만덕사지』에서 언급한 제7 진감무외국사인 정오丁午다. 반면 제8 목암무외국사인 혼기混其는 조인규趙仁規 가문의 출신인데, 대선사大禪師로서 사호賜號만 받았을 뿐 국사나 국통에 책봉된 적이 없는 인물이다.[39] 아울러 다산이 무외가 두 명이라고 주

---

36 채상식, 『高麗後期佛教史研究』, 일조각, 1991, 87쪽.
37 『만덕사지』 권2, 아세아문화사, 1977, 71쪽.
38 朴全之, 「靈鳳山龍岩寺重創記」, 『東文選』 卷68.
39 채상식, 앞의책, 185~187쪽.

장한 것은 "무외국사無畏國師는 휘諱가 혼기混其, 자字가 진구珍丘, 호號가 목암牧菴"이라는 『불조원류』의 내용 역시 철저한 고증의 과정을 거치지 않고 수용한 결과이기도 하다. 『불조원류』는 혼기가 조덕유趙德裕의 백부伯父 즉 조인규의 장자로 기록되어 있다. 그러나 이곡이 찬한 「조정숙공사당기趙貞肅公祠堂記」[40] 뿐만 아니라 「조인규사당기趙仁規祠堂記」에도 고려시대의 묘지墓誌나 사당기祠堂記에도 형제간의 기록이 없는 것으로 보아 『불조원류』의 기록은 믿을 수 없다.[41] 이밖에 찬자 응언應彦은 료세의 출생지 신번현新繁縣이 현재의 합천군인데, 전라도 남평현에 속하고 있는 것으로 잘못 이해하고 있다.[42]

## 2) 불교사적 위상 강화

『만덕사지』 찬술의 일차적인 목적은 망실된 만덕사의 역사를 고거주의考據主義를 기초로 온전히 복원하는 것이었다. 아울러 고려시대의 백련결사를 위시하여 조선후기 선교학을 통해 만덕사가 지닌 불교사적 위상과 조선후기 불교계에서 차지하는 가치를 천명하는 것이었다. 이를 위해 찬자들은 고려후기 백련결사의 역대 주맹主盟들의 생애와 활동을 광범위한 자료수집과 고증을 통해 재구성하였다. 이것은 조선후기 역사서술과 역사인식의 영향 하에서 이루어져 주목되기도 한다.

---

채상식은 了圓이 찬한 『법화영험전』의 발문에 萬義寺의 주석을 珍丘大禪師 混其에게 전해졌다는 기록을 기초로 그가 국사에 책봉된 사실이 없음을 주장하였다.
40 李穀, 『稼亭集』 卷3.
41 채상식은 혼기가 忠肅公인 趙璉의 伯父 즉 조인규의 형으로 표기된 『法華靈驗傳』의 跋文을 더 신뢰하고 있다.
42 『만덕사지』 권1, 아세아문화사, 1977, 24쪽(『高麗史』 卷57, 地理志(二) 江陽郡 屬縣條 참조).

우선 『만덕사지』는 각 권에 실린 중요사항을 체계적으로 1자씩 대두 시키고 그에 대한 세부사항과 자료를 1자씩 낮춰 전재轉載하였다. 또한 이설異說과 해설解說은 '모안某案', '모운某云'으로 표시하여 관련자를 밝히고 있다. 그것은 한 주제를 제시한 뒤 그에 대한 관련 자료를 망라하여 자신 의 논지를 증명하는 방식이었다. 이와 같은 체제는 다산이 1811년 찬한 『아방강역고我邦疆域考』에서도 살필 수 있다. 대체로 찬자의 결론을 앞에다 제시하고 그 다음에 그 결론을 뒷받침하는 국내의 자료를 넓게 망라하면 서 그 자료에 대한 자신의 의견을 '안설按說'로서 비판하고 검증하는 형식 을 취하고 있다. 이른바 강목체 역사서술이다. 강목체는 '강綱'에 해당하는 본문과 세부서술의 '목目'을 구성하고 있다. 당시의 강목체 서술은 의리론 과 역사를 새로이 인식하고, 현재의 위치를 명확히 하고자 하는 목적에 서 비롯되었다. 불교계에서는 중관中觀 해안海眼의 금산사金山寺(1636)·화엄 사華嚴寺(1636)·대둔사사적기大芚寺事蹟記(죽미기竹迷記, 1636)[43]를 비롯해 『대둔 사지』가 강목체재하에 찬술되었다. 적어도 불교가 비록 탄압과 소외의 상황 속에 놓여 있었지만, 자국사에 대한 자주적 인식이 강조되고 있었 던 상황에서 불교사 역시 일반사 차원에서 찬술되고 인식되었다.

慈宏案 本朝 스님들의 계열은 萬曆(1573~1620)이래 두 개의 종파 로 나뉘어지는데 하나는 淸虛宗이요, 하나는 浮休宗이다. 청허의 종 파는 수십으로 전파되었으나 그 큰 줄기는 둘이니 하나는 逍遙 太能 宗이요, 하나는 鞭羊彦機宗이다. 우리 醉如禪師는 곧 소요의 嫡孫이

---

43 오경후, 「17세기 불국사고금창기와 호남의 사찰사적기」, 『신라문화』 19, 동국대신라문화연 구소, 2001.

며, 蓮社의 盟主이다. 위로는 소요부터 아래로는 兒菴에 이르기까지
는 마침내 8葉이 된다. 고려에는 8國師가 있고, 本朝에는 8大師가 있
어 그 숫자가 서로 부합된다. 다만 본조에서는 불교를 숭상하지 않았
다. 그러므로 號나 諡를 내리는 영광이 없었으니 이러한 일은 자리에
서 물러나 피한 것과 같다.[44]

인용문은 만덕사의 8대사大師가 조선불교의 중흥자인 청허 휴정의 제
자들로 당시 불교계를 대표할만한 인물들이었으며, 이들은 고려 백련결
사의 8국사를 계승하고 있음을 강조하고 있다. 만덕사의 걸출한 승려들
이 고려시대 뿐만 아니라 불교가 혹독한 탄압을 받고 있었던 조선시대에
도 그 계통을 이어가고 있음을 언급한 것으로 만덕사가 한국불교사에서
차지하는 위상을 천명하였다. 찬자들은 조선시대 만덕사의 8대사를 소요
逍遙·해운海運·취여醉如·화악華岳·설봉雪峰·송파松坡·정암晶巖·연파蓮坡대사로
설정하였다.

이들은 조선후기의 대표적인 강사들로 취여醉如·화악華岳·설봉雪峰은 대
흥사의 12종사宗師이며, 연파대사蓮坡大師는 대흥사의 12경사經師 가운데 한
사람이기도 하다. 대흥사의 12종사는 청허 휴정의 문도로 대흥사가 조선
후기 불교계에서 선교학禪敎學의 종원으로 부상할 수 있는 기틀을 마련하
였다. 이들은 모두 『화엄경』을 수학하고, 그 강회講會를 개최하여 전국의
치림緇林이 대흥사를 선교학禪敎學의 종원宗院으로 부상하는데 기여한 인물
이다. 12강사 또한 12종사가 대흥사를 선교禪敎의 근기根基로 마련하였다

44 『만덕사지』 권4, 아세아문화사, 1977, 120쪽.

면, 화엄학華嚴學을 중심으로 한 강회講會를 통해 대흥사를 더욱 발전시킨 인물이다. 소요 태능은 남쪽 지방을 두루 유력하며 제방諸方의 선지식善知識을 역방歷訪한 끝에 부휴浮休 선수善修에게서 대장경大藏經을 배웠으며, 다시 휴정休靜을 찾아가 물어 비로소 무생無生의 실상을 깨닫게 되었다.[45] 소요의 제자 해운海運 경열敬悅은 스승 소요보다 나이가 많았지만, 수백여 명이나 되는 소요의 문도 가운데 오직 해운海運만이 종통宗統을 이었다고 한다.[46] 때문에 그의 호 '해운海運'은 붕사鵬徙로 "붕새가 남쪽바다로 옮겨 감"을 뜻하는 것이고, 붕새가 날아가는 것은 자유로이 노닌다는 '소요逍遙'를 의미하는 것으로 소요가 해운에게 법을 전한 것이 당연하다고 할 정도였다. 일찍이 소요는 해운海運에게 주는 전법게傳法偈에서 "선강禪綱의 교골敎骨을 누가 대적하며, 화월華月의 이풍夷風을 누구에게 전할까"라고[47] 읊기도 하였다.

> 이러고부터 宗風은 오래도록 寂寂하였다. 大明 天啓의 말엽 (1621~1627)에 취여삼우 대사가 있었는데, 다시금 狻猊의 자리를 雄據하여 거듭 龍象의 席을 開堂하다.[48]

만덕사는 고려중후기 결사운동結社運動으로 불교의 본분과 중흥의 면모를 일신시켰지만, 고려 말 조선 초 불교의 탄압정책과 사찰의 소실燒失로

---

45 梵海 覺岸, 「逍遙宗師傳」, 『東師列傳』 卷2(『韓國佛敎全書』 10, 동국대출판부, 1020쪽b.)
46 梵海 覺岸, 「海雲禪師傳」, 『東師列傳』 卷2(『韓國佛敎全書』 10, 동국대출판부, 1020쪽 c~1021쪽a.)
47 『만덕사지』 卷4, 아세아문화사, 1977, 125쪽.
48 『만덕사지』 卷4, 아세아문화사, 1977, 125쪽.

겨우 명맥만을 유지할 정도였다. 그러나 전란 이후 소요逍遙 태능太能으로 부터 시작된 만덕사의 종풍宗風은 당시 불교계에서 유행한 선교학禪敎學과 함께 부활하였다. 예컨대 취여 삼우가 "원묘圓妙의 도량을 중흥시키고, 소요逍遙의 과업課業을 세운 것이다."[49] 취여醉如는 유년시절 출가하여 제방의 선지식에게 불교경전을 두루 섭렵하고, 해운 경열의 법을 이어 받았다. 그는 교학에 탁월하여 대흥사 12종사 가운데 한 사람이기도 하다. 그가 대흥사 상원루上院樓에서 화엄종지華嚴宗旨를 강의할 때는 수백 명의 대중이 청강하였다고 한다.[50] 그의 의발은 화악華岳 문신文信에게 전해졌다.[51] 화악 은 글을 몰라 출가 후에도 농기구를 시장에 내다 파는 소임을 맡고 있었 는데, 취여의 화엄종지를 듣고 개오開悟하여 교학에 몰두했다고 한다. 취 여에게 인가증명을 받은 이후 대흥사에서 수백 명의 대중에게 강의를 했 는데, 북방에서 온 월저선사月渚禪師가 선문의 종지를 논하는 것을 보고 그 에게 후학들을 가르치게 하니 월저가 "내가 남방南方에 와서 육신보살을 보았다."고[52] 할 정도로 학덕學德이 깊었다. 설봉雪峰 역시 화악에게 법을 물려받았는데, "제경諸經을 참호參互하여 증오證悟하되 정미精微하게 변석辨析 하니 남방南方의 여러 비구들이 선림禪林의 종주宗主라고 불렀다"[53] 한다. 송 파 각훤松坡覺暄은 삼장三藏과 경교經敎 외에 자사子史도 방통旁通하여 거의 40 여 년 동안 대중을 제접했다고[54] 한다. 그리고 정암晶巖 즉원卽圓은 스승 송 파에게 사집四集과 사교四敎를 배우고, 대교大敎와 화엄현담華嚴玄談은 연담蓮

49 『만덕사지』卷4, 아세아문화사, 1977, 125쪽.
50 梵海 覺岸, 「醉如宗師傳」, 『東師列傳』 卷2(『韓國佛敎全書』 10, 동국대출판부, 1021쪽b.).
51 『만덕사지』卷4, 아세아문화사, 1977, 126쪽.
52 『만덕사지』卷4, 아세아문화사, 1977, 129쪽.
53 『만덕사지』卷4, 아세아문화사, 1977, 131쪽.
54 『만덕사지』卷4, 아세아문화사, 1977, 134쪽.

潭 유일有一에게 받았다. 그는 많은 대중들에게 경전을 강의할 때 마음은 오로지 자비慈悲를 임무로 삼고, 사시施施를 본업으로 삼았다.[55] 연파 혜장 蓮坡惠藏은 정암의 제자이자 만덕사 8대사 가운데 마지막 인물이다. 그는 30세의 나이에 대흥사 청풍료清風寮에서 『화엄경』대법회를 열어 주관하였는데 100여 명의 대중이 참석하였다고 한다. 다산 정약용은 아암의 학덕 學德에 스승 연담蓮潭 유일有一이 12종사宗師 가운데 순서로는 가장 끝이고, 제자 아암 역시 12강사講師 가운데 가장 끝이었지만, 마지막이 아니라 정 화精華라고 하였으며, "연노대련야蓮老大蓮也 파공소련야坡公小蓮也"라고[56] 하여 그를 칭송하였다. 아암의 이름은 중국에도 알려져 1812년 옹방강翁方綱의 시집 『담계옹시집覃溪翁詩集』 6책이 연경燕京에서 대흥사로 전해지기도 하였다.[57] 이밖에 『만덕사지』 찬자들은 조선후기 8대사 외에 취여의 제자 가운데 대중들에게 경전을 강의한 인물을 언급하기도 하였다.[58]

『만덕사지』의 찬자들은 이상 만덕사에서 배출한 8명의 승려들이 조선 후기 불교계에 유행했던 화엄학華嚴學을 중심으로 한 강경講經에 걸출한 인 물들이었음을 강조하였다. 비록 조선후기 역시 불교계의 탄압이 지속되 었지만,[59] 선교학禪敎學을 중심으로 한 출가자의 본분은 고려의 백련결사 를 주도했던 선조先祖들의 정신을 계승하려는 노력과 함께 이어져 갔다. 결국 이러한 면모는 만덕사가 왜란과 호란 이후 휴정의 의발衣鉢이 전해

---

55 『만덕사지』 卷4, 아세아문화사, 1977, 136~137쪽.
56 『대둔사지』 卷1, 강진문헌연구회, 72~73쪽.
57 『만덕사지』 卷4, 아세아문화사, 1977, 143~145쪽.
58 『만덕사지』 卷4, 아세아문화사, 1977, 145~148쪽.
59 『만덕사지』 卷5, 아세아문화사, 1977, 168~169쪽.
　泰森은 만덕사 주변에서 생산되는 차와 비자를 여러 곳에서 바치라고 요구하므로 만덕사의 스님들이 힘들다고 토로하고 있다.

진 것을 계기로 선교禪敎의 종원宗院으로 자리매김했던 대흥사大興寺와 함께 불교사적 위상이 강화되었음을 의미하는 것이다.

# VI.
# 『大東禪教攷』와 『海東繹史』
# 「釋志」의 편찬과 불교사 인식

# VI. 『대동선교고』와 『해동역사』「석지」의 편찬과 불교사 인식

조선의 17세기에서 19세기에 이르는 시기는 국가적 위난危難과 급격한 변동의 시기다. 사회변동에 수반한 문화변동이 폭넓게 진행되기도 했다. 사상계思想界는 성리학에 대한 인식이 강화되기는 했지만, 더 이상 시대적인 흐름에 효과적으로 대응하지 못하였고 양명학陽明學이나 선진유학先秦儒學과 외래문물에 자극 받은 실학사상實學思想 등의 도전을 받고 있었다. 아울러 불교佛敎에 대한 재인식과 천주교의 수용과 같은 탈성리학적脫性理學的 현상들이 나타나기도 했다. 실학이라고 하는 새로운 학문사조는 권위주의적이고 형식적인 주자학적 사회규범이나 순수한 이론적·추상적·비현실적인 학풍에 대하여 반성과 비판을 통해 부상하였다. 이들은 정치적·사회적 모순에 대한 비판적 태도와 함께 자국의 역사에 대한 인식도 강화시키고 있었다. 실학자들의 역사서 편찬과 인식은 한국사의 독자성과 중요성을 강조하고, 그 범위를 확대시켰다는 점에서 의의가 크다. 특히 전통문화에 대한 재인식은 제한적이었지만, 그동안 이단異端으로 여겨 왔던 불교에 대한 이해와 불교사 편찬으로 이어지기도 했다.

정약용이나 한치윤의 불교사 편찬은 불교가 탄압받는 시대적 상황에서 실학자들이 편찬했다는 점에서 적지 않은 역사적 의미를 담고 있다. 더욱이 이들은 불교에 대해 부정적이었던 유학자의 신분으로서 우리나라 불교사를 소개하는 단순한 동기에 머무르지 않았다. 불교사를 체계화시키고자 했으며, 그 정리를 통해 조선 문화사의 자주적 이해를 확대시키는 계기를 마련하였다. 이들의 불교사 편찬은 한국문화사 이해의 성과뿐만 아니라 당시 불교계의 사지寺誌·승전僧傳과 같은 불교계의 저술에도 일정하게 영향을 미치기도 했다. 이 시기 승려들의 조선불교사에 대한 적극적 이해나 철저한 고증을 기초로 한 편찬방식은 양란兩亂 직후 편찬된 사지寺誌의 부실함을 비판하고 극복할 정도로 그 수준이 높았다. 이것은 불교계의 변화와 사원경제의 향상 그리고 승려들이 문사文士와의 교유를 통해 역사연구와 방법을 적극적으로 수용한 결과와 같은 다양한 측면에서 해석할 수 있다.

실학자와 불교에 관한 그동안의 연구는 이들의 불교관佛敎觀[1]과 승려들과의 교유交遊[2] 그리고 불교사 연구[3]에 걸쳐 진행되어 왔다. 대체로 이들

---

1 李乙浩,「儒佛相敎의 面에서 본 丁茶山」,『白性郁博士頌壽紀念佛敎學論集』, 1959 ; 金約瑟,「秋史의 禪學辨」,『白性郁博士頌壽紀念佛敎學論集』, 1959 ; 丁鍾俅,「茶山의 佛敎觀」,『茶山學報』1, 다산학연구원, 1979 ; 鄭炳三,「秋史의 佛敎學」,『澗松文華』24, 한국민족미술연구소, 1983 ; 金容祚,「조선후기 儒者의 佛敎觀-반계·성호·다산의 경우-」,『경상대논문집(인문계편)22집, 1983 ; 李相鉉,「秋史의 佛敎觀」,『民族文化』13, 민족문화추진회, 1990 ; 趙成山,「19세기 전반기 노론계 불교인식의 정치적 성격」,『한국사상사학』13, 한국사상사학회, 1992 ; 具仕會,「實學과 佛敎의 交涉-秋史 金正喜를 중심으로-」,『불교어문논총』2, 한국불교문학사연구회, 1997.
2 鄭奭鍾,「茶山 丁若鏞의 康津流配期 스님과의 交歡」,『東洋學』27, 단국대 동양학연구소,

의 연구 성과는 실학자들의 승려와의 우호적인 교유와 더불어 호불론好佛
論이 주류를 이루고 있어 지나치게 호교론護敎論적 성격이 강하다. 반면 실
학자의 불교사 연구는 이들의 불교사 편찬 자체가 단편적인 자료집資料集
의 성격이 강하고 그들의 불교사 인식을 찾아 볼 수 없다는 부정적인 견
해만을 보이고 있다. 요컨대 체계적이고 심층적 분석이나 시대상황의 이
해와 결부된 연구 수준은 아니었고, 조선후기 역사서의 편찬과 방법론,
역사인식의 이해를 기초로 이루어지지 못한 한계를 지니고 있었다. 적어
도 실학자들이 지극히 부분적이고 이례적이기는 하지만, 조선후기의 시
대적 과제와 이의 해결 방안을 모색하는 차원에서 고대와 고려불교사를
편찬하지는 않았을까.

　『대동선교고大東禪敎攷』[4]와 『해동역사海東繹史』 「석지釋志」[5]는 실학자들의
고대와 고려불교를 중심으로 한 우리나라 불교사에 대한 이해 정도를 살
필 수 있어 주목된다. 아울러 조선후기 불교사서 편찬과도 직접적인 연
관성을 지니고 있기도 하다. 정약용(1765~1836)의 『대동선교고』는 『대둔
사지大芚寺志』 권4에 수록되어 있는데, 『삼국사기三國史記』 불교기사에 대한
그의 견해와 사찰·승려의 전기 등을 정리한 것이다. 한치윤(1762~1836)
의 『해동역사』 「석지」는 중국과 일본의 사서에 수록된 우리나라 불교기
사를 정리해 놓은 것이다. 현재 이들의 불교사 찬술에 관한 연구는 지극
히 단편적[6]이거나 부정적[7]으로 이루어져 왔다.

　1997.
3 최병헌, 「茶山 丁若鏞의 韓國佛教史 研究」, 『丁茶山研究의 現況』, 민음사, 1985.
4 丁若鏞, 『大東禪敎攷』(『大芚寺志』 卷4), 아세아문화사, 1983.
5 朝鮮光文會, 「釋志」, 『海東繹史』 卷32, 1912. 이하 「釋志」로 약칭함.
6 한영우, 「해동역사의 연구」, 『한국학보』 38, 일지사, 1985, 168~169쪽 ; 황원구, 「『해동역사』의
　문화사적 이해」, 『동아사논고』, 혜안, 1995.

# ① 불교사 편찬의 배경

『대동선교고』와 『해동역사』 「석지」의 편찬은 양란兩亂 이후 대외인식의 변화와 자국사自國史에 대한 자주적 인식의 강조 아래 진행되었던 당시 실학자들의 역사편찬이나 그 인식과도 직접적으로 결부되어 있다. 그러므로 이들의 불교사 편찬은 불교사 자체에 대한 관심과 함께 당시 시대적 문제와 결부된 몇 가지 요인에서 비롯된 것이었다.

첫째, 대중국관對中國觀이나 화이론華夷論에 대한 인식의 변화는 자국사自國史에 대한 주체적 이해의 기초를 이루고 있다. 그들은 우선 광범위한 사료 수집을 강조했고, 철저한 고거주의考據主義를 근거로 역사를 서술하기도 했다. 우선 조선후기는 대외인식對外認識으로 인한 역사의식의 변화가 가장 크게 작용하고 있었다. 조선시대의 대외인식은 주자학적 세계관에 기초한 화이론華夷論으로 명대明代까지는 화명華明・모화慕華에 문제가 없었다. 그러나 17세기 명・청 교체는 전통적인 화이관華夷觀과 국제질서가 무너지는 계기가 되었다.

이 시기 조선의 대외인식은 중국은 이적夷狄(청淸)에 의해서 중화문명이 소멸되었지만, 조선에서는 보존되고 있으므로 조선이 유일한 화華라는 형태의 존아적尊我的 화이관華夷觀 내지 문화자존의식이 대두되었다.[8] 이익은 "누구든지 예악禮樂을 갖추면 중화가 될 수 있으므로 우리만이 유일한 중화가 될 수 없으며 그것은 역사적으로나 현실적으로 그러하다"[9]고 하

---

7 최병헌, 「다산 정약용의 한국불교사연구」, 『정다산연구의 현황』, 민음사, 1985, 334쪽 ; 진단학회편, 『한국고전심포지움(해동역사)』 토론문, 일조각, 1994, 294~295쪽.
8 河宇鳳, 「實學派의 對外認識」, 『國史館論叢』 76, 國史編纂委員會, 1997, 258쪽.
9 李瀷, 「答安百順己卯」, 『星湖先生全集』 卷27.

여 조선이 유일한 화華라는 인식을 부정하기도 했다. 정약용(1762~1836)도 이익의 영향을 받아 기존의 화이관 극복에 진전을 보였다. 그는 본래 중국과 이적은 강역疆域에 의해서 구분되는 것이 아니라 도道와 정政, 즉 문화수준의 차이에 있는 것이라고 하였다.[10] 그러므로 중국도 문화가 낮아지면 이적夷狄이 될 수 있고, 반대로 이적도 문화가 높아지면 중국이 될 수 있다고 했던 것이다. 그는 동이문화東夷文化에 대한 재인식을 주장하기도 했다. 더욱이 조선은 정동正東에 위치하면서 문文을 중시한 군자국君子國으로서 중화中華라고 하였다.[11] 동이족을 자처하면서 중화를 건설하였다고 한 것은 기존의 중화주의적 화이관은 물론 소중화小中華 의식으로부터 이탈하여 당당한 면모를 보여준 것이다. 한치윤 또한 동이東夷 즉 한족韓族의 지역을 '군자국君子國' · '근화랑槿花郎'으로 표현하였으며, '인仁을 사랑하고, 천성이 유순하며 해가 뜨는 나라'[12]로 찬양했다. 그것은 지연과 혈연을 강조하는 전통적 화이관을 극복하고 문화를 척도로 하는 새로운 화이관의 인식에 도달했음을 의미한다. 그의 이러한 문화전통에 대한 자긍심은 『해동역사』에서 43권에 이르는 방대한 분량의 지志로 나타나기도 했다.

결국 조선후기 대중국관對中國觀으로 인한 역사인식의 변화는 전통적인 존명중화의식尊明中華意識에 빠져있던 조선인에게 충격을 주었고, 신왕조에 대한 반동적인 역작용이 여러 면에서 일어났을 것이다. 반청감정이 한편으로는 명에 대한 문화사대적 사상을 강조하였고, 한편으로는 명에 밀접히 연계되어 있던 자기전통과 자기 현실에 대한 새로운 인식을 심화시켜

---

10 丁若鏞, 「拓跋魏論」, 『與猶堂全書』 1集 卷12.
11 丁若鏞, 「東胡論」, 앞의 책 1集 卷12.
12 韓致奫, 『海東繹史』, 「東夷總記」.

주었을 것이다. 그러므로 중국은 더 이상 옛날의 중화中華가 될 수 없다는 사상이 중국 중심 세계관에서 벗어나는 중요한 계기가 되었던 것이다. 이로 인하여 한국사의 주체적 체계화의 작업이 적극 활발하게 되었고, 그것이 정통론이라는 형식을 밟아 표출되었던 것이다.

둘째, 기존 사서에 대한 불신이 강했다는 점이다. 이 시기의 사서편찬 은 '조선의 역사는 풍부하지만 그것을 증명할 문헌이 온전히 남아있지 못하며, 고대와 중세의 역사를 기록한 사서는 국가의 연혁과 인물들의 출처를 가히 믿을 수 없다'고 하였다. 또한 조선인의 자기 역사인식에 대 한 무지無知[13]는 종래의 사서가 부실하다는 지적으로 이어졌다.

> a. 東史는 모두 몇 종류나 되는가. 이른바 古記라고 하는 것들은 모두 緇流들의 허황되고 황당한 말이라서 사대부들이 입에 담을 수 없는 것이다. 金富軾이 지은 『三國史記』에 대해 사람들은 빠뜨리고 간략하여 볼만한 것이 없다고 허물하고 있다.[14]

> b. 대체로 西土佛事의 創修에 대한 글과 僧人의 現化한 발자취는 모두 다 이처럼 틀리고 어그러졌으니 전부를 믿기가 어렵다.[15]

유득공은 승려들이 찬한 고기류古記類와 같은 종래의 사서는 허황되거 나 황당하여 그 사실을 믿을 수 없다고 했다. 승려의 국가관이나 사회관

---

13 安鼎福, 『順菴集』 卷2, 「星湖先生序」.
14 柳得恭, 『海東繹史』, 「海東繹史序」.
15 丁若鏞, 「高句麗禪敎始末」, 『大東禪敎攷』(『大芚寺志』 권4), 405쪽.

· 수행관은 유교의 실천윤리와는 근본적으로 다른 것이었다. 아울러 불교 사상과 신비로운 영험담靈驗談을 포함하고 있는 신앙 등을 수록하는 불교사서의 경향은 유교사상이나 역사관과는 상반되는 것이었다. 이전 승려들의 저술이나 사서에 대한 비판은 통렬했다. 특히 『삼국유사三國遺事』는 승려僧侶가 쓴 사서史書라는 전제 아래 부실하고 황탄荒誕하다는 이유로 역사서로 인용되지 못한 채 가장 많이 비판받았다. 이러한 사례는 『대둔사지大芚寺志』 편찬 작업에 참여했던 정약용조차도 예외가 아니었다. 그의 『대동선교고大東禪敎攷』는 대부분이 『삼국사기』를 중심으로 찬술되었지만, 고대불교에 대한 기초 자료인 『삼국유사三國遺事』를 비롯한 불적佛籍을 참고자료로 활용한 예는 보이지 않고 있다.

당시는 비록 일반사서가 신라불교사를 취급했다 하더라도 척불론적斥佛論的 입장에서 신라의 불교를 다루었다. 불교에 관한 풍부한 사료를 무시하고, 불교에 관계되는 기사는 그 시초만을 쓰거나 그 심한 것만을 들어 부정적인 측면을 강조하고자 했다.[16] 안정복은 『삼국사기』에 대해서는 "오류가 많고 황잡하며, 문적을 널리 구하지 못하여 간략하고 북방지역에 대한 것은 모두 탈락시켰다"하였고, 『삼국유사』에 대해서는 "이단의 허황한 설이고, 전적으로 승僧의 사적事迹을 썼기 때문에 황탄하다" 하였으며, 『고려사高麗史』에 대해서는 "지志에 탈락된 것이 많고 열전列傳은 소루하며, 『삼국사기』의 오류를 그대로 답습했다"고 했다.[17]

셋째, 조선의 문화전통 강조와 불교사 복원이다. 정약용과 한치윤이

---

16 趙珖, 「朝鮮王朝時代의 新羅認識」-東史綱目을 中心으로-, 『民族文化研究』 16, 고려대 민족문화연구소, 1982, 158쪽.
17 安鼎福, 『東史綱目』, 「自序」.

유학자의 본분임에도 불구하고 『대동선교고』와 「석지」를 편찬한 것은 무슨 이유일까. 그들은 비록 '종래의 고기류古記類가 승려들에 의해서 서술되어 그 내용을 믿을 수 없고 소략하다'는 비판으로 일관했지만, 자국사에 대한 체계화와 복원을 염두해 두었다. 예컨대 그들의 역사인식과 편찬은 우리나라의 역사가 중국사와 대등하게 그 시종始終이 전개되고 있으며, 문화전통 또한 중국에 비해 결코 뒤진 것이 아님을 강조하고자 했다. 그러므로 『대동선교고』와 『해동역사』「석지」의 편찬은 조선후기 실학자의 자국사와 문화전통에 대한 주체적인 이해에서 비롯된 것이다. 아울러 그동안의 사서가 황당하고 믿을 수 없는 허무맹랑한 것으로 인식한 그들은 실증적 자세로 불교사를 면밀히 재검토하고 복원하려는 노력을 기울였다. 이러한 노력은 중국 사서에 수록된 우리나라 불교기사도 예외는 아니었다.

넷째, 우리나라 불교사에 대한 소개를 목적으로 하고 있다. 조선왕조는 건국 초부터 불교를 이단시하여 사상과 신앙은 물론이고 관계 서적조차도 철저하게 금기시했다. 이러한 부정적인 선입관은 불교 자체에 대한 이해뿐만 아니라 우리나라 불교사에 대한 무지無知를 불러일으켰다. 지나간 역사에 대한 연구나 편찬에서 불교에 대한 기술은 이단임을 전제하여 혹독한 비판을 받았고 삭제되었다. 이러한 현상은 자연히 불교사에 대한 관심과 연구를 부진하게 했고, 그 이해조차도 드문 일이었다. 『삼국사기』와 중국의 사서史書에 수록된 우리나라의 불교기사는 우리의 불교문화전통이 중국과 대등한 면을 지니고 있음을 중국에 알리는 것임과 동시에 그동안 비판적이고 부정적인 선입관을 재검토하는 계기가 되었을 것이다.

## 2 구성

두 사서는 17세기 이후 역사편찬에 널리 활용되었던 강목체綱目體를 준용하고 있다. 인용引用 제서諸書 중 특기할 만한 것은 '강綱'으로 하고, 세부 서술 내용은 '목目', 그리고 찬자의 사론史論이라고 할 수 있는 '안설案說'을 첨가했다.

### 1)『대동선교고』와 고대불교사

『대동선교고大東禪敎攷』는 정약용이『삼국사기三國史記』의 불교기사를 '다듬어서 엮은'[18] 우리나라 고대불교사다. 현재『대둔사지大芚寺志』권4에 수록되어 있다. 전반부는 <고구려선교시말高句麗禪敎始末> · <백제선교시말百濟禪敎始末> · <신라선교시말新羅禪敎始末>로 분류하여 고대 삼국의 불교사를 전래傳來와 유통流通의 사실을 연대순으로 정리했다. 후반부는 신라 말까지 국내외에서 활동한 승려들의 전기傳記와 법맥法脈 등을 정리했는데,『경덕전등록景德傳燈錄』 ·『불조역대통재佛祖歷代通載』와 같은 중국의 불적佛籍에 수록된 신라승新羅僧을 적출하여 사승관계嗣承關係, 스승과의 선문답禪問答 등을 정리했다. 아울러 최치원崔致遠의 사산비명四山碑銘이나 조선후기에 간행되어 주목받고 있었던 사암獅巖 채영采永의『서역중화해동불조원류西域中華海東佛祖源流』[19]에서 홍척洪陟 · 혜철慧徹 · 무염無染 · 도의道義 등 신라 말 선종禪宗의 개창조開創祖를 위시한 승려들의 법맥을 정리하기도 했다. 그리고 자신의

---

18 尹峒,「跋文」(『大芚寺志』卷4), 398쪽.
19 采永,『西域中華海東佛祖源流』(『韓佛全』10, 107b~118a쪽) 이하『불조원류』로 약칭함.

사론史論을 26개의 '안설案說'로 표기하여 『삼국사기』 기록의 오류와 내용의 소략함을 지적하고, 고증考證을 통해 바로잡기도 했다.

다산의 고대불교사 정리 작업은 단순한 자료 정리의 수준을 넘어선 것이다. 그는 불교전래를 조중관계朝中關係를 기초로 한 역사적 측면에서 해석했고, 특히 백제의 불법이 침류왕 때 동진東晉으로부터 전래되었지만, 한강 이북이 중국의 영토였던 탓에 불사佛寺를 널리 창건하지 못했을 것[20]이라고 하였다. 이것은 다산의 우리 역사에 대한 인식체계이기도 했던 영토의식領土意識[21]이 불교사 편찬에도 작용한 것이다.

한편 다산은 후반부의 『경덕전등록景德傳燈錄』에 수록된 신라승新羅僧들을 소개할 때는 구체적으로 그 권수까지 표기했고, 동일인물은 『경덕전등록景德傳燈錄』과 『불조원류』를 비교 검토하는 세심함을 보이기도 했다. 중국의 『경덕전등록景德傳燈錄』에 수록된 신라 순지선사順支禪師에 대해서는 스승 앙산적선사仰山寂禪師와의 선문답禪問答을 소개하고, 채영이 찬한 『불조원류佛祖源流』에는 '오대산순지선사五臺山順支禪師'로 표기되었음을 밝혔다. 아울러 두 사람 사이에 오고 간 원상圓相에 대해서는 "만법萬法이 귀일歸一하다는 뜻 같다"고 선문답을 해석까지 하고 있다.[22]

그는 『불조원류』의 '신라명덕新羅名德'을 참고할 인물이나 '성적가심자聲跡可尋者'·'절무성적자絶無聲跡者'로 분류하여 정리하기도 했다. 그는 조선후기에 간행된 『불조원류』가 신라의 명덕名德에 대한 사실을 잘못 기록하여 믿기 어렵다고 했지만, 참고하도록 덧붙여 둔다고 전제했으며, 성적聲跡이

---

20 정약용, 『大東禪教攷』(『대둔사지』 권4), 360쪽.
21 조성을, 「정약용」, 『한국의 역사가와 역사학』 상, 창작과비평사, 1994, 322~333쪽.
22 정약용, 『大東禪教攷』(『대둔사지』 권4), 378~379쪽.

끊기고 없는 사람은 명자名字라도 기록하여 후세 사람들이 알아보게 할 만큼[23] 인용 자료의 비교 검토와 후대의 연구를 염두 해둘 만큼 치밀함을 보였다.

## 2) 『해동역사』「석지」와 고려불교사

『해동역사』는 세기世紀·지志·고考의 기전체 사서로 전체 85권으로 구성되어 있다. 이 가운데 지는 43권으로 전체 분량의 약 절반을 차지한다. 지는 성력星曆·예禮·악樂·병兵·형刑·식화食貨·물산物産·풍속風俗·궁실宮室·관씨官氏·석釋·교빙交聘·예문藝文의 순서로 편찬되었다. 「교빙지」와 「예문지」는 전체의 반 이상을 차지하여 한·중·일 3국간의 외교·통상관계와 학술문화교류 기사를 수록하고 있다. 지는 이밖에 제도뿐만 아니라 일반 서민의 생활과 관련된 것들이 많이 수록되어 있다는 점에서 넓은 의미의 문화사文化史라고 할 수 있다.

제32권 「석지釋志」는 중국과 일본의 서적에 수록된 우리나라의 불교기사를 석교釋敎·사찰寺刹·명승名僧으로 분류하여 재구성했으며, 도교道敎에 관한 내용을 부록으로 정리했다. 불교기사의 구성은 크게 두 부분으로 나누어진다. 중국과 일본의 서적에 수록되어 있는 우리나라 불교기사와 한치윤과 그의 조카 한진서의 안설案說이다.

석교조釋敎條는 우리나라 고대부터 조선시대까지의 불교사를 개관했다. 그러나 전체 분량에서 고대불교는 삼국三國의 불교전래만을 수록했고, 대

---

23 丁若鏞, 『大東禪敎攷』(『大芚寺志』 卷4), 391~395쪽.

부분의 내용이 고려불교에 집중되어 있다. 조선시대의 불교 기사는 1581년(선조 14) 조선이 명에 "존천尊天 24신身, 아라한阿羅漢 108신을 올려 천불사千佛寺에 바쳤다"는 기록만 있을 뿐이다. 삼국의 불교전래는 『일본기日本紀』와 『후주서後周書』 등의 내용을 강綱으로 하고, 『삼국사기三國史記』의 기록을 목目에 두어 단편적인 불교전래 기사를 보완하는 형식을 취했다. 고려불교는 국사國師·왕사王師 등 승직僧職과 그에 따른 복색服色의 구분, 불상佛像과 의식구儀式俱, 송宋과 요遼의 대장경大藏經 하사 등의 다양한 내용을 수록하고 있다. 조선시대 불교에 대한 소개가 단 1건에 불과한 것은 조선의 불교탄압이 일차적 요인으로 작용하고 있었다. 아울러 명대明代의 불교가 쇠퇴기를 맞이하였고, 불교에 대한 국가적 통제와 배불론 등으로 그 내용이 소략한 것과 관계가 깊다.

사찰조寺刹條는 전체 28개의 사찰을 수록했는데, 시대별 분포는 통일신라 1, 고려 26, 조선 1개 사찰로 구성되어 있다. 사찰은 연혁부터 관련 설화와 편찬자 한치윤의 답사를 통한 고증 등에 관한 내용이 정리되었다. 내용의 출처가 대부분 중국의 사서인 까닭에 고려가 중국에 대한 사대事大의 예를 표시하는 부분이 나타나기도 한다. 명승조名僧條는 고대에서 조선까지 전체 68명의 승려를 수록하고 있다. 시대별 분포는 조선의 승려가 2명에 불과한 것과는 대조적으로 고대의 승려가 50여 명이나 차지하고 있다. 명승조에서 주목할 것은 중국의 불서佛書인 『전등록傳燈錄』에 수록되어 있는 우리나라 승려들을 소개했다는 것이다. 도의道義와 무염無染·품일선사品日禪師와 같이 신라 말의 선종 개창조와 도선道詵·의천義天과 같은 고려의 대표적인 승려들에 관한 기록을 볼 수 있다. 뿐만 아니라 중국인 병자病者를 구해 준 신라의 무명승無名僧과 중국에서 활동했지만 행적을 알 수 없는 승려들을 소개했는데, 『원시선元詩選』·『열조시집列朝詩集』과 같은 중국의 시집에서 이들과 관련된 시를 찾아내 그 행적의 실마리라도 제공하고 있다.

『해동역사』「석지釋志」는 한치윤의 사론史論이기도 한 '안설按說' 17개와 조카 한진서의 '근안謹按' 2개가 있다. '안설'은 소략한 본문을 보완해 주는 역할뿐만 아니라 내용상의 오류를 지적하고 바로잡았다.

> a. 살펴보건대, 고려사를 보면, 太祖가 安和禪院을 지어 大匡 王信
> 의 원당으로 삼았고, 예종이 이를 중수하여 安和寺로 만들었으니, 대
> 개 안화사는 비록 태조 때 처음으로 지어졌으나, 안화사로 이름 지어
> 진 것은 실로 예종 때에 비롯된다. 동국여지승람을 보면 "안화사는
> 松嶽의 紫霞洞에 있다"하였으며, 李仁老의 破閑集에는, "절에 大宋
> 황제가 '宸翰門'이라고 친히 扁額을 쓴 다음 蔡京에게 명하여 문에
> 걸게 하였으니, 高麗圖經에서 이른바 "절의 편액은 바로 太師 채경
> 이 쓴 것이며, 이른바 신한문과 能仁殿이라고 쓴 두 편액은 今上 황
> 제의 御書이다.[24]

> b. 만력 9년에 고려에서 (살펴보건대, 고려는 마땅히 조선으로 해야
> 한다)尊天24身, 阿羅漢 108身을 올렸는데 모습이 아주 이상하였다.[25]

인용문은 『고려도경高麗圖經』에 수록된 정국안화사靖國安和寺에 대한 기사를 우리나라 기록인 『고려사高麗史』·『동국여지승람東國輿地勝覽』을 통해 보

---

24 한치윤, 『海東繹史』「釋志」(寺刹條).
25 한치윤, 『海東繹史』「釋志」(釋敎條).

완하였고, 조선을 고려로 표기한 『춘명몽여록春明夢餘錄』의 기록을 지적하고 바로잡았다. 「석지釋志」가 『고려도경』의 기록을 중심으로 편찬된 것은 사실이지만, 가장 많은 비판을 받는 문헌이기도 하다. 이것은 한치윤이 중국의 문헌을 맹목적으로 신뢰하지 않았음을 의미한다.

 **3** **편사정신**

### 1) 인용자료의 검토

『해동역사海東繹史』 「석지釋志」와 『대동선교고大東禪敎攷』는 고증학적 방법을 기초로 편찬된 사서이기 때문에 인용자료가 매우 방대하다. 아울러 자료에 대한 찬자의 비판적 해석을 통해 편사編史태도 또한 살펴 볼 수 있다. 특히 「석지釋志」는 중국과 일본의 사서가 광범위하게 이용되었다.

〈표 Ⅵ-1〉 釋志의 引用資料

| 釋 敎 | 寺 刹 | 名 僧 |
|---|---|---|
| 日本紀·後周書·和漢三才圖會·宋史·鷄林志·高麗圖經·遼史·元史·明史·春明夢餘錄 | 三國史記·鷄林志·高麗圖經·無夢園集·三才圖會續集·淸一統志·湖壖雜記·通州志 | 古詩紀·冊府元龜·日本書紀·新唐書·和漢三才圖會·日本維摩會緣起·續文獻通考·神僧傳·三才藻異·釋門正統·會玄記·全唐詩·傳燈錄·本草圖經·吳越王傳·宋史·西河集·異稱日本傳 |

표는 「석지釋志」의 편찬에 활용된 중국과 일본의 서적을 중심으로 정리한 것이다. 중국의 서적은 인용 자료의 중심을 이루고 있다. 『후주서後周書』·『송사宋史』·『원사元史』와 같은 역대 정사正史기록과 북송 초기에 편

찬된 중국 역대 군신君臣의 사적事跡인 『책부원구冊府元龜』, 그리고 『신승전神僧傳』·『전등록傳燈錄』과 같은 승전기록, 『속문헌통고續文獻通考』·『춘명몽여록春明夢餘錄』과 같은 명대明代의 여러 제도를 소개한 전고典故기록, 청대淸代에 찬한 당시唐詩의 총집總集인 『전당시全唐詩』와 명대에 찬한 중국 고대의 시화詩話기록인 『고시기古詩紀』 등 약 27종의 서적이 망라되어 있다.

일본의 서적 또한 관찬사서인 『일본서기日本書紀』와 『일본기日本紀』 같은 고대 일본사 기록을 기초로 명明의 박물지博物志인 『삼재도회三才圖會』를 모방하여 천지인天地人 삼재三才의 사물을 모은 다음 그림을 그려서 설명한 『화한삼재도회和漢三才圖會』를 인용했고, 이밖에 『이칭일본전異稱日本傳』이나 『유마회연기維摩會緣起』 등 5종의 서적이 인용되었다. 일본자료를 참고한 것은 18~19세기 무렵 일본과의 문화교류가 활발하여 서책의 수입이 가능했음을 의미한다. 인용자료 가운데 송대宋代 왕운王雲이 찬한 『계림지鷄林志』와 서긍徐兢의 『고려도경高麗圖經』은 편찬자들이 고려에 사신으로 왔다가 돌아간 뒤에 고려에 관한 사실을 다방면으로 상세하게 수록하여 고려불교사를 구체적으로 알려주고 있다. 특히 『고려도경』은 고려의 승직제도僧職制度, 대표적인 사찰, 불상과 의식구 등 「석지釋志」에 수록된 고려불교사의 출처가 되고 있어 귀중한 자료 역할도 하고 있다. 이밖에 『전등록傳燈錄』·『신승전神僧傳』은 중국에 유학 간 많은 신라와 고려의 승려가 보이기도 한다.


우리나라 수천 년의 사실을 經傳에서 叢稗에 이르기까지 여기저기 흩어져 있는 것을 찾아내고 거의 모아서 이를 베끼고, 손칼과 풀을 가지고 자료를 떼어서 합치고, 합치고 떼는 일에 몰두하여 풀어헤친 머리에 땀이 흐르고 거의 침식을 잊고 6년 동안 힘을 기울여 비로

소 분류하고 條目을 세워 하나의 책을 이룩하였다.[26]

인용문은 한치윤이 540여 종의 중국과 일본의 총서叢書와 패사稗史 등에 수록되어 있는 조선 관계 자료를 수집하고 정리한 6년 동안의 노고를 엿볼 수 있다. 이러한 자료수집과 분류, 자료에 대한 비판적 해석과 같은 편찬태도는 당시 사서편찬의 일반적 경향이기도 했다. 『해동역사』의 서문을 썼던 유득공도 동일한 방법을 구사하고자 했던 모양이다.

> 내가 일찍이 二十一史의 東國傳을 가져다가 그 중복된 것을 깎아 버리고 註를 내어 변론하여 삼국사기·고려사 등 두 사서와 함께 서로 연관시켜 보도록 하면 혹 증거가 되고 믿을 수 있을까 생각했지만, 끝내 이를 이루지 못하고 또한 일찍이 마음으로부터 엄두를 내지 못했다.[27]

편찬의 형태는 중국의 정사正史기록가운데 동국에 관한 기사를 수집하고 편집하여 『삼국사기』나 『고려사』와 같은 동국東國의 사서史書와 대조하여 주註를 달아 기록에 대한 진위眞僞와 보충설명을 하고자 했다는 것이다.

〈표 VI-2〉 '석지」에 인용된 조선의 문적

| 釋 敎 | 寺 刹 | 名 僧 |
|---|---|---|
| 智證大師碑·三國史記 | 高麗史·東國輿地勝覽·破閑集 | 三國史記·高麗史 |

---

26 柳得恭, 『海東繹史』 序.
27 유득공, 앞의 글.

표는 한치윤과 그의 조카 한진서가 「석지」를 편찬하면서 외국의 기록인 본문에 대한 보충설명이나 오류를 바로잡는 과정에서 인용한 조선의 문적文籍이다. 조선후기의 사서편찬은 중국 중심의 자료를 널리 수집하고 분류 정리하였으며, '안설按說'이나 '운설云說' 등의 표현으로 자료에 대한 찬자의 비판적 견해를 피력하는 것이 일반적인 편사방법이었다. 때문에 이러한 편사방법이 불교사 자체의 본질적인 문제에 관한 것을 다루기보다는 연대나 지명고증 등 불교사에 부수적인 사항들에 관한 견해 제시에 그친 한계[28]라고만 볼 수 없다.

> 살펴보건대, 동국여지승람에는 "演福寺는 松嶽의 도성 중부에 있다. 옛 이름은 普濟寺이며, 대전을 能仁殿이라 하고, 그 앞문을 神通門이라 한다."하여 高麗圖經에 실려 있는 것과 내용이 같다. 고려사에는 "충렬왕 12년에 보제사에 행행하여 文殊會를 베풀었다"고 하였다. 그러므로 보제사를 연복사라고 이름을 고친 것은 대개 충렬왕 이후의 일이다.[29]

『고려도경』의 광통보제사廣通普濟寺에 대한 내용을 그대로 수록한 본문은 보제사의 전각의 규모와 탑에 대한 설명뿐이지만, 한치윤은 『동국여지승람』과 『고려사』의 기록을 토대로 보제사가 사명寺名을 연복사로 고친 사실이나 그 시기를 고증하고 있다. 한치윤이 「석지」의 편찬에 조선의 문적을 활용한 것은 중국측 자료를 이용한다고 해서 『삼국사기』나 『고려

---

28 최병헌, 「다산 정약용의 한국불교사연구」, 『정다산연구의 현황』, 1985, 민음사, 334쪽.
29 한치윤, 『海東繹史』「釋志」(寺利條).

사』와 같은 국내기록을 무시한 것이 아님을 의미한다. 그는 외국 측 기록이라 하여 무조건 사실로 받아들이지 않고 국내 측 자료와 비교하여 외국 측 자료의 잘못된 서술을 바로잡고 있다. 때문에 「석지釋志」는 유득공이 서문에도 밝혔듯이 국내측 자료와 외국측 자료로 "서로 의지해서 이용한다(相依而行)"는 상호보완적 입장이 담겨져 있다. 아울러 본문의 부실한 내용을 보완하고 그 오류를 바로잡는 객관적 연구를 위한 인용 자료의 효과적인 활용의 의미도 지니고 있다.

요컨대 「석지」는 『삼국사기』를 비롯한 우리나라 기록도 탈락된 것이 많아서 고대에 관한 것을 충분히 알 수 없고, 중국 측의 동사東史관계도 불충분하여 이들의 부족한 점을 보충함과 동시에 체계적인 불교사를 이루어 보려고 했다. 그러므로 「석지」는 중국이나 일본의 서적에 수록된 조선불교 기사만을 수집해서 항목에 따라 나열한 자료집에 불과한 것은 아니다. 자료의 배열에는 저자의 주관이 나타나고, 자료에 대한 저자의 감상과 고증과 비판이 '안설'로 제시됨으로써 저자의 불교사 의식과 학구적 안목이 드러난다고 볼 수 있다.

한편 『대동선교고大東禪敎攷』는 다산(1762~1836)이 유배지 해남에서 1814~1818년 사이에 편찬하였다.[30] 이것은 「석지釋志」가 한치윤韓致奫(1765~1814)이 죽기 10년 전인 1804년부터 편찬되기 시작하여[31] 두 사서의 편찬이 거의 같은 시기에 이루어졌을 뿐만 아니라 고거주의考據主義를 기초로 한 편찬방식이나 광범위한 자료의 활용 면에서도 그 경향을 같이하고 있다. 『대동선교고大東禪敎攷』는 우선 『삼국사기』의 불교기사를 추출하고 자신의

---

30 오경후, 「조선후기 대둔사지의 편찬」, 『한국사상사학』 19, 한국사상사학회, 2002.
31 黃元九, 「한치윤의 사학사상」, 『人文科學』 7, 연세대 인문과학연구소, 1962, 342~343쪽.

견해인 '안설按說'을 덧붙였다.

『삼국사기』에 나타난 불교기사는 전체 143건이다.

<표 Ⅵ-3> 『삼국사기』 불교기사

| 本　紀 | | | 志 | 列傳 |
|---|---|---|---|---|
| 신라 | 고구려 | 백제 | 잡지(직관) | 14 |
| 104 | 9 | 9 | 7 | |

이 가운데 신라본기에 수록된 기사가 104건으로 가장 많이 수록되었고, 고구려와 백제는 각각 9건으로 매우 빈약하다. 지志와 열전列傳 역시 신라 불교와 직접적인 관련을 지니고 있다.

<표 Ⅵ-4> 『대동선교고』 소재 『삼국사기』 불교기사

| | 新羅禪教始末 | | | 高句麗禪教始末 | | 百濟禪教始末 | |
|---|---|---|---|---|---|---|---|
| | 本紀 | 職官志 | 列傳 | 本紀 | 列傳 | 本紀 | 職官志 |
| 三國史記 | 35 | 1 | 2 | 10 | 2 | 9 | 1 |

한편 다산이 『대동선교고』에서 본문으로 활용한 『삼국사기』 불교기사는 왕기王紀가 명확하게 제시되어 『삼국사기』 원문과 대조가 가능한 기사가 전체 57건이다. 우선 <신라선교시말>은 신라본기의 기록에서 약 35회 인용되었다. 이것은 원문에 수록된 불교기사 104건에 비하면 매우 적은 수치다. 그러나 다산이 『삼국사기』에 수록되어 있는 신라의 사찰과 명승名僧에 대한 부분을 개별적으로 정리하지 않고 사명寺名과 승명僧名만을 한 곳에 모아 나열하였기 때문에 실제적인 횟수는 이보다 훨씬 많다. <고구려선교시말>은 12건으로 원전原典보다 많이 수록되었다. 다산은

고구려의 불교기사가 고구려본기에 수록되어 있지 않더라도 백제본기百
濟本紀나 신라의 김유신·거칠부 열전에서 발췌하여 <고구려선교시말>에
수록했다. <백제선교시말> 또한 전체 10건에 불과하며, 보조 자료도 최
치원이 찬한 지증대사비문智證大師碑文을 1회 정도 활용하고 있을 뿐이다.

이와 같이 삼국의 선교시말은 그 인용 횟수에서 불균형을 이루고 있는
데, 이것은『삼국사기』원전의 내용이 신라불교사 중심의 편향성이 그 일
차적인 원인이다. 다산 또한『대동선교고』전반에 걸쳐 이 문제에 대해
지적하고 있는 실정이다.『대동선교고』는 이외에도『불조통재佛祖通載』·
『전등록傳燈錄』·『염송집拈頌集』·『사산비명四山碑銘』·『불조원류佛祖源流』등을 자
료로 활용했다. 특히『불조원류佛祖源流』는 채영采永이 불문佛門의 법맥전승
관계를 정리한 해동 승려의 전등기록이다.

<표 Ⅵ-5>『大東禪敎攷』所載 佛籍

| 佛祖通載 | 傳燈錄 | 拈頌集 | 四山碑銘 | 佛祖源流 |
|---|---|---|---|---|
| 1 | 27 | 3 | 23 | 94 |

표는 다산이 중국과 우리나라의 불서에 수록되어 있는 승려를 추출하
여『대동선교고』에 수록한 승려들의 숫자다. 다산은『불조원류』를 중심
으로 동국의 승려와 그 법맥관계를 정리했지만, 고대와 고려의 전등기록
에 대해서는 산성散聖으로 취급했고, 사실이 잘못되어 믿기 어렵다고까지
했다.[32] 그러나 승려들에 대한 대강의 행적과 법맥관계를 통해 해동불교
海東佛敎의 면모를 살피기 위해 '참고하도록 덧붙여 둔다'고 했다. 예컨대

---

32 정약용,『대동선교고』(『대둔사지』권4, 434쪽).

다산은 "행적을 찾을 수 있는 자(聲跡可尋者)"와 "행적을 알 수 없는 자(絶無聲跡者)"로 분류하여 정리했다. 특히 '절무성적자絶無聲跡者'는 "그 명자名字라도 기록하여 후세사람들이 알아보게 하였다". 다산은 이외에도 『전등록傳燈錄』과 『염송집』에서 신라 승려들이 중국에서의 활동과 사제지간師弟之間에 주고받은 선문답禪問答을 정리하였고, 최치원이 찬한 사산비명은 "신라 때 명덕名德의 실적實跡이 가장 많다"[33]고 하여 사산비명에 실려 있는 선승禪僧들의 행적을 모두 정리하기도 했다.

결국 다산은 『삼국사기』의 단편적인 불교기사를 통해 한국 고대불교사의 개요를 소개했고, 『불조원류佛祖源流』나 사산비명과 같은 자료를 통해 불교계 내부와 승려의 법맥과 수행 등 『삼국사기』가 지닌 한계를 보충하고자 했다. 다산은 『삼국사기』와 같은 우리나라 사서를 불신했던 상황에서 단편적인 불교기사를 한 곳에 모아 우리나라 고대불교사를 재구성하려는 의도를 지니고 있었다. 때문에 『대동선교고』는 불교사에 대한 단순한 자료집[34]이기 보다는 문화전통을 중심으로 한 자국사의 주체적 체계화 작업을 위한 불교사 편찬으로 평가할 수 있다.

## 2) 불교사 이해와 한계

『대동선교고』와 『해동역사』 「석지」는 『삼국사기』와 중국·일본의 사서를 저본底本으로하여 편찬된 불교사서다. 찬자들은 저본에 대한 검토를 통해 내용의 소략함이나 오류를 지적하는 기초적인 작업에서부터 우리

---

33 정약용, 앞의 책, 428쪽.
34 최병헌, 앞의 글.

나라 불교사에 대한 자신들의 견해까지 밝히고 있다. 이러한 찬자들의 견해는 편찬태도뿐만 아니라 그들의 불교사 이해의 정도까지도 살펴 볼 수 있다.

첫째, 두 사람은 우리나라 고대와 중세불교사에 대한 폭 넓은 이해를 시도했다. 광범위한 자료수집과 고증학적인 입장에서의 분석을 기초로 삼국의 불교전래와 유통·불교사상과 신앙 그리고 승려의 중국 유학과 선종의 법맥 등을 정리했다. 아울러 고려 불교계의 국사國師·왕사王師와 같은 승직제도僧職制度, 대장경의 고려 전래와 왕성王城 내외의 많은 사찰과 승려의 법맥 등 다양한 고려의 불교문화를 소개했다. 비록 당시의 불교계에 대한 사회적 인식이 승려가 전쟁에 참여하여 활약함으로써 긍정적이었던 것은 사실이지만, 불교사상이나 신앙까지도 호의적으로 바라본 것은 아니다. 더욱이 이전 사서史書가 대부분 치류緇類들의 허황되고 황당한 내용으로 일관되었다는 혹독한 비판을 받고 있는 상황에서 이들의 불교사 편찬과 이해는 주목할 만 것이다.

둘째, 이전 기록에 대한 면밀한 검토와 실증적實證的 해석解釋이 이루어졌다. 삼국의 불교전래에 대한 해석은 이미 『삼국유사』와 『삼국사기』에 보이지만, 단편적이고 설화적인 성격이 짙다. 그러나 「석지」에서는 소략한 본문의 내용을 『삼국사기』 기록을 통해 보완이 이루어졌고, 『대동선교고』에서는 삼국의 불교전래를 중국과의 대외관계 속에서 해석하고자 했다. 372년 고구려 소수림왕 때 불교가 전래되었다는 사실에 대해 다산은 소수림왕 때는 "중국 모용위慕容暐의 전연前燕이 전진前秦의 부견符堅에게 항복을 하고, 이때를 계기로 요동遼東으로 가는 길이 소통되는데 이것이 전진의 승려 순도順道가 고구려에 오게 된 내력이다"[35]라고 설명했다. 고구려 불교전래에 대한 종래의 사서보다는 좀더 구체적이고 현실적인 해석이라고 할 수 있다. 『삼국사기』의 백제불교기사 역시 "384년 침류왕 때 백제에 불교가 전래되었지만 이후 216년 동안 불교에 대한 기사가 전혀 없다가 599년 법왕法王때에 이르러서 불법이 크게 실행되었다"[36]고 했다. 다산은 그 이유를 중국의 지배를 받았기 때문으로 해석했다. 예컨대 "서진西晉때에 맥인貊人이 춘천春川으로 내려와 살면서 낙랑태수樂浪太守라고 서명署名하거나 또는 낙랑왕樂浪王이라 자칭하였다. 그러나 한漢과 위魏때 중국으로부터 바다건너 벼슬아치를 자주 보내왔다. 대체로 열수洌水의 북쪽과 패수浿水의 남쪽은 본래가 한漢의 땅이다. 담시曇始가 살던 때도 바다를 건너서 낙랑에 왔을 것이나 불법佛法은 실행되지 않았을 것 같다"[37]고 해석했다. 이외에 다산은 삼국의 사찰이 전국의 명산名山에 본격적으로 창건되기 시작한 때를 신라 말로 추정했다. 그 이유로 "삼국이 대치되어 한수漢水의 북쪽과 패수浿水의 남쪽은 본래가 한漢의 땅이라 중국에서 벼슬아치를 보내거나 아니면 토추土酋가 나라를 세웠다. 현재의 철령鐵嶺 북쪽은 남옥저南玉沮[38]이고, 마천령摩天嶺의 북쪽은 북옥저北玉沮이니 이것을 삼분오열三分五裂이라 한다. 백제는 현재 한수漢水의 남쪽인 경기京畿와 충청忠淸 (좌도는 신라땅이다) 전라全羅땅이다. 당시에 불법은 가장 먼저 고구려에 들어 왔으나 평양의 밖에는 불사佛寺를 창건하지 않았고, 다음의 백제에 이르러서도 한산漢山의 밖에는 불사佛寺를 창건하지 않았다. 때문에 온 나라의 명산에 불사가 반거蟠據하게 된 것은 모두가 신라의 말년이며 그 이전에는 그렇게 되지 않았다."[39]고 했다.

---

35 정약용, 『대동선교고』(『대둔사지』 권4).
36 정약용, 『대동선교고』(『대둔사지』 권4), 360쪽.
37 정약용 『대동선교고』(『대둔사지』 권4), 361쪽.
38 玉은 원문에 의거함.

한치윤 또한 중국 사서에 수록된 우리나라 불교에 관한 사실을 소개했지만, 그 내용이 소략하면 우리나라 사서에 수록된 해당 내용을 발췌하여 보충했다. "안화사安和寺는 처음 태조가 안화선원安和禪院이라는 이름으로 지었으나 예종睿宗이 이를 중수하여 안화사安和寺로 만들었으니 대개 안화사는 비록 태조 때 처음으로 지어졌으나, 안화사로 명명된 것은 예종 때에 비롯되었다"고 하여 안화사의 연혁을 규명했다. 이외에『동국여지승람』을 활용하여 안화사가 송악의 자하동紫霞洞에 있고, 이인로李仁老의『파한집破閑集』에는 송의 황제 휘종徽宗이 직접 '신한문宸翰門'이라는 편액扁額을 써준 사실을 밝히고 있다. 고려의 대표적인 사찰인 광통보제사廣通普濟寺 역시『동국여지승람』의 기사를 기초로 조선시대에는 연복사演福寺라는 이름으로 바뀌었으며,『고려사』기록을 근거로 충렬왕 이후에 보제사에서 연복사로 바뀌었다고 주장했다. 그는 연복사 터까지 답사하여 연복사탑 중수비演福寺塔重修碑와 종에 새겨진 가정稼亭 이곡李穀의 명銘까지도 판독하는 치밀함을 보이기도 했다. 정약용과 한치윤, 한진서의 이러한 불교전래와 사찰 창건에 대한 역사적 해석과 외국측 자료의 부실함을 우리나라 자료를 통해 보충한 면모는 불교사 이해를 심화시키는 계기가 되었다.

셋째, 두 사서는 고거주의考據主義를 기초로 내용상의 오류를 비판적으로 지적하고 바로 잡고자했다. 먼저 한치윤은 1748년(영조24) 송경松京을 유람할 때 이곳 교외에 위치한 흥국사興國寺의 유적을 답사하기도 했다. 이때 그는 1021년 강감찬이 나라가 태평하고 국내가 안정되기를 빌기 위해 세운 3층의 부도浮屠를 발견하고는 강감찬姜邯瓚의 이름자 가운데 '찬'자

39 정약용,『대동선교고』(『대둔사지』권4), 363~364쪽.

가 『고려사』에는 '찬贊'으로 표기되어 있는 반면 부도탑에는 '찬瓚'으로 새겨있는 것을 발견했다. 때문에 그는 고려시대 강감찬이 세운 탑에 새겨진 '찬瓚'을 더 정확한 것으로 보아야한다[40]고 했다. 「사찰」조의 감로사甘露寺 기사에서는 "조선국지朝鮮國志에 이르기를 고려의 이자연李子淵이 원나라에 들어가 조회하면서 윤주潤州의 감로사甘露寺에 올라갔다가…"라고 한 『무몽원집無夢園集』의 기록을 "이자연은 고려 문종 때 사람으로 송 인종仁宗과 영종英宗 연간에 해당 된다"고 하여 이자연이 원나라에 들어갔다는 본문의 설이 잘못임을 주장했다. 그런데 『무몽원집』에 인용된 이 글은 본래 『조선국지』에 실렸던 내용이다. 그러므로 한치윤은 "(본문에서)조선국지라고 칭한 것은 바로 『동국여지승람』으로 수정했으며, 이자연이 원나라로 들어갔다는 설은 역시 『동국여지승람』에서 잘못 말한 것을 그대로 따르고 있다"고 지적했다. 이와 같이 한치윤은 감로사에 대한 내용이 수록되어 있는 『무몽원집』과 『동국여지승람』의 내용을 비교하여 『무몽원집』에서 참고한 『조선국지朝鮮國志』가 『동국여지승람東國輿地勝覽』임을 밝혀냈다.[41] 이밖에도 한치윤은 『속문헌통고』의 의천에 관한 내용 중에 의천이 중국으로 간 연대에 대해 의문을 제기했다. 『속문헌통고』는 "의천이 원우元祐 초에 중국으로 들어 가 도를 물었다."고 했다. 한치윤은 "고려사를 보면 의천이 선종宣宗 2년(1085) 을사에 송나라로 들어갔는바, 바로 원풍元豊 8년이다. 그 뒤에 원우元祐 4년(1089, 선종6)에 수개壽介 등을 파견하여 정원淨源에게 제전祭奠을 올리고, 겸하여 금탑金塔을 바쳤다. 그렇다면 이곳에서 '원우 초에 중국으로 들어가서 도를 물었다고 한 것은 틀린 것이다."[42]라고 주

---

40 한치윤, 『海東繹史』「釋志」(寺刹條).
41 한치윤, 『海東繹史』「釋志」(寺刹條).

장했다. 또한 의천이 왕흥사王興寺에 교장도감敎藏都監을 설치한 것과 관련하여 "우리나라 해인사에 있는 장경판은 고지古志에 '신라 애장왕哀莊王' 정묘년에 새겨 만든 것이다."고 하였는데, 애장왕이 재위한 19년 동안에는 정묘년丁卯年이란 해가 없다. 이는 대개 선종宣宗 4년 정묘년에 의천이 교장도감敎藏都鑑을 설치하고서 간행한 것인데, 애장왕대의 정묘년으로 잘못 전해진 것으로 해석했다.[43]

이외에도 한치윤은 『열조시집』에 수록된 유기劉基의 "차운화신라엄상인추일견기次韻和新羅嚴上人秋日見寄"라는 시 2수와 "중용운답신라엄상인重用韻答新羅嚴上人"이라는 시의 제목에 나타난 시대가 신라에서 고려로 되어야 한다[44]고 했으며, 『춘명몽여록春明夢餘錄』의 기록 가운데 "만력萬曆9년에 고려에서 존천尊天 24신身, 아라한阿羅漢108신을 올렸는데 모습이 아주 이상하다"고 하였다. 한치윤은 만력9년은 1581년 선조14년으로 "고려는 마땅히 조선으로 바뀌어야 한다"고 했다. 이러한 기록에 대한 연대 표기나 내용의 오류에 대한 지적은 정약용도 엄격했다. 예컨대 신라의 "눌지왕 때 묵호자가 고구려에서 신라로 왔고, 이때의 중국은 양梁나라였다"는 『삼국사기』의 기록이 잘못되었다고 했다. 즉 다산은 신라 눌지왕은 458년 송宋효孝무제武帝 때 세상을 떠났으므로 이때의 중국은 소량蕭梁 때가 아니라는 것이다. 그러므로 눌지왕 때 양梁나라에서 향香을 보냈다는 것은 착오가 확실하다고 주장했다.[45]

이와 같은 두 사서가 지닌 불교사 이해의 노력과 그와 결부된 고증학

---

42 한치윤, 『海東繹史』「釋志」(名僧條).
43 한치윤, 『海東繹史』「釋志」(名僧條).
44 한치윤, 『海東繹史』「예문지」9.
45 정약용, 『대동선교고』(『대둔사지』권4).

적 태도는 『삼국사기』를 찬술했던 김부식의 편찬태도를 비판하기도 했다. 정약용은 『삼국사기』의 기록이 고구려의 불교사찰 창건이 393년 광개토대왕이 평양에 9사寺를 창건한지 약 105년 뒤인 497년 문자왕 7년에 금강사金剛寺를 처음 지었음을 지적하고 "약 100여 년 동안의 사이에 창건된 사찰이 이 보다는 많았을 것인데도 불구하고 역사(삼국사기)에 기록되지 않은 것 같다."[46]고 하였다. 또한 다산은 이 100여 년 동안 고구려의 불교가 역사기록에는 보이지 않아 단절된 듯이 보이지만, 475년 장수왕 때 백제에 파견되었던 도림道琳이 돌아 온 사실을 바탕으로 고구려 불법이 단절되지 않았음을 주장하기도 했다.

마지막으로 그는 『삼국사기』의 고구려 불교기사가 틀리고 어그러져 믿기가 어렵다고까지 했다. 그의 이러한 지적은 백제불교기사에서도 볼 수 있다. 삼국사기에 백제의 사찰이 나타난 것은 두 곳에 불과하고 나머지는 기록되지 않았다는 것이다. 적어도 정약용이 평가한 김부식의 불교기사 찬술태도는 신라불교를 중심으로 한 나머지 기록의 형평성뿐만 아니라 객관성에도 분명한 한계를 지니고 있음을 지적한 것이다.

한편 두 사서가 우리나라의 삼국시대三國時代와 고려高麗의 불교문화를 폭넓게 이해하기 위한 시도와 객관적 찬술을 위한 노력은 강했지만 한계 또한 지니고 있는 것이 사실이다. 첫째, 고구려의 불교전래 시기에 대한 오류다. 한진서韓鎭書는 지증대사비문의 "서진의 담시曇始가 비로소 맥貊으로 건너오고, 고구려의 아도가 우리나라로 건너왔다."는 고구려 불교전래기사를 그대로 소개했다. 그는 "담시는 동진東晉의 고승高僧으로 고구려

---

46 정약용, 『대동선교고』(『대둔사지』 권4), 365쪽.

광개토왕 5년(395)에 경률經律 수십 부를 가지고 요동에 와서 교화하였는데, 『양고승전』은 이것이 고구려에서 불교를 받아들인 시초"라고 하였다.[47] 그런데 고구려의 불교전래는 이보다 23년 전인 소수림왕 2년(372) 부견이 파견한 순도順道에 의해 전래되었으므로 논란의 여지가 있다.[48]

둘째, 어느 한 시기에 편중된 불교사 편찬이라는 점이다. 『대동선교고』는 삼국과 고려의 불교사를 정리했지만, 삼국불교에 관한 내용이 중심을 이루고 있으며, 「석지」는 구성상 고대부터 조선까지의 불교를 다루고는 있지만 고려불교가 중심을 이루고 있다. 그 내용 또한 『삼국사기』와 중국의 사서와 불교서적을 활용한 만큼 각 시대에 유행했던 불교사상이나 신앙 등이 포함된 풍부한 불교사를 서술하지는 못했다는 점이다.

셋째, 유학자들이 정리한 불교사인 만큼 불교교리에 대한 비판의 여지는 남아 있었다.

> 삼가 살펴보건대 송나라 神宗의 세대는 바로 고려 문종 王徽, 순종 王勳, 선종 王運이 서로 대를 이어 즉위했던 시기이다. 그런데 태자를 부처가 내려주고, 고승이 스승에게 절을 하였다는 말은 사리에 맞지 않는 말에 가까운 것이기에 군자가 취하지 않는 법이다.[49]

한진서는 고려사高麗寺의 창건 연기緣起 설화說話를 부정했다. 고승高僧의 전생前生 스승이 고려의 태자로 환생했다는 윤회설輪回說을 철저하게 배척

---

47 한치윤, 『海東繹史』 「釋志」(釋教條).
48 최영성, 『사산비명』, 172쪽.
49 한치윤, 『海東繹史』 「釋志」(寺刹條).

했다. 조선후기 이들의 불교사 편찬의 목적은 적어도 조선사에 대한 독
자성과 문화전통의 우수성을 확립하는 일에 국한되어 있다. 때문에 우리
나라의 불교문화에 대한 소개와 재구성을 강조했을 뿐 불교의 종교적 측
면은 이들에게 여전히 이단으로 자리잡고 있었다. 이러한 현상은 정약용
에게서도 나타난다. 그는 19년 동안의 유배기간 동안 승려와 폭넓게 교
유하면서 승려에게 유교경전을 가르치고, 불교경전 또한 탐독하는 기회
를 가졌지만, 불교교리에 대한 부정적 태도는 변함이 없었다.

> a. 佛氏는 인간이나 만물의 性이 동일하다고 생각하기 때문에 사
> 람이 죽어서 소가 되기도 하고 개가 죽어서 사람이 되기도 하여 이처
> 럼 끝없는 논리로써 生生이 무궁하다고 한다. … 비록 그들의 本意야
> 善을 좋아하고 도를 구하려는 苦心에서 나온 것이지만 그의 말들이
> 孔孟의 옛 의논과는 혹 어긋난 점도 없지 않으니 감히 그 말을 모두
> 추종할 수도 없는 노릇이다. 훗날의 군자들은 이러한 나를 용서해 주
> 기를 바라는 바이다.[50]

> b. …誠意·正心이 비록 배우는 사람들의 지극한 공부이기는 하지
> 만 매양 일로 인하여 誠意를 다하고 일로 인하여 正心하는 것이지
> 禪家처럼 벽을 마주보고 앉아서 마음을 들여다보며 스스로 虛靈된
> 本體를 검사하고 湛然히 허공처럼 밝아 티끌 하나 섞이지 않는 것,
> 이것이 "誠意正心"이라고 하는 사람은 없을 것이다.[51]

---

50 정약용, 國譯『中庸講義補』권1, 전주대 호남학연구소, 1986, 264쪽.
51 정약용, 國譯『大學公議』1, 전주대 호남문화연구소, 1986, 25쪽.

정약용은 불교는 '본연本然의 체體'가 비롯하여 만물萬物이 윤회를 거듭한다고 하지만, 이것은 공맹孔孟의 사상과 어긋나 윤회설을 추종하지 않았으며, 수양론修養論에서도 지극한 정성으로 실천하는 것이 성의誠意라고 해석하여 선가禪家의 면벽수행面壁修行이 성의정심誠意正心을 발현케 하는 것은 아니라고 했다. 사실 그의 사서四書에 대한 주석서註釋書는 공맹孔孟의 사상思想을 설명하는 과정에서 불교의 교리를 혹독하게 비판하고 있는 것이 적지 않다.[52]

이들의 불교에 대한 비판적 태도는 자료인용에서도 나타난다. 『해동역사』 「석지釋志」는 중국의 정사正史를 비롯해 『전등록傳燈錄』·『신승전神僧傳』·『석문정통釋門正統』 등의 자료와 우리나라의 『삼국사기三國史記』·『고려사高麗史』·『동국여지승람東國輿地勝覽』 등을 활용했다. 『대동선교고』 또한 『삼국사기三國史記』 불교기사가 기초 자료가 되어 우리나라 고대의 불교문화를 소개했다. 그러나 두 사서 모두 고대불교의 풍부한 자료를 제공하고 있는 『삼국유사』나 불교계에서 편찬된 문적류文籍類를 활용하고 있지 않다. 사실 「석지」와 『대동선교고』가 활용하고 있는 자료는 우리나라 승려들이 찬술한 불서佛書를 찾아볼 수 없다. 이들의 철저한 고증학적 경향과 신이사神異事에 대한 비판은 당시의 사서편찬에서 강조되는 부분이었다. 더욱이 불교의 종교적 신이사神異事에 대한 인식은 지극히 부정적이어서 『삼국유사三國遺事』는 승려가 쓴 사서라는 이유로 인용하지 않았으며, 황당하며 근거가 없는 비합리적인 신화나 전설적인 면을 갖고 있다고 지적했다.

---

52 그동안 다산의 불교관에 대한 일련의 논고들은 이러한 측면에서 재검토가 필요하다. 다산이 19년이라는 오랜 기간 동안 승려들과 돈독한 師弟之間의 정을 나눈 것은 사실이지만, 교유의 사실이 그를 독실한 불교신자로 만들지는 못한다.

정약용이 최치원의 사산비명四山碑銘이나 채영의 『불조원류』를 활용한 것은 사실이지만, 승려의 법맥이나 중국에서 활동한 해동 승려를 소개하는 부분적인 것에 불과했다. 그리고 두 사서에 보이는 우리나라 자료의 한계는 승려들의 편찬으로 신빙성이 약화된 원인도 있었지만, 조선시대 불교사 관련 저술들이 일천한 것도 하나의 원인이 되었다. 이러한 현상은 불교에 관한 기록을 축소시키는 계기가 되었으며, 불교를 긍정적으로 바라보는 이해를 차단시켰다.

## ④ 불교사적 의의

『대동선교고』와 『해동역사』 「석지」의 편찬은 우리나라 역사가 중국과 대등하고 결코 뒤지지 않았다는 조선후기의 자주적인 역사인식이 전제되어 있다. 더욱이 두 사서는 다양한 자료수집과 면밀한 고거주의考據主義를 기초로 편찬되었다는 점에서 객관적이고 실증적 성격이 강하다. 불교사라고 해서 단순히 자료집의 성격만을 지니고 있는 것은 아니다. 두 사서의 편찬이 비록 종교적 측면에서는 부정적인 입장을 견지하고 있는 것은 사실이지만, 조선후기 역사서 편찬의 궁극적인 목적과 불교사적인 측면에서의 의미는 적지 않다.

첫째, 한치윤이 편찬한 『해동역사』 「석지」는 불교사를 포함시킴으로서 조선 문화사에 대한 확대된 지평을 마련했다는 점이다. 아울러 중국에는 조선의 문화전통을 알리고, 조선에는 그동안 이단으로 인식되어 그 이해조차도 형성되지 않았던 불교사를 소개했다. 『해동역사』는 43권에 이르는 방대한 분량의 지志를 통해 중국사나 일본사의 영역 속에서 우리나라의 고유한 문화적 특질을 찾아보고자 노력했다.[53] 이것은 중국적 세계관을 극복하고 조선의 역사와 문화에 대한 자주적이고 독자적인 인식을 위한 노력이기도 했다. 불교사 기록인 「석지」가 포함된 이유도 여기에 있다.

> 鎭書가 삼가 살펴 보건대, 三國志를 보면, "마한에서는 蘇塗를 세웠는데, 그 세운 뜻은 浮屠와 비슷하나, 행하는 바의 좋고 나쁜 점은 다르다."고 하였는데, 이것이 東方에 불교가 싹튼 조짐이다.[54]

인용문은 불교의 수용이 마한馬韓의 소도신앙蘇塗信仰의 토착적 기반 위에서 이루어졌음을 서술하고 있다. 소도는 고대 삼한 사회에서 천제天祭를 지냈던 장소로 신앙의 대상인 대목大木을 세우고 방울과 북을 걸고 귀신을 섬겼다.[55] 한진서가 "소도를 세운 뜻이 부도와 비슷하다"고 한 것은 소도와 사찰이 성역聖域 공간으로써 유사하고, 성역 공간에는 내용은 다르지만 신앙의 대상을 봉안하는 시설물이 흡사하며, 성역 공간 안에서의 종교의식 또한 동일하다[56]는 것을 의미한다. 불교는 비록 서역의 종교이지만, 우리나라의 토착신앙과 유사성을 지니고 있고, 그 유사성이 불교의 수용과 정착화에 원동력이 되었음을 의미하는 것이다. 결국 불교가 조선의 문화전통과 긴밀한 관련을 지니고 있을 뿐만 아니라 우리나라 불

---

53 황원구, 「海東繹史의 文化史的 理解」, 『東亞史論考』, 혜안, 1995, 325~326쪽 ; 『진단학보』 53·54, 진단학회, 1992.
54 한치윤, 『海東繹史』 「釋志」(釋敎條).
55 『三國志』 「魏志韓傳」.
56 홍윤식, 「馬韓蘇塗信仰領域에서의 百濟佛敎의 受容」, 『韓國佛敎史의 硏究』, 敎文社, 1988, 58쪽.

교의 문화적 특질을 설명할 수 있는 한 부분을 차지하고 있음을 피력한 것이다.

> 불상과 供具 모두 다 깨끗하고 幡의 장식과 비단 天蓋는 질서가 정연하다 大經으로는 華嚴經과 般若經이 있고 작은 경전은 이루 헤아릴 수 없이 많습니다. 또한 본래 중국에서 연구하여 중국말을 할 수 있는 자가 있어서, 낭송시켜 보았더니 똑똑히 알아들을 수가 있었습니다. 그들의 범패로 말하면, 사투리여서 분간할 수가 없었습니다. 그들의 요발은 생김새가 작고 소리가 구슬펐으며, 그들의 螺소리는 호통을 치듯 매우 컸습니다.[57]

고려의 불교문화의 한 일면을 묘사한 『고려도경』은 고려의 승직제도와 중국 선종의 일파인 법안종法眼宗이 고려에 건너 온 사실을 정리했고, 불상을 비롯한 의식구儀式具와 범패梵唄에 대해 설명하고 있다. 또한 1019년 고려가 불경佛經 1장藏을 요청하자 황제가 조칙詔勅을 내려 하사한 『송사宋史』의 내용을 옮겨 놓았다. 이와 같이 한치윤이 고려불교에 대해 소개한 것은 불교가 비록 인도와 중국을 거쳐 우리나라에 들어왔지만, 우리나라 불교가 지닌 개성을 알리고자 한 것이다. 결국 우리나라 문화전통의 독자성과 주체성을 천명하기 위한 기초가 된 것이다.

둘째, 두 사서는 불교가 여전히 이단異端으로 인식되고 있던 조선후기에 승려가 아닌 유학자儒學者에 의해 편찬되었다는 사실이다. 조선후기의

---

57 한치윤, 『海東繹史』「釋志」(釋敎條).

불교계가 전란戰亂과 힘겨운 국역國役을 담당했다는 점에서 사회적으로 긍정적인 평가를 받은 것은 사실이다. 그러나 불교교리나 신앙은 여전히 도외시되었고, 역사서를 편찬하는 과정에서는 불교계의 찬술문헌은 믿을 만한 근거가 없고 황당하다는 혹독한 평가를 받고 있었던 시기이기도 하다. 이러한 상황 속에서 한치윤이『해동역사』를 편찬하면서 「석지」를 독립된 지志로 설정한 것은 일찍이 없었던 첫 시도로써 획기적인 의미를 갖는다. 그만큼 불교를 이단으로 취급하는 당시 성리학자의 입장으로써는 「석지」의 설정은 생각할 수 없는 일이었기 때문이다.

한편 정약용은 1801년부터 19년 동안을 호남의 강진과 해남에서 유배 생활을 보내면서 많은 승려들과 교유한다. 그는 대둔사와 만덕사의 승려들에게 유교경전을 비롯해 시도詩道를 가르치는 등 많은 영향을 주었다. 그에게 유배기간은 우리나라 불교사를 접할 수 있는 좋은 기회이기도 했다. 이 시기 동안 그는『삼국사기』를 비롯한 일반사서뿐만 아니라 여러 불교사 기록과 비문을 채록했고,[58] 그 과정에서 불교기사를 엮어『대동선교고』를 편찬하였다. 그는 삼국의 불교전래와 유통시기를 여러 사서를 기초로 해석하기도 했다. 백제에 불교가 전해진 침류왕枕流王 초기에는 한산漢山 밖에는 백제의 사찰이 창건되지 못했고, 200여 년이 지난 법왕法王 대代에 와서야 백마강白馬江 가에 왕흥사王興寺를 창건할 수 있었다[59]고 했다. 정약용은 이 시기에『삼국사기』를 비롯한 일반사서뿐만 아니라 여러 불교사 기록과 비문을 널리 채록했다.[60]『삼국사기』불교기사가 신라불

---

58 정약용, 「題挽日菴志」, 『大芚寺志』(부록), 아세아문화사, 1980, 450~451쪽.
59 정약용, 앞의 글, 448쪽.
60 정약용, 앞의 글, 450~451쪽.

교 중심으로 이루어졌다는 비판과 불교의 수용과 유통의 정도를 해석해 내는 해박한 그의 역사지리에 대한 지식은 불교사에 대한 폭넓은 이해에서 비롯된 것으로 당시로서는 찾아 볼 수 없는 시도이자 성과였다.

셋째, 실학자의 불교사 편찬은 이후 불교계의 사서 편찬에 중요한 영향을 주었다. 이 시기에 편찬된 『대둔사지』와 『만덕사지』는 『삼국사기』와 『고려사』, 『신증동국여지승람』과 같은 지리지를 비롯해 많은 자료를 기초로 엄격한 고증작업을 거쳐 편찬되었다. 때문에 단순히 한 사찰에 국한된 기록이 아닌 망실되고 오류투성인 조선의 불교사를 복원한 성과를 지니고 있다.[61] 1800년대 후반에 편찬된 『동사열전』 또한 방대한 자료 수집과 치밀한 검토뿐만 아니라 3차례에 걸친 현장답사를 통해 이루어진 실증적인 연구이기도 하다.[62] 이러한 승려들의 사서 편찬의 방법론이 당시 역사연구나 방법론과 일치한다는 점에서 특이한 것이 아니고 더욱이 정약용과 한치윤에게서 영향을 받았다는 근거도 불충분하다. 그러나 승려들의 스승이기도 했던 정약용을 비롯한 조선후기 역사가들의 우리나라 역사서는 불교 사서를 편찬하는데 중요한 역할을 했다.

---

61 오경후, 「朝鮮後期 大芚寺志의 編纂」, 『한국사상사학』 19, 한국사상사학회, 2002, 369~373쪽.
62 오경후, 「東師列傳의 史學史的 檢討」, 『사학연구』 63, 한국사학회, 2001, 148~153쪽.

# VII.
# 『東師列傳』의 편찬과 의의

# VII. 『동사열전東師列傳』의 불교사적 검토

## ❶ 각안의 생애

『동사열전』의 검토를 통한 각안의 찬술태도撰述態度와 문제점 그리고 사학사적 성격을 이해하기 위해서는 각안의 생애에 대한 고찰이 선행되어야 한다. 각안에 대한 전기기록傳記記錄은 『동사열전』권4의 「자서전自序傳」[1]과 법제자 율암栗庵 찬의贊儀의 「범해선사행장梵海禪師行狀」[2]에 나타나 있어 그의 한 면모를 살펴볼 수 있다.

각안覺岸(1820~1894)은 호가 범해梵海, 자는 환여幻如, 법명은 각안覺岸이다. 신라 최치원의 후예이고, 조선朝鮮의 은사隱士이자 숭록대부崇祿大夫 최수강崔壽崗의 육세손六世孫이다. 청해淸海(완도) 범진구계인梵津九階人으로 1820

---

1 覺岸, 「自序傳」, 『東師列傳』卷4(『韓佛全』 10, 1047b~1050a쪽).
2 栗庵贊儀, 「梵海禪師行狀」, 『梵海禪師文集』卷2(위의 책, 1097c~1098b쪽).

년(순조 25)에 태어나 1896년(고종 32) 77세의 나이로 입적하였다. 14세 때 해남海南 대둔사大芚寺 한산전寒山殿에서 호의縞衣 시오始悟(1778~ 1868)선사禪師에게 출가하여 입적할 때까지 대둔사의 일로향실一爐香室에서 주석했다. 16세에 삭발하고 하의荷衣 정지선사正持禪師에게 십계十戒를 받았으며, 호의縞衣·하의荷衣·초의草衣·문암聞庵·운거雲居·응화應化의 6대종사大宗師에게 교敎와 선禪을 참학叅學하고, 이병원李炳元에게서 유학儒學을 수학하기도 하였다. 또한 태호太湖·자행慈行 두 선사에게서 재의齋儀를 배우기도 했다.[3]

각안이 출가하여 평생을 주석했던 대둔사는 창건 이후 신라 말엽부터 조선 초에 이르기까지는 사세寺勢가 그다지 활발하지 못했다. 그러나 조선 중후기 불교의 중흥조라고 할 수 있는 청허淸虛 휴정休靜(1520~1604)의 의발衣鉢이 대둔사에 전해지면서 조선후기와 말기 선교禪敎의 종원宗院이 되었다.[4] 특히 대둔사의 12종사宗師와 12강사講師는 대둔사의 중흥조뿐만 아니라 조선후기 불교사를 대표했던 인물들이다.[5] 예컨대 서산문도西山門徒인 이들 12종사의 『화엄경華嚴經』 연구와 대규모의 법회法會는 대둔사가 전국의 치림緇林이 수행과 교학을 공부하는 산실이 되는 터전을 마련하였으며, 이들이 이루어 놓은 선풍禪風과 『화엄경』의 강회講會를 기반으로 12경사經師가 배출되기도 하였다.[6] 각안의 스승 호의縞衣 시오始悟선사 또한 대둔사 12종사 가운데 한 사람이었던 연담蓮潭 유일有一(1720~1799)에게서 사집四集을 수학하였고, 12강사 가운데 한 분이었던 완호玩虎 윤우倫佑(?~1826)의 법을 이었다. 그의 『반야경般若經』·『원각경圓覺經』·『화엄현담華

---

3 栗庵 贊儀, 위의 책, 1097c쪽.
4 『大芚寺誌』 卷1, 亞細亞文化社, 1983, 20쪽.
5 『大芚寺誌』 卷1, 亞細亞文化社, 1983.
6 康津文獻研究會, 『大芚寺誌』 卷1, 錦星印刷出版社, 1997, 43~73쪽.

嚴玄談」·『화엄경華嚴經』등의 수학은 제방諸方의 여러 사찰에서의 선수행禪修行과 더불어 이루어졌다. 또한 그는 당시 강진에서 유배생활을 하던 다산 정약용과 교유하였는데 다산은 호의선사의 법호에 대한 게송과 서문을 지어주기도 했다.[7] 이와 같이 각안은 조선후기 불교계를 대표했던 대둔사의 종사와 강사의 영향을 받으면서 12종사의 적손嫡孫이 되었다. 그가 호의선사의 법인法印을 얻고 난 27세 때에는 대둔사의 진불암眞佛庵과 상원암上院庵에서 보리菩提의 법도량을 만들고, 북암北庵과 만일암挽日庵을 선禪을 강설講說하는 별궁別宮으로 삼기도 하였다. 6번이나 『화엄경華嚴經』을 강의하고, 12번이나 『범망경梵網經』을 설명한 일은 그와 같은 면모를 잘 보여주고 있다.[8] 초의草衣 의순意恂(1786~1866)의 『일지암문집—枝庵文集』에는 「범해회중학계서문梵海會中學契序文」이 수록되어 있는데 이것은 아마도 각안이 학계學契를 결성하고 초의에게 그 서문을 부탁한 듯하다.

> 배움을 펴보겠다는 이가 그의 동료들과 함께 스승이 되어 契를 만들고는 나에게 한 마디 서문을 써 줄 것을 요구해 왔다.…… 이에 기뻐한 나머지 권하여 말하노니 배움을 쌓고 견문을 넓혀서 꽃이 떨어진 후에 열매를 맺는 것이 곧 배우는 이에게 바라는 바이다.[9]

본문에는 각안의 법명이 나타나지 않아 분명하지는 않지만, 대둔사에서 『화엄경』과 『범망경』 등을 여러 차례 강의하였고, 스승이 되어 학계學

---

7 覺岸, 「縞衣大士傳」, 『東師列傳』 卷4(『韓佛全』 10, 1038b쪽).
8 栗庵 讚儀, 「梵海禪師行狀」, 『梵海禪師文集』 卷2(『韓佛全』 10, 1097c쪽).
9 草衣, 「梵海會中學契序文」, 『一枝庵文集』 1卷(한글대장경(草衣集)(東國譯經院, 1997, 229쪽).

契를 만들었다는 점, 그리고 「범해회중학계梵海會中學契」라고 하는 제목에서 각안이 학인들에게 경전 강의를 위해 결성한 것으로 볼 수 있다.

그의 저술은 『경훈기警訓記』·『유교경기遺教經記』·『사십이장경기四十二章經記』 등의 불교관계 저술과 『사략기史略記』·『통감기通鑑記』 등의 사서史書 그리고 『박의기博議記』·『사비기四碑記』·『명수집名數集』 등이 있지만, 세상에 간행되어 유포되지는 못했다.[10] 현재는 『동사열전東師列傳』과 『시고詩稿』 2편·『문고文稿』 2편이 『한국불교전서』 10책에 수록되어 전하고 있다. 그의 시문집에는 교유했던 문사文士와 초의 등 승려에게 보낸 편지와 그의 생애 동안 3차례에 걸쳐 유람했던 8도의 유람지에 대한 감흥을 표현한 시가 수록되어 있다. 그의 행적 가운데 『동사열전』 찬술과 관련하여 주목할 점은 3차례에 걸쳐 팔도八道를 유람한 일이다. 1차 유람은 1844년(헌종憲宗 10) 그의 나이 25세 되던 해에 경상남도와 전라남북도를 중심으로 이루어졌다. 이때의 여정을 간략하게 살펴보면 다음과 같다.[11]

| 遊覽地 | 遺蹟과 遺物 |
|---|---|
| 方 丈 山 | 新羅神文王七子 俱修仙道仙爲七佛之迹 孤雲眞鑑之碑 六祖之塔──觀玩 |
| 晉 陽 | 登矗石樓 弔金將軍(千鎰 子象乾)黃牧使(進)崔兵使慶會及忠妓論介之魂 吟一盃笑指長江水之句 不勝感慨 |
| 月 鏡 臺 | 觀跛鏡奴逃世入山古跡憑一株柿樹而照驗 |
| 駕 洛 國 | 謁首露王陵 作二絶韻 |

---

10 이 가운데 『四碑記』는 신라의 최치원이 찬술한 三師一寺碑를 말한다. 각안의 四山碑銘에 대한 註解는 최근 金知見이 大芚寺 白花庵에서 발굴하여 소개했다(金知見, 『四山碑銘集註를 위한 연구』, 한국정신문화연구원, 1994). 書頭에 "頭輪沙門 覺岸註"라고 표기되어 있어 각안의 사비기가 확실하다.
11 覺岸, 「自序傳」, 『東師列傳』 卷4, 1048a~1048b쪽.

| 梵 魚 寺 | 謁金波(任秋)影閣 宿晦山普惠之室 |
|---|---|
| 釜 山 鎭 | 觀鄭僉使(撥)碑 及將壇下 納倉入府 謄李東岳詩 見忠烈宋公(象賢) |
| 通 度 寺 | 拜舍利塔丁字戒壇重修碑 |
| 慈 藏 窟 | 岩孔中 見一雙金蛙 飮甘露水 謄金蛙記而題名 |
| | 歷至喚仙亭(順天)三日(浦)興國(寺)如鷄岩玉華(驛)金塔(興陽) |
| 松 廣 寺 | 見能見難思 |

歷勿染(亭)赤壁(同福)千佛千塔(綾州)運舟洞藥師(寺) 拜日封元禎塔 南平佛會寺普照竹(寶林寺)

支提山天冠寺放光界 謁阿育王塔(長興) 上踊劍山 拜協天大帝(古今島玉泉寺)

歷觀天作觀音庵(惠日禪師創建)鄭將軍(年)古城(竹青里)九階灘(梵津浦邊)宿僧峰(淸海上峯)遊銓㙚巖(佛目里北)海月樓(古達道)成道庵(頭輪南外山)

이때의 유람은 유적지遺蹟地와 사찰이 중심이 되었으며, 이러한 경향은 나머지 두 차례의 유람에서도 동일한 경향을 보이고 있다. 그의 유람은 수행의 목적뿐만 아니라 지나간 역사의 흔적을 되새기고, 그곳에서의 감흥을 시로 읊었으며, 비문의 글을 옮겨 적기도 하였다. 진양晉陽에서는 김천일金千鎰과 충기忠妓 논개論介의 혼을 위로하기도 하였고, 가락국의 수로 왕릉에 가서는 옛 가야의 영고성쇠에 대한 감회를 시로 읊었다.

> 가락국의 고도가 바닷가에 있으니
> 변한을 이어 선 지 몇 해이런가
> 당년의 웅장함은 어디로 갔나
> 지금은 숲 속에 언덕만이 남아 있네[12]

또한 최치원崔致遠과 진감선사眞鑑禪師·정발鄭撥의 비碑를 옮겨 적었다고

---

12 覺岸, 「過首露王陵」, 『梵海禪師詩集』 卷2(補遺)(『韓佛全』 10, 1121b쪽).

한다.[13] 1873년(고종 10) 그의 나이 54세 때에는 제주도를 유람하였는데 이 곳에서는 정방폭포正房瀑布·산방굴사山房窟寺의 옛터 등 제주도의 한라산 명승을 두루 유람하였다. 학자들과도 교유하여 목사牧使와 차를 마시기도 하고[14] 시를 짓는 것은 물론 시를 써주기도 하였다.[15] 이와 같이 각안은 제주도의 관리뿐만 아니라 당시 이곳에서 귀향생활을 했던 추사秋史 김정희金正喜와 초의草衣·만휴萬休·영호靈湖 등 불교계의 인물들이 한때 머물던 곳을 돌아보기도 하였다.

제주도를 유람한지 2년 뒤인 1875년(고종 12)에는 월여月如 범인梵寅·금성錦城 보헌普憲과 함께 한양과 함경도·충청도·전라도 지역으로 떠난다. 이때의 유람은 앞의 두 차례와는 달리 사찰순례가 중심이 되었다. 양주의 수락산水落山 흥국사興國寺·화성華城 용주사龍珠寺·직산稷山 봉선사奉先寺·홍경사유지弘慶寺遺址, 북쪽으로는 설봉雪峯山 석왕사釋王寺·내원암內院庵·장안사長安寺·표훈사表訓寺·마하연摩訶衍·묘길상암妙吉祥庵·보개산寶盖山 심원사深源寺, 충청도 지역에서는 마곡사麻谷寺·관촉사灌燭寺 등을 유람하였다. 3차의 유람에서는 한양과 함경도 지역이 중심이 되었지만 거의 전국을 망라하여 유람한 것이다.

그런데 각안의 이와 같은 사적史蹟에 대한 답사踏査와 사찰순례寺刹巡禮는 단순히 수행의 일부분으로써의 역할만 한 것은 아니었다. 그는 역사 속을 살다간 인물들의 비문碑文을 옮겨 적고, 사찰순례寺刹巡禮를 통해 조선불교사에 대한 자긍심과 함께 당시 여전한 탄압으로 신음하고 있는 불교계

---

13 覺岸, 위의 책.
14 覺岸, 위의 책, 1048b쪽.
15 覺岸, 위의 책, 1048c쪽.

의 현실을 목도目睹하게 되었다. 각안은 이 과정에서 역사의식을 함양하고 불교계의 암울한 상황을 극복하고자 고뇌하였을 것으로 생각된다. 각안이 3차례에 걸친 유람을 통해, 그리고 대둔사에서 수집한 승전에 관한 자료는 조선불교가 지닌 긍지와 열악한 불교계의 사정을 극복하고자 했던 그의 시대적 고민을 해결해 주는 단서가 되었을 것이다.

현존 『동사열전』이 198명의 행장을 기록한 방대한 승전임은 주지의 사실이다. 그렇다면 각안은 그 방대한 전기기록을 어떻게 채집하였을까? 당시 선교학禪敎學 뿐만 아니라 그 사세寺勢가 활발했던 대둔사의 종사宗師와 강사講師, 그리고 대둔사에 주석했거나 밀접하게 관련을 맺고 있었던 인물들의 기록을 수집했다고 하더라도 나머지 인물들의 기록에 대해서는 의문이 남는다. 그것은 각안이 위에서 언급한 것처럼 제주도에서 함경도에 이르는 세 번에 걸친 유람의 과정에서 수집한 자료를 통해서 이루어졌을 것이다. 결국 각안은 3차례에 걸친 유람을 통해 승려로서의 개인적인 수행을 성숙시켰을 뿐만 아니라 폐허가 되고 이끼가 낀 유적과 유물을 통해 강한 역사의식을 함양시켰다. 또한 당시 불교계가 겪고 있는 고통을 극복해야 할 시대적 사명감을 절감했다. 『동사열전』은 이와 같은 각안의 생애에서 생생하게 나타난 역사의식과 불교사 인식의 구체적인 소산으로서, 승전으로 찬술된 불교사적 산물이자 총체적인 시대인식의 반영이다.

## ❷ 2 편찬동기와 구성

### 1) 편찬동기

현존하는 『동사열전』에는 서문序文이 없기 때문에 찬술 동기를 구체적으로 파악할 수 없다. 그러나 『동사열전』이 찬술되던 조선후기의 역사적 배경과 각안의 「자서전」에 나타난 단편적인 기록을 기초로 그 찬술 동기나 의도 등을 살펴보고자 한다. 먼저 우리는 일연一然(1206~1289)이 『삼국유사三國遺事』를 찬술한 이후 약 6세기가 지난 19세기에 『동사열전』이 찬술되었다는 점에 주목할 필요가 있다. 이 기간 중에 씌어진 불교사서佛敎史書 가운데 승전僧傳은 현재까지 알려지지 않고 있다. 물론 사암獅巖 채영采永이 1764년(영조40)에 찬집撰集한 『서역중화해동불조원류西域中華海東佛祖源流』가[16] 있긴 하지만, 인도·중국·조선 불교의 사자상승 관계를 중심으로 정리하고 있어 승전 기록은 지극히 소략하고 그 내용 또한 불확실하다. 그러므로 6세기 동안의 역사적 공백을 메워 줄 필요성이 대두되고 있었다고 봐야 한다. 『동사열전』이 대부분 조선시대 승전을 수록하고 있는 점도 한 반증이 될 수 있다. 다음으로 『동사열전』이 고려말부터 지속된 불교탄압의 과정 속에서 찬술되었다는 점이다. 주자성리학이 고려 말에 전래된 이후 당시의 불교계는 사회경제적인 모순과 함께 사상적으로 강한 비판을 받았다. 아울러 불교정책에 있어서도 사사寺社의 혁거革去, 사사전민寺社田民의 제한과 그 속공屬公, 승려도첩제僧侶度牒制의 강화가 이루어 졌으

---

16 采永, 『西域中華海東佛祖源流』(위의 책, 107b~118a쪽).

며, 태종 7년(1407)에는 종래의 12종宗 242사寺에서 7종宗 88사寺로, 다시 세종 6년(1424) 4월에는 선교양종禪敎兩宗으로 통폐합되기까지 하였다.

이와 같이 조선전기 불교계의 국가·사회적 영향력이 축소된 이후 그 후기에도 암울한 상황은 여전히 계속되어 승려들의 궁핍한 생활은 가중되었다. 농기구 행상으로 생계를 꾸리고, 죽으로 연명하였으며,[17] 바느질과 조화造花를 만들어 주린 배를 채우기도 하였다.[18] 『동사열전』의 승전僧傳기사 가운데는 "외내재구족外內財具足"이라 하여 '재화財貨가 풍족하였다'는 기록이 빈번히 보인다. 승려 개인의 수행력修行力과 경제적 사정을 의미하는 이 단편적인 기사는 조선 후기 불교계의 동향에 대한 각안의 현실인식을 반영하고 있다. 예컨대 임진왜란 이후의 불교계는 승려들이 국가적 위기를 극복하는데 주목할 만한 성과를 거두어 그 사회적 지위가 국가로부터 공직公職의 승인을 받았던 것은 사실이다. 그러나 이것은 지극히 제한된 것으로 정부의 정책은 여전히 불교계의 활동을 억제하는 것이었다. 영조英祖 25년(1749)에는 사헌부司憲府의 요청에 의해 이미 금지해오고 있는 니승尼僧의 도성출입都城出入이 다시 금지되었으며, 동왕同王 44년(1768)에는 각 도의 사찰 중에서 궁방宮房의 원당願堂을 혁파革罷하였다. 또한 궁중宮中과 지방관청地方官廳의 사찰에 대한 주구誅求는 극심한 상황이었다. 지물紙物의 공납貢納이나 상납上納이 부과되었고, 군청郡廳이나 군영軍營에서는 명가전冥加錢을 부과하여 승려들의 부담을 가중시켰다. 다산茶山 정약용丁若鏞의 다음 시는 생존의 위협까지 당해야 했던 당시 승려들의 생활을 구체적으로 알려주고 있다.

17 覺岸, 「華岳祖師傳」, 『東師列傳』 卷3(위의 책, 1023c쪽).
18 覺岸, 「八紘禪伯傳」, 위의 책, 1071c쪽.

옛날에는 이 산에 고생하며 솔을 길러

승려 비구 할 것 없이 약속을 잘 지키며

땔나무 아끼느라 때로는 냉반 먹고

새벽종이 울 때까지 산을 돌며 살폈기에

읍내의 나무꾼들 감히 근접을 못했는데

하물며 마을사람 도끼날이 범했으리

수영의 졸개가 장군 명령 듣고서는

땅벌 같은 기세로 말에서 내려오더니

작년에 바람에 꺾인 나무를 잡고서는

중이 법을 범했다고 가슴을 쥐어 박아

하늘 불러 호소했지만 그의 성냄 풀리지 않아

돈 일만 냥 집어주고 겨우 때워 넘겼는데

금년에는 솔을 베어 항구로 내가면서

왜놈 막을 큰 배를 막은다고 하더니만

조각배 한 척도 만들지 않고서는

옛 모습 볼 수 없게 우리 산만 망쳤다네[19]


　　당시 승려들은 이와 같은 외적인 탄압과 내핍의 상황에서도 선교학禪敎學의 연구와 불교佛敎 홍통弘通을 위해 적극적인 활동을 전개해 갔다. 예컨대 유불융합儒佛融合의 경향傾向과 백파白坡 긍선亘璇(1767~1852)과 초의草衣 의순意恂(1786~1866) 사이에 벌어졌던 선논쟁禪論爭이나 화엄학華嚴學을 중심

19 丁若鏞, 「僧拔松行」, 『茶山詩文集』卷5.

으로 한 교학敎學의 발전 등은 침체된 조선후기 불교계에 대한 자성自省의 계기가 되었으며 격동하는 조선후기 사회의 흐름에 주체적으로 대응하는 기초가 되었다. 당시 불교계에서 승려들의 유교경전儒敎經典 수학修學은 『동사열전』에서 적지 않게 볼 수 있는 일반적인 경향이었다. 다산 정약용과 교유했던 아암兒菴 혜장惠藏(1772~1818)은 외전外典중에서 "『주역周易』과 『논어論語』를 좋아하여 가르침의 핵심이 되는 깊은 뜻을 놓치지 않으려고 애썼으며, 역법曆法을 밝힌 책력冊曆과 음악서적 그리고 성리학性理學서적까지도 그 핵심적 의미를 깊숙이 파고 들어가 평범한 선비로서는 미치지 못할 정도였다"[20]고 한다. 성담聖潭 의전儀典 또한 내전內典인 불교경전과 외전外典인 유가儒家·도가道家의 경전을 두루 섭렵하여 학문적 명성은 불교계뿐만 아니라 유림儒林에까지 알려져 많은 선비들이 만나기를 원할 정도였다고 한다.[21]

조선후기 불교계에서 괄목할 만한 변화는 선교학禪敎學의 논쟁論爭을 통한 사상적 발전이라고 할 수 있다. 백파白坡 긍선亘璇(1767~1852)은 『선문수경禪文手鏡』을 저술하여 종래의 선禪에 대한 가치체계를 임제臨濟의 삼구三句에 맞추어 조사선祖師禪·여래선如來禪·의리선義理禪의 삼종三種으로 분류하여 선학연구의 한 지침이 되도록 하였다. 이에 대해 초의草衣 의순意恂(1786~1866)은 『선문사변만어禪門四辨漫語』를 통해 백파의 선론禪論을 정면으로 반박하였다. 이후 우담優曇 홍기洪基(1832~1881)와 김정희金正喜(1786~1856)는 각각 『선문증정록禪門證正錄』과 「증답백파서證答白坡書」를 통해 백파의 선론을 비판하였고, 고석古釋을 인증引證하여 그 잘못된 부분을 바로 잡았다.

---

20 覺岸, 「蓮坡講師傳」, 앞의 책, 1033b쪽.
21 覺岸, 「聖潭講伯傳」, 위의 책, 1072a쪽.

또한 설두雪竇 유형有炯(1824~1889)은『선원소류禪源溯流』를 지어서 백파의 선론을 재천명하였고, 축원 진하竺源震河(1861~1926)는『선문재정록禪文再正錄』을 지어 종래의 제선론諸禪論을 재론하면서 백파의 선론에 반론을 제기하였다.[22] 백파의 선론禪論은 이후 약 1세기 동안 선논쟁을 이끌어 낼 정도로 많은 문제점을 내포하고 있었다. 그러나 당시 실사구시實事求是를 찾는 시대 분위기에 편승하여 선학禪學이 발전하는 계기를 마련했다는 점에서 그 역사적 의의는 큰 것이었다.

한편 교학敎學의 발전은 활발한 선학논쟁과 함께 이루어졌는데 특히 화엄학의 발전은 뚜렷하였다. 조선후기 화엄학은 숙종肅宗·정조正祖 연간年間에 이르러 설파雪坡 상언尙彦(1707~1791)·인악仁岳 의첨義沼(1746~1796)·연담蓮潭 유일有一(1720~1799)에 의해 연구 발전하였다. 설파는 당시 강원의 교재인 청량淸凉의『화엄경소초華嚴經疏鈔』가운데 소과疏科가 빠진 부분을 찾아내어 도표로 보완하였고, 소초疏鈔 가운데 잘못된 인용문을 교정하기도 하였다.[23] 인악은 비슬산琵瑟山·팔공산八公山·계룡산鷄龍山·불령산佛靈山 등에서 화엄을 강의하니 수강제자가 항상 100여 명이나 되었으며,[24] 연담은 다산 정약용이 "해동海東 치림緇林의 정화精華"라고[25] 극찬한 것처럼 설파의 강맥講脈을 이어 30여 년 동안 강의하여 그 제자가 100여명이나 될 정도로 교학을 널리 유통시키고자 노력하였다.[26] 저술著述 또한『사집

22 鄭性本,「朝鮮後期의 禪論爭」,『韓國佛敎史의 再照明』, 불교신문사, 1994, 334~335쪽 ; 韓基斗,「朝鮮後期 禪佛敎의 흐름」,『禪과 東方文化』, 韓中佛敎學術交流會, 1994, 251~262쪽.
23 蔡濟恭,「雪坡大師碑銘」,『朝鮮佛敎通史』上, 569쪽.
24 聖 岸,「仁岳和尙行狀」,『朝鮮佛敎通史』上, 578쪽.
25 丁若鏞,「題蓮潭詩卷」,『朝鮮佛敎通史』上, 581쪽.
26 李忠翊,「蓮潭大師碑」,『朝鮮佛敎通史』上, 580쪽.

사기四集私記』 각 1권, 『현담사기玄談私記』(화엄해제현담기華嚴解題玄談記) 1권, 『화
엄유망기華嚴遺忘記』 5권 등 경론의經論義가 7부部 모두 18권卷이나 된다. 이
가운데 그의 사기私記는 인악의 사기私記와 함께 난해한 구절을 명쾌하게
해석하여 강원의 교재로 이용되었다.[27] 이상 세 인물의 선구적인 화엄학
연구는 이후 교학이 발전하는 근간이 되었을 뿐만 아니라 대회大會와 강
회講會가 개설되어 화엄학이 크게 발화發華하는 계기가 되었다.

이와 같이 조선후기의 불교계는 비록 외적으로는 궁중과 지방관청의
가혹한 주구에 시달렸지만, 선교학禪敎學의 활발한 연구를 통해 조선 초기
와는 다른 변화와 발전을 모색했다. 『동사열전』은 조선시대에 불교가 억
압받는 상황에서 조선불교의 유구한 역사와 함께 그 자긍심을 부각시키
고자 했던 각안의 의도 속에서 찬술되었다. 아울러 조선의 불교가 서역
이나 중국과 대등한 입장에서 독자적인 자주성을 굳건히 지켜 갔음을 천
명하고자 했다. 이것은 각안이 『동사열전』을 찬술한 후에 후학들에게 뒷
날 수행의 귀감으로 삼게 한 점이나, "헛된 이야기나 빠진 것, 그리고 속
여서 미혹을 일으킬 만한 곳이 있으면 곳에 따라 가필加筆 혹은 삭제해도
무방하다"는 그의 역사의식에서도 나타난다.

## 2) 구성

『동사열전』은 각 권의 서두에 "두륜산인구계선집편차頭輪山人九階選集編次"
라고 하였다. "두륜산인구계頭輪山人九階"는 해남 대둔사大芚寺에 주석하고 있

---

27 法山, 「조선후기 불교의 교학적 경향」, 『한국불교사의 재조명』, 불교신문사, 1994, 349쪽.

던 범해梵海 각안覺岸을 지칭한 것으로, 각안이 두륜산頭輪山 대둔사大芚寺에 머물면서 동국東國의 승전기록을 선별選別하여 모아 차례대로 엮었음을 의미한다. 그러나 『동사열전』은 승전기록을 단순히 선집選集한 것이라기보다는 찬술撰述의 성격을 강하게 지니고 있다. 예컨대 각안은 사지류寺誌類와 개인 문집文集 등에서 승전에 관한 단편적인 기록을 수집하였다. 그러나 사찰기문寺刹記文이나 고기古記·증언證言과 같은 단편적인 기록은 승려의 행적行蹟이나 사상思想 그리고 불교佛敎 홍통弘通의 사실과 불교사에 대한 종합적이고 구체적인 동향을 파악하기에는 일정한 한계를 지니고 있다. 때문에 각안은 이와 같은 소략한 기록들을 일차적으로 수집하여 재구성하였다.

| 涵月海源禪師碑銘 | 『大芚寺志』 | 『東師列傳』 |
|---|---|---|
| 自法祖東來 大闡象教 臨濟之宗 流至淸虛休靜 又五世而得釋海源也 是惟煥醒志安衣鉢嫡傳也 敏而信慈而達 入室四十餘年 精進不息 落牙而出舍利茶毗而獲頂骨 其徒尊奉微閵生死建塔 幷藏于釋王寺東麓 狀其蹟來 乞銘於余 師諱姓 咸興人母趙 夢大魚而孕 過期而乳 年十四 出家于道昌寺 字曰天鏡 號稱涵月 歷衆諸名宿 後事喚醒堂 盡得其宗門妙詮 夫其修持 朝夕起居先乎鷄時 是敏也 行化南北 來往旣于雁侯 是信也 見人之飢寒者 以己之衣食 衣食之 是慈也 疾病 召大衆書偈 唱佛恬然而瑞 是達也 其有諸己者 如此故 入寂之辰 雙虹示異 火浴之夜 六花呈瑞 遠近知識 莫不讚歎 師生於辛未 卒於庚寅 俗壽八十 禪臘六十有五 記余宰鶴城時 師與其徒軌泓 住錫釋王寺 講經旨修戒行 余見而不能忘 其後泓一再來京師 致師之書 于今二十年間 泓已先死 師亦亡矣 | 第十一涵月大宗師碑銘曰師法名海源是惟煥醒志安衣鉢之傳也入室四十餘年精進不怠落牙而出舍利茶毗而獲頂骨其徒建塔于釋王寺師 國姓咸興人母趙夢大魚而孕過期而乳年十四出于道昌寺字曰天鏡號稱涵月歷參諸名宿後事喚醒盡得其宗門妙詮修持朝夕起居先乎鷄鳴行化南地來往旣乎雁侯是信也見人之飢寒者以己之衣食衣食之是慈也疾病召大衆書偈唱佛恬然而逝是達也生於辛未(康熙三十一年)卒於庚寅(乾隆三十五年)壽八十領議政金相福撰○意洵案碑文所謂行化南地者大芚講會之謂也 | 師名海源 字天鏡 號涵月 姓李 係完山咸興人 母趙氏 夢大魚而孕 過期而乳 年十四出家于道昌寺 落髮染衣 歷衆名宿 後事喚醒 盡得其宗門妙詮 修持朝夕 起居先乎鷄鳴 行化南地來往旣乎雁候 是信也 見人之飢寒者 以己之衣食 衣食之 是慈也 疾病召大衆 書偈唱佛 恬然而逝 是達也 生於辛未(康熙三十一年) 卒於庚寅(乾隆三十五年) 壽八十 是惟煥醒志安衣鉢之傳也 入室四十餘年 精進不怠 講教益勤 牙落而出舍利茶毗得超骨 其徒建塔于釋王寺 立碑于大芚寺華嚴大會之道場 碑則領議政金相福撰 門人有二十四 完月影波香襲四山 雪峯頭輪兩山 掛眞影時享 |

즉 위의 함월종사전涵月宗師傳[28]에서 보는 바와 같이 각안은 비명碑銘[29]과
『대둔사지大芚寺志』를[30] 비롯하여 승전과 관련된 모든 기록을 먼저 수집하
여 1. 법명法名·호號·본향本鄕, 2. 생몰연대生沒年代, 3. 사승관계嗣承關係와 수
행修行, 4. 저술著述, 5. 중심사상中心思想 등의 체계적인 순서로 재구성하여
기술하였던 것이다. 더욱이 소략한 기록에서 누락된 저술著述이나[31] 법맥法
脈[32]·신앙信仰[33]여부를 첨가시키거나 조사하여 수록하였다. 요컨대 『동사
열전』은 각안이 승전에 관한 단편적인 기록을 광범위하게 수집하여 체계
적인 순서로 찬술한 사서史書의 성격도 지니고 있다. 더욱이 그의 나이 27
세 때부터 3차례에 걸친 유람과 수행의 여가에 승전에 관한 자료를 수집
한 점을 감안했을 때, 『동사열전』은 단순히 자료를 선집選集한 것이라기
보다는 각안이 오랜 기간에 걸쳐 유람과 수행을 통해 후학後學들을 위해
찬술했다고 할 수 있다.[34]

현존본 『동사열전』은 전체 6권으로 구성되어 있다. 그런데 그 권卷 수數
에 대해서는 서로 엇갈린 기록이 보인다. 즉 1917년 율암栗庵 찬의讚儀는
각안의 행장에서 『동사열전』이 4편篇이라고 하였으며,[35] 각안 또한 자서

---

28 覺岸, 「涵月宗師傳」, 『東師列傳』卷3, 1026b쪽.
29 李能和, 『朝鮮佛敎通史』上, 557~558쪽.
30 강진문헌연구회, 『大芚寺誌』, 금성인쇄출판사, 1997, 61~62쪽.
31 覺岸, 「蓮潭宗師傳」, 『東師列傳』卷4, 1030b쪽.
32 覺岸, 「靈谷講師傳」, 위의 책, 1027a쪽 : 「蓮坡講師傳」, 위의 책, 1033a쪽.
33 覺岸, 「燕海講師傳」, 『東師列傳』卷3(위의 책, 1027a쪽).
34 『동사열전』의 찬술 시기에 대해서는 각안의 自序傳 기록을 토대로 1894년(고종 31)으로 보
   고 있지만(동국대학교불교문화연구소편, 『한국불교찬술문헌총록』, 동국대학교출판부, 1976,
   pp.231~232.) 수록된 인물이 198인으로 방대한 양이며, 참고자료 또한 많다. 비록 조선시대의
   승전은 각안이 주석했던 대둔사 승려가 다수를 차지하고 있지만, 그 수적인 양으로 미루어
   1년에 걸쳐 찬술되었다는 것은 무리가 있다. 또한 27세 때부터 3차례에 걸친 유람을 통해 그
   리고 수행의 여가에 자료를 수집한 것으로 보아 다년간에 걸쳐 찬술된 것으로 이해할 수 있
   다.

전自序傳에서 『동사열전』은 3권으로 모두 198인의 행적으로 정리하였다고[36] 하였다. 율암이 4편이라고 주장한 근거는 보이지 않고 있다. 그러나 국립도서관國立圖書館 소장필사본所藏筆寫本과 동국대학교東國大學校 등사본謄寫本, 규장각奎章閣 필사본筆寫本은 모두 6권으로 구성되어 있는 것을 볼 수 있다. 이 가운데 권6은 각안이 1894년에 대부분 찬술한 것이다. 이 해는 그가 1896년 77세의 나이로 입적하기 2년 전으로 찬술 시기상으로도 무리가 없다. 더욱이 각 권의 서두에는 「두륜산인구계선집편차頭輪山人九階選集編次」라고 쓰여 있으며, 권5와 권6의 체재體裁 또한 앞의 권1~4와 동일함을 발견할 수 있다. 이와 같은 사실들로 미루어 보았을 때 『동사열전』은 전체 6권으로 구성되었으며, 그 권수에 있어서 차이를 보이는 것은 각안 이후 율암 등 후학에 의해 4편篇으로 편차編次되었을 것으로 생각된다.

각 권의 시기별 분포는 활동 시기를 기준으로 살펴보았을 때 전체 198명에서 삼국·신라시대 9명[37], 고려시대 10명[38], 조선 초기 9명[39]을 수록했다. 그리고 170명은 조선후기와 말기, 즉 선조 이후부터 1894년까지의 승전을 수록하였는데 불교가 전래된 372년인 고구려 소수림왕 2년부터 1894년인 조선 고종 31년까지 1500여 년의 우리나라 불교사 전 시기를 망라하고 있다. 그러나 현존하는 승전에서 찾을 수 있는 고구려와 백제의 승전은 전혀 수록하지 않았으며, 그나마 수록된 신라의 승전조차도 고려와 조선의 승전과 비교했을 때 그 수적인 면에서 지극히 부족한 실정이

---

35 栗庵讚儀, 「梵海禪師行狀」, 앞의 책, 1098a쪽.
36 覺岸, 「自敍傳」, 위의 책, 1047c쪽.
37 覺岸, 「阿度和尙傳~朗空大師傳」, 위의 책, 996a~1000c쪽.
38 覺岸, 「道詵國師傳~懶翁王師傳」, 위의 책, 1000a~1006b쪽.
39 覺岸, 「無學王師傳~敬聖大德傳」, 위의 책, 1006b~1014b쪽.

다. 또한 조선시대의 승전은 대부분이 그가 주석했던 대둔사大芚寺나 인근 사찰의 승려가 대부분을 차지하고 있다. 이와 같은 지역편중의 성격은 당시 불교계의 동향을 폭넓게 이해하지 못하는 일정한 한계를 지니고 있지만, 조선후기 해남을 중심으로 한 전라도 지역의 불교계에 관한 동향을 구체적으로 파악할 수 있는 면도 지니고 있다. 인물별 분포는 비구승比丘僧이 196명으로 여기에는 중국 명나라의 승려로 임진왜란 때 원정군과 함께 와서 정착했던「신해보정합전信海普淨合傳」[40]이 수록되기도 하였다. 그리고 속인俗人으로서 수록된 인물이 2명[41], 비구니比丘尼가 1명[42]이다.

『동사열전』의 각 승전 내용은 법명法名·호號·속성俗姓·본향本鄕에서부터 생몰년대生沒年代와 단편적인 기록에는 보이지 않는 사승관계嗣承關係를 수록하였다. 그리고 저술과 중심사상·신앙 등을 찬술하여 조선후기 불교계의 동향이나 승려들의 사회적 위치와 생활 등 구체적인 면모를 파악할 수 있다.

한편『동사열전』의 체제 가운데 뚜렷한 특징은 전대前代의『해동고승전』이나『삼국유사』와 같은 승사류僧史類의 체제와는 구별된다는 점이다. 즉, 각훈이 고려 고종高宗 2년(1215) 왕명王命을 받들어 편찬한『해동고승전』은 현재 1·2권의 유통편流通篇 만이 남아 있지만, 그 체제가 전체 십과十科로 편차編次하고 있는 삼고승전三高僧傳의 체제에 기초를 두고 있다.[43] 그리고 일연一然의『삼국유사三國遺事』는 다음에 열거된 중국의 양梁·당唐·송고승

---

40 覺岸,「信海普淨合傳」, 위의 책, 1022a쪽.
41 覺岸,「金大成傳」, 위의 책, 998c~999b쪽 ;「李枕山傳」, 위의 책, 1063c~1064a쪽.
42 覺岸,「大印燈傳傳」, 위의 책, 1026b쪽.
43 金相鉉,「『海東高僧傳』의 史學史的 性格」(藍史鄭在覺博士古稀記念『東洋學論叢』), 1984, 182~184쪽.

전宋高僧傳의 십과+科와 비교했을 때 약간의 차이점은 있지만, 대체로 그 체제가 동일하다.[44]

〈표 Ⅶ-1〉 중국 승전의 구성

| 승전 | 구성 |
|---|---|
| 梁高僧傳 | 譯經 義解 神異 習禪 明律 亡身 誦經 興福 經師 唱導 |
| 唐高僧傳 | 譯經 義解 習禪 明律 護法 感通 遺身 讀誦 興福 雜科 |
| 宋高僧傳 | 譯經 義解 習禪 明律 護法 感通 遺身 讀誦 興福 雜科 |
| 三國遺事 | 王曆 紀異 興法 塔像 義解 神呪 感通 避隱 孝善 |

『동사열전』은 이와 같은 중국의 삼고승전三高僧傳의 체제에 기초를 둔 전대前代의 승사류僧史類가 갖추고 있는 분류방법이나 수록의 관례 등 체제를 따르지 않고 있음을 볼 수 있다. 예컨대 고승전류는 찬술 당시의 생존인물은 사승師僧이나 관계 인물의 부전附傳으로 약기略記되어졌을 뿐 하나의 별립別立된 전기로 수록하지는 않았다. 그러나 『동사열전』은 권5와 6에서 당시 30대, 40대의 젊은 강사講師와 선사禪師들을 강백전講伯傳이나 선백전禪伯傳으로 하나의 독립된 전기로 구성하고 있다. 또한 찬술자 각안의 자서전自序傳이 장문長文으로 수록되어 있는데 이와 같은 사례는 전대前代의 승전僧傳체제와는 다른 파격적인 성격을 지니고 있다.[45] 즉 『동사열전』은 『해동고승전』·『삼국유사』 등에서 보이는 편목篇目은 두지 않고, 각 권을 시대별로 설정하였다. 그리고 체제의 제약 없이 찬술자가 자유로이 선택하여 구성했다. 승전 또한 사승관계嗣承關係를 중심으로 스승과 제자의 순서보다는 생몰년生沒年을 기준으로 편차編次를 두고 있으며, 논論과 찬贊을

---

44 閔泳珪, 「一然의 禪佛教」, 『震檀學報』 36, 1973, 152쪽 ; 洪潤植, 「三國遺事의 體裁와 佛教儀禮」, 『三國遺事와 韓國古代文化』, 圓光大出版局, 1985, 20쪽에서 재인용.
45 金煐泰, 「覺岸撰集 東師列傳」, 『佛教古典名著의 世界』, 민족사, 1994.

첨가하지 않았다.

『동사열전』은 종래의 고승전류와는 뚜렷이 구별되는 체제를 갖추고
있다. 이것은 개인적인 찬술의도에서 비롯된 것이기도 하지만, 인도와 중
국의 불교와 대등한 입장에서 조선불교의 독자성과 자주성을 강조하는
각안의 의지가 구체적으로 반영된 것이다. 이와 같은 면모는 『동사열전』
이 지닌 불교사적 성격에서 구체적으로 언급하고자 한다.


## ③ 각안의 역사서술

### 1) 인용자료의 검토

『동사열전東師列傳』은 인용된 전적典籍 등 인용사료의 검토를 통해서 볼
때 그 자료資料가 방대하다. 각안이 조선시대 승전을 찬술하는 과정에서
인용했던 대표적 사료는 다음과 같다.

① 碑文 ② 行狀 ③ 寺刹記文 ④ 文集 ⑤ 講會錄 ⑥ 古記
⑦ 海南輿地勝覽  ⑧ 證言 ⑨ 靑野漫集 ⑩ 山水記(義相) ⑪ 八域志

①비문碑文과 ②행장行狀은 각안이 승전僧傳을 재구성하여 찬술하는 과정
에서 이용한 기본적인 자료로 승려 개개인의 비문과 행장을 수집하였기
때문에 가장 방대한 양을 차지하고 있다. 『동사열전』의 승전 역시 비문
의 내용과 성격이 유사한 경향을 보이고 있다. 전반적으로 승려의 비문

과 행장을 그대로 옮겨 놓다시피 하거나, 핵심부분을 요약 정리하였기 때문이다. 그러나 비문의 행적기록은 빠진 부분이 상당 수 보이고 있다. 대둔사 12대 종사인 연담蓮潭 유일有一의 저술목록은 『대둔사지大芚寺志』와 수관거사水觀居士 이충익李忠翊이 찬撰한 비문에 의하면 "所述經論義七部共 十八卷 文集法語四卷 幷行於世"라고[46] 하였을 뿐 『동사열전』[47]과 같이 구체적으로 언급하지 않았다. 또한 법맥과 사자상승師資相承 관계는 비문 에 나타나 있지 않다. 다만 스승에 관한 기사는 비문에 보편적으로 나타 나지만, 제자에 대해서는 수록되어 있지 않아 각안 자신이 『불조원류佛祖 源流』와 같은 자료를 기초로 하여 법맥상승法脈相承을 별도로 정리한 것으 로 생각된다.

③사찰기문寺刹記文 ④문집文集 ⑤강회록講會錄 등은 비문과 행장의 기록에 서 누락된 부분을 보충하여 승전 찬술의 온전한 구성과 내용정리를 위한 의도였다. 특히 조선후기 불교계를 대표했던 해남 대둔사의 12종사에 대 한 전기기록의 찬술은 비문과 함께 『대둔사지』를 적극적으로 활용하였 다. 「호암종사전虎巖宗師傳」은 호암이 두륜산頭輪山 정진당精進堂에서 화엄강 회華嚴講會를 설한 사실이 보인다.[48] 그러나 이 기사는 홍계희가 지은 호암

---

46 李忠翊,「蓮潭大師碑」,『朝鮮佛教通史』上, 580쪽.
   『조선불교통사』에는 본문의 저술에 관한 기사 밑에 註釋으로 "東師列傳云"이라고 하여 『 동사열전』에 나타난 연담의 저술목록을 그대로 인용하였다. 이것은 비문의 찬자 이충익이 쓴 것이 아닌 李能和가 연담대사비문을 수록하는 과정에서 각안의 『동사열전』을 참고하여 인용한 것이다.
47 覺岸,「蓮潭宗師傳」, 앞의 책, 1030b~1030c쪽.
   각안은 연담의 전기에서 그의 저술목록을 다음과 같이 정리하였다.
   爲來學者 述四集手記各一卷 起信蛇足一卷 金剛蝦目一卷 圓覺私記二卷 玄談私記二卷 華嚴遺忘記五卷 諸經會要一卷 拈頌着柄二卷 林下錄(文集)四卷 幷行於世
48 洪啓禧,「虎岩宗師傳」, 위의 책, 1026b쪽.

**254** 寺誌와 僧傳으로 본 조선후기 불교사학사

의 비문[49]에는 보이지 않고, 『대둔사지』에 수록된 호암의 전기기록에 보인다. 곧 "완호 윤우가 강회록을 살펴보니 호암이 정진당에서 설회設會한 것이 분명하지만 비문에는 실려 있지 않다"[50]는 것이다.

④개인문집의 인용은 제문祭文과 시詩 · 찬贊 등을 수록하여 승려의 구도행각을 여실히 부각시켰다. 예컨대 청허淸虛 휴정전休靜傳에서는 홍문관弘文館 수찬修撰 송익효宋翼孝가 지은 제문祭文[51]이나 정약용의 상용제문常用祭文[52]을 통해 출가인으로서의 수행뿐만 아니라 임진왜란 당시 의승군義僧軍을 조직하여 국난을 극복하고자 했던 청허의 충의忠義를 강조하였다. 또한 해운海運 경열전敬悅傳에서는 소요逍遙 태능太能의 문집인 『소요집逍遙集』속에서 소요가 해운에게 법을 전한 전법송傳法頌이나 해운이 조선후기 불교계에서 차지했던 위상을 상징적으로 표현했고,[53] 소요와 해운이 주고받던 화답시를 수록하기도 하였다.[54] ⑤강회록講會錄은 조선후기 불교계의 동향을 살피는데 주목할 만하다. 이 시기는 대승경전을 중심으로 강회講會 · 대회大會[55] · 법회法會가 빈번히 열렸는데 특히 『화엄경華嚴經』의 연구는 그 오류를 바로잡고[56] 대화엄강회大華嚴講會[57] · 화엄대법회華嚴大法會[58] 등을

---

49 覺岸, 「虎巖堂體淨大師碑」, 『朝鮮佛敎通史』上, 542~543쪽.
50 강진문헌연구회, 『대둔사지』권1, 1997, 61쪽.
51 覺岸, 「淸虛尊者傳」, 앞의 책, 1017a쪽.
52 覺岸, 위의 책.
53 覺岸, 「海雲禪師傳」, 위의 책, 1021a쪽.
54 覺岸, 위의 책.
55 李法山은 종래의 일정한 순서 없이 개발되고 정리되어 온 講院의 履歷과정이 조선후기에는 大會라는 새로운 명칭을 가진 교육기간을 개설하고 교과과정을 새롭게 정비하였다고 하여 대회가 곧 교육기관으로 개설되었다고 했다(法山, 「조선후기 불교의 교학적 경향」, 『한국불교사의 재조명』, 불교신문사, 1994, 348쪽).
56 李端相, 「金剛山楓潭堂大禪師碑銘」, 『朝鮮佛敎通史』上, 511쪽.
57 覺岸, 「虎岩宗師傳」, 앞의 책, 1026b쪽.
58 覺岸, 「蓮坡講師傳」, 위의 책, 1033a쪽.

열어 화엄사상의 연구를 활발하게 진행시켰다. 이와 같은 화엄학에 대한 강의는 강회록을 만들어 그 규모와 강사 그리고 참석인원 등 강회에 대한 전반적인 사항을 상세하게 정리하였다. 상월霜月 새봉璽篈(1687~1766)이 주최한 1754년(영조 30) 선암사仙巖寺 화엄강회華嚴講會는 모두 1,287명이 참석한 대규모 강회講會로 당시의 정황은 강회록인『해주록海珠錄』에 상세하게 실려 있어 당시 화엄학의 유행을 구체적으로 파악할 수 있다.[59] ⑥고기古記는 「해운선사전海運禪師傳」에 인용되었는데 구체적인 이름은 나타나지 않는다. 다만 다산이 해운경열의 생몰 연대를 추정하는 과정에서 연파蓮坡 혜장惠藏(1772~1811)이 일찍이 문중門中의 옛 기록을 보았다[60]는 단편적인 기록을 인용하고 있을 뿐이다. ⑦해남여지승람海南輿地勝覽은 만화萬化 원오전圓悟傳에 인용된 자료로 만화의 행장이 실려 있지만,『해남여지승람』이라는 이름의 책은 보이지 않고 다만 1871년 경 전국 각지에서 찬집되어 중앙으로 보낸『호남읍지湖南邑誌』에 연해燕海 광열廣悅의 행장과 함께 수록되어 있다. 그러므로 '행장재해남여지승람行狀在海南輿地勝覽'이라고 한 기사는『호남읍지湖南邑誌』 해남현조海南縣條 사적비事蹟碑에 수록되어 있는 만화의 행장으로 각안이 읍지를 해남여지승람으로 이해하였던 것이다.[61] ⑧증언證言은 스승이나 주변 인물들의 승려에 대한 평가로 대체로 다음과 같은 유형으로 나타난다.

---

59 覺岸, 「霜月宗師傳」, 위의 책, 1025c쪽 ; 金侖世, 1991,『東師列傳』, 廣濟院, 207쪽에서 재인용.
60 覺岸, 「海運禪師傳」, 위의 책, 1020c~1021쪽.
61 한국학문헌연구소편, 1993,『전라도②』, 아세아문화사, 705쪽.
   김윤세는 해남여지승람을『新增東國輿地勝覽』海南縣篇으로 알고 있지만(김윤세,『동사열전』, 廣濟院, 1991, 214쪽)『신증동국여지승람』에는 만화의 행장이 수록되어 있지 않으며 시기적으로도 타당하지 않아 잘못 이해한 것으로 보인다.

| 僧 傳 | 引 用 文 |
|---|---|
| 碧溪大師傳(卷二) | 丁洌水曰 我下山後 爲碧溪正心 莫作北山之移 追念南溟之徙乎 |
| 靈谷講師傳(卷三) | 蓮湛年譜云 乾隆己未(1739)春 碧霞大老 設講大芚寺 學人多會 余(有一)從之 學楞嚴 夏滿向寶林寺 從龍岩(增宿)師 學起信論 庚申訪鷲棲寺 從靈谷師 學圓覺經時 余(有一)年二十一 |
| 懶庵講師傳(卷三) | 慈弘曰懶庵禪師 受四敎(圓覺般若起信楞嚴)於雪潭(自優) 受華嚴於雪坡(常彦)大蒙雪坡印可 若針芥之相投 |
| 影波講師傳(卷三) | 大宗師斗藝曰蓮潭沒後 名德之盛 無出波之右 |
| 袖龍講師傳(卷四) | 小從蓮坡藏大士學 曹習旣熱 將錫之號 以傳其法 以杖叩其卓而告之曰 隨性女懶 懶爲人所制改之將神龍也 堂女曰 袖龍女尚鑑于玆 毋懶哉 |
| 鐵船講師傳(卷四) | 洌水丁先生贊嘆不已 書以勸之曰 觀寺志筆力曹麗 脫略蔬荀之氣 兼見心地靜廓 深以後塵 有人爲喜 光陰如駛 幸勿玩愒 勉心內外之典 早歲蜚英 以紹兒庵之光 深冀深冀 數年之後 肯遊薦紳先生 必尋鐵船之聲迹 當此時何以塞之 |
| 虎峰禪伯傳(卷五) | 秋史金公 虎峰所書華嚴經八十卷 筆力功勞 大加稱贊 作序 作贊曰…今虎峰之手寫華嚴經八十卷 其福當如何 勝蓮老人 書示虎公於江上寺 |

위의 인용문은 정약용과 김정희, 그리고 아암 혜장 등이 해당 승전의 인물에 대한 평가를 인용한 것이다. 즉 생애의 일단이나 학문적 이력 그리고 제자를 경책하는 글을 인용하였다. 그리고 문장이나 인품, 80권본 『화엄경華嚴經』을 서사書寫한 공덕에 대해 칭송한 것을 수록한 것이 대부분이다. 각안이 인용문의 출처를 밝히지 않아 상세한 내용은 알 수 없지만, 다산과 추사의 문집 그리고 서간문에서 참고하여 수록한 듯 하다. 한편 「무학왕사전無學王師傳」[62]에서는 ⑨ 청야만집靑野漫集 ⑩ 산수기山水記(의상義相) ⑪ 팔역지八域志 등 다른 승전에 비해 다양한 인용 자료가 보이는데 석왕사기釋王寺記·청야만집靑野漫集은 무학과 조선 태조 이성계의 밀접한 관계와 함께 조선 건국에 관한 일화들을 인용하였다. 조선 영조 때 이중환李重煥

---

62 覺岸, 「無學王師傳」, 앞의 책, 1006b.~1007b쪽.

이 지은 지리서『택리지擇里志』의 다른 이름이기도 한『팔역지八域志』와 신라 의상이 지은『산수기山水記』또한 조선의 한양도읍을 둘러싸고 정도전과 무학의 갈등을 묘사하고 있다.

이와 같이 각안은 승전을 찬술하는 과정에서 승려 개개인의 비문과 행장을 1차 자료로 이용하여 승전 찬술의 기초로 삼았다. 그리고『대둔사지大芚寺志』와 같은 사지·문집·『호남읍지』·『택리지』등 2차 자료를 총망라하여 해당 승전에 인용함으로써 비문과 행장의 찬자가 수록하지 않았거나 누락된 부분을 보충하였다. 그런데 각안이『동사열전』을 찬술하는 과정에서 보여 주었던 방대한 사료수집의 태도는 조선후기 실학자들의 역사연구 방법론과도 일맥상통한 면을 보이고 있다. 이 시기 역사연구자들은 사료의 수집과 정리가 역사연구에 있어서 가장 기본적인 작업이라고 인식하여 철저하고도 방대한 사료수집의 중요성을 강조하여 이를 근거로 역사를 서술했다. 이긍익李肯翊이『연려실기술燃藜室記述』을 저술할 때 모두 400여 종에 이르는 사료를 구사한 사실이나[63] 한치윤韓致奫이『해동역사海東繹史』를 편찬할 때 540여 종에 이르는 사료를 광범위하게 이용하여 완성시킨 사실은[64] 그 좋은 사례로 볼 수 있다. 실학자들이 역사서의 편찬에 광범위한 사료의 활용을 시도하고 있는 것은 당시 실학이 가지고 있던 백과전서적 경향과도 맥을 같이하는 것으로 사실史實에 대한 고증考證을 통해 객관적 서술을 위한 방법이기도 하였다.

이와 같은 조선후기 실학자들의 역사인식과 연구태도의 맥락에서 살펴보았을 때『동사열전』은 각안이 3차례에 걸친 유람을 통해 승전에 대

---

63 李存熙,「完山 李肯翊의 歷史意識」,『論文集』11, 서울산업대학, 1997, 42쪽.
64 韓日東,「玉蘂堂韓公行狀」,『人文科學』6, 연세대 인문과학연구소, 1962, 348쪽.

한 자료를 광범위하게 수집하여 자신의 주관적인 입장을 벗어나 승려의 생몰년에서 구도행각과 교화활동 그리고 사자상승師資相承 관계에 이르기까지 한 개인의 승전僧傳을 객관적으로 재구성하여 복원하였던 것이다.

## 2) 편찬상 문제점

이상의 인용자료 검토를 기초로 살펴 볼 수 있는 것은 각안이 『동사열전』을 찬술하면서 철저하게 견지했던 점은 승전에 대한 구체성과 객관성이다. 그것은 1차 자료를 기초로 2차 자료를 폭넓게 이용하여 1차 자료에서 탈락된 부분을 보충하거나 자신의 주관적인 시각이나 의견을 개진하지 않고 있다는 점에서 그와 같은 성격이 두드러지게 나타난다. 그러나 각안의 『동사열전』은 그 찬술태도에서 법맥정리 등 몇 가지 오류와 함께 문제점이 발견되고 있다. 그 사례를 구체적으로 열거하면 다음과 같다.

첫째, 「월저종사전月渚宗師傳」에서는 '기축지옥己표之獄'이라고 하였으나 『대둔사지』의 월저전月渚傳과 비문碑文에는 정축丁표(1697)으로 보았다. 월저月渚 도안道安(1638~1715)은 대둔사의 12대 종사인 풍담楓潭의 제자로 1664년(현종 5) 묘향산으로 들어가 『화엄경』의 대의大義를 강론하여 화엄종주華嚴宗主로 불렸던 인물이다. 또한 편양鞭羊·풍담楓潭 등이 이루지 못한 『화엄경』의 한글화 작업을 이루었으며, 황해黃海·평안도平安道를 두루 돌아다니며 승속을 교화하는 한편 『화엄경』·『법화경』 등 대승경전을 간행하여 승속에 유포시키기도 하였다. 그러나 다른 사람의 무고誣告로 투옥되었으나 왕이 평소에 월저의 이름을 알고 있었으므로 특별히 사면케 하였다. 그런데 월저가 투옥된 해에 대해서 『동사열전』의 「월저종사전」과 『대둔사지『大芚寺志』·「월저도안선사비月渚道安禪師碑」 사이에 차이가 나타난다. 각안은 월저가 투옥된 해를 "기축지옥己丑之獄"이라 하였으나[65] 『대둔사지』나 이덕수李德壽(1673~1744)가 지은 「월저도안선사비」에는 "정축지옥丁丑之獄" 곧 1697년(숙종 23)이라고 하여[66] 각각 차이를 보이고 있다. 그런데 각안의 생애 동안 "기축己丑"이라는 간지는 1649년과 1709년이며, 나이는 11세와 71세가 되는데 이 두 해는 그의 나이와 행적으로 보아 설득력이 약하다. 그러므로 『대둔사지』와 비문의 "정축지옥丁丑之獄"은 1697년 그의 나이 59세의 일로 보는 것이 타당할 것이다.

둘째, 「설암종사전雪巖宗師傳」에서는 사명대사의 전기 기록 일부분이 수록되어 혼란을 야기시키고 있다.

| 泗溟尊者傳(卷二) | 雲巖宗師傳(卷三) |
|---|---|
| 入寂後八年戊午 因門人之呼訴 特命立祠於載藥寺 賜額曰表忠 以西山配享焉 後百三十七年 五世孫南鵬 愍其傾圮 鳩財重建 請於諸君子 爲詩文一卷 幷奮忠紓難錄一卷 此申靑泉(維翰)所記 合二卷 行世 | 泗溟尊者入寂後八年戊午 因門人之呼訴 特命立祠於載藥寺 賜額曰表忠 後一百三十七年 五世孫南鵬 愍其傾圮 鳩財重建 請諸君子 詩文 作爲一卷 幷奮忠錄一卷 序要二集科文私記二卷 行于世 |

표는 사명대사가 입적한 8년 뒤인 1618년(광해군 10) 재약사載藥寺에 표충사表忠祠가 세워지고, 137년 뒤 그 5세 법손인 남붕南鵬이 재약사載藥寺의 표충사表忠祠를 중건重建했다는 기사다. 그러나 남붕南鵬은 설암雪巖 추붕秋鵬을 지칭하는 것 같지만, 설암이 표충사를 중건한 연대는 그의 생몰년과 비교했을 때 일치하지 않는다. 즉 설암이 표충사를 중건한 것은 1618년

---

65 覺岸, 「月渚宗師傳」, 앞의 책, 1021c쪽.
66 李德壽, 「月渚道安禪師碑」, 『朝鮮佛敎通史』上, 528쪽.

으로부터 137년 후인 1755년에 해당된다. 그러나 설암의 생몰 연대는 1651년(효종 2)부터 1706년(숙종 32)까지로 설암이 표충사를 중건한 연대와 다르다. 결국 설암전의 이 기사는 각안이 참고한『대둔사지大芚寺志』와 이덕수李德壽가 찬撰한「설암선사비雪巖禪師碑」[67]에는 보이지 않는 기록으로 각안이 설암과 사명의 관계를 설명하면서「사명존자전」의 기록을 그대로 설암전에 수록하여 야기된 문제로 보인다.

셋째,「설봉종사전雪峯宗師傳」에서는 탈락된 부분이 발견된다.

> 평생의 소탈한 삶은 구속이 싫어
> 술집찻집 드나들며 마음껏 노난다네
> 漢땅은 거두지 않고 秦은 맡지 않으니
> 나귀에 몸을 싣고 楊州를 찾는다네

위의 시는 사람들이 설봉의 침묵과 초라한 행색을 비방했을 때 설봉이 읊은 시다. 그런데『대둔사지』의 설봉전과 김진상金鎭商이 지은 비문에는[68] 위의 시가 온전히 수록되었지만, 각안의「설봉종사전」에는 마지막 구인 "又騎驢子過"가 탈락되어 있다. 각안이『대둔사지』와 비문을 인용하는 과정에서 누락된 것으로 볼 수 있다. 네째,「벽송선사전碧松禪師傳」·「부용조사전芙蓉祖師傳」·「경성대덕전敬聖大德傳」은 청허휴정淸虛休靜의『삼노행적三老行蹟』[69]을 그대로 옮겨 놓은 것이다. 이 가운데「경성대덕전」은 그 행적에

---

67 覺岸,「雪巖禪師碑」,『朝鮮佛教通史』上, 524쪽.
68 金鎭商,「雪峰懷淨禪師碑」,『朝鮮佛教通史』上, 535쪽.
69 淸虛,『三老行蹟』(『韓佛全』7, 752b~758c쪽).

관한 기사가 잘못되어 있다. 즉 각안은 경성이 24세 되던 해인 1522년(중종 17) "南入頭輪山 參智嚴大師"라고 하여 두륜산에서 벽송 지엄을 만났다고 했다.[70] 그러나 청허가 찬한 경성당 행장에는 "두륜산頭輪山"이 아닌 "지리산智異山"으로 표기되어 있는데 지리산의 이칭異稱인 두류산頭流山의 오기誤記일 가능성도 있다.[71] 또한 벽송碧松 지엄智嚴의 행장에서도 "庚辰三月 入智異山 棲身草庵…"이라 하여 1520년(중종 15) 벽송이 지리산으로 들어가 초암草庵을 짓고 수행했다[72]고 한다. 경성이 지리산으로 벽송을 찾아간 해에 대해서는 휴정이 찬한 경성과 벽송의 행장에 2년의 차이가 있지만, 그 곳이 지리산인 것만은 틀림이 없다. 더욱이 벽송이 평생 두륜산을 찾지 않았다는 사실로 미루어 각안의 오기誤記인 것으로 볼 수 있다.

각안은 개개의 승전을 집록하면서 많은 자료를 참고하고 인용하였지만, 『대둔사지』나 비문 등의 인용 자료와 비교했을 때 적지 않은 문제점을 지니고 있다. 승전에 나타난 행적의 해당 연대年代나 주석했던 지명地名의 표기가 잘못되어 있으며, 인용 자료의 내용이 일부분 탈락되어 있다. 또한 관계 인물의 기사를 그대로 수록하여 적지 않은 혼란을 야기 시키고 있다. 이것은 결국 각안이 비문과 행장 등 참고자료를 인용하는 과정에서 자료에 대한 비교 검토 작업이 부족했으며, 더욱이 인용 자료에 대한 객관적인 평가 작업을 시도하지 않은 채 단순히 자료들을 집록하는 과정에서 드러난 문제이다. 또한 오기誤記나 탈락된 부분들로 미루어 교

---

70 覺岸, 「敬聖大德傳」, 앞의 책, 1013c쪽.
71 清虛, 「敬聖堂禪師行蹟」, 위의 책, 756a쪽.
   二十四西入妙香山坐文殊庵 一瓢一衲 專習苦行 正心佛理 以命自期 頃之忽興遊方之志 南入智異山 參智嚴大師…
72 清 虛, 「碧松堂大師行蹟」, 위의 책, 753a쪽 ; 覺岸, 「碧松禪師傳」, 위의 책, 1000c쪽.

정校正이나 대교對校작업이 이루어지지 않은 것으로 보인다. 당시 역사연구 방법론의 경향은 광범위한 사료史料 수집의 활동과 함께 역사의 객관적 인식을 위해 엄격한 실증적 사료비판을 강조했다. 실증적 방법은 17·18세기 청학淸學의 연구방법이기도 하였는데[73] 역사연구에 있어서 사실史實에 대한 객관적 서술을 위한 방법이기도 하였다. 실학자는 사실의 객관적 서술을 위해 방대한 사료史料의 구사를 이상으로 삼았고 사료비판에 주목했다. 또한 비판된 사료를 기준으로 하여 역사를 서술할 때 '술이부작述而不作'의 정신을 존중하였고[74] 객관성과 공정성 유지를 강조하였다.

인용 자료의 출처出處를 정확히 밝히는 일은 『동사열전』의 객관적인 신빙성을 결정하는 문제이기도 하지만, 자료에 대한 면밀한 검토와 평가 또한 소홀히 할 수 없는 중요한 문제이다. 각안이 광범위한 자료를 이용하고 그 전거典據를 구체적으로 밝힌 일은 객관적인 측면에서 높이 평가할 수 있지만, 실증적인 입장에서의 사료 비판을 강조했던 당시 역사연구의 차원에서 살펴보았을 때 비록 일부분이지만, 자료에 대한 비교 검토나 평가가 제대로 이루어지지 못한 한계성을 내포하고 있다. 각안이 『동사열전』을 찬술하게 된 동기 속에는 이미 찬집撰集된 『불조원류』에 대한 자신의 견해를 피력하고 있다. "승려의 사자상승師資相承 관계와 그 행적을 정리한 『불조원류』가 있지만 중간에 그 명호名號를 덧붙였고, 간략한 행적만을 수록하고 있어 그대로 믿을 수 없다"[75]는 것이다. 또한 당시 불교계에서 유통되고 있었던 『불조통재佛祖通載』나 『석씨원류釋氏原流』 등은

73 黃元九, 「實學派의 史學理論」, 『韓國의 歷史認識』 下, 創作과批評社, 1976, 399쪽.
74 韓日東, 앞의 논문, 348쪽.
75 覺岸, 「自序傳」, 앞의 책, 1047b쪽.

조선에서 간행된 것이 아니었기 때문에 서축西竺과 중국中國의 근원만 실려 있을 뿐 해동의 사적事蹟에 대해서는 실려 있지 않다는 것이다. 더욱이 당시 간행된 사적事蹟조차도 공정하게 기술되지 않은 채 자기 파에 대해서만 온전히 하려는 말류적末流的 성격性格이 강해 객관성과 공정성이 결여되어 있다고 평가했다.[76] 그러므로 각안은 『동사열전』의 찬술을 통해 조선의 승전 정리와 함께 당시의 특정 문파에 치우친 법맥정리를 객관적으로 시도하고자 하였다.

각안이 지적한 『서역중화해동불조원류西域中華海東佛祖源流』는 1764년(영조 40) 월저月渚 5세손인 금파錦波의 문인門人인 사암獅巖 채영采永이 찬집撰集한 것이다. 채영의 발문跋文에는 『불조원류』의 찬집 동기와 경위에 대해서 상세히 나타나 있다. 채영은 해동海東 조사祖師의 전법傳法 연원淵源이 서축과 중국의 달마조사와 접해 있지만, 사자상승 관계를 알 수 없음을 개탄할 일이라고 하였으며, 조선초기에 무학이 지공指空과 나옹懶翁까지 정리하였고, 그 뒤 월저 도안이 완허玩虛와 송운松雲까지 정리한 사실을 언급하였다.[77] 무학無學과 도안道安이 정리한 법맥도法脈圖는 현재 『한국불교전서』 7책冊에[78] 수록되어 있다. 무학의 「불조종파지도佛祖宗派之圖」는 1394년(태조 3) 평산平山 처림處林의 법을 이은 지공과 나옹까지 수록하였다. 그 후 1688년(숙종 14)에는 월저月渚 도안道安이 묘향산妙香山 보현사普賢寺에서 태고太古 보우普愚부터 완허玩虛와 송운松雲까지 정리하였다. 그런데 월저의 법맥정리는 독립적으로 이루어진 것이 아니고 무학이 이미 정리했던 「불조종파

---

76 覺岸, 「佛祖原流序」, 『梵海禪師文集』 卷2(앞의 책, 1093a쪽).
77 采永, 「佛祖源流後跋」, 앞의 책, 134쪽.
78 無學, 「佛祖宗派之圖」, 앞의 책, 1~9쪽.

지도」에 태고부터 완허와 송운까지를 첨가시켜 중간重刊한 것이었다.[79]

그 후 채영은 고승高僧과 대덕大德들 가운데 언급되지 않은 자가 많아 1762년(영조 38)부터 1764년(영조 40)까지 2년 동안 전국을 돌아다니며 여러 계파에 대한 자료를 수집하고 경제적 지원을 받아 전주全州 종남산終南山 송광사松廣寺에서 여러 승려들과 논의를 거쳐 전등록傳燈錄을 정리하였다. 『불조원류』의 후발後跋에 보이는 「대시주질大施主秩」에는 각 계파의 자료와 함께 경제적 지원자가 구체적으로 나타나고 있다. 즉 시주자의 명단과 함께 수록된 각 사찰들은[80] 각 지역의 불교계를 주도하고 있는 것으로 보아 『불조원류』 찬집에 적극적인 지원과 함께 소장 자료를 제공했을 것으로 보인다. 2년 동안의 자료정리와 경제적 지원으로 채영은 1,000여 권을 간행하여 여러 종파에 배포하였다.

그 내용은 과거過去 칠불七佛을 시작으로 서천조사西天祖師 → 중화조사中華祖師 → 해동원류海東原流 순으로 사자상승 관계를 정리하였다. 서천조사는 마하가섭摩訶迦葉을 제1조로 하여 28조 보리달마菩提達摩까지, 그리고 중화조사는 달마를 초조初祖로 하여 임제종의 법맥을 계승한 평산 처림平山處林과 석옥 청공石屋淸珙까지 수록했는데 아마도 이것은 해동원류를 정리하기 위한 전제조건으로 생각된다. 곧 조선 불교계의 법맥은 중국 임제종을 계승한 것을 강조하기 위한 것으로 생각된다. 해동원류는 려말선초 나옹혜근에게 법을 전한 평산 처림平山處林과 태고 보우에게 법을 전한 석옥石屋 청공淸珙부터 시작된다. 먼저 해동원류에서 평산 처림의 법은 나옹懶翁 혜근惠勤 → 무학無學 자초自超 → 함허涵虛 기화己和로 이어지는데 『불조원류』에

---

79 無學, 앞의 책, 9쪽.
80 采永, 「佛祖源流後跋」, 앞의 책, 134쪽.

나타난 나옹혜근의 법맥 전승은 함허 기화에게서 끝을 맺고 있다. 반면 석옥 청공의 법은 태고太古 보우普愚에게 전해지는데 채영의 『불조원류』에 나타난 대부분의 법맥상승의 관계가 태고문하의 제자들이다. 각안의 『불조원류』에 대한 비판과 관련하여 그 공정성을 살펴보기 위해서는 채영采永의 법맥정리에 대한 태도를 살펴보는 것이 타당하다.

필자가 『불조원류』에 나타난 각 문파의 사자상승 관계를 고찰해 본 결과 채영은 「불조원류후발佛祖源流後跋」에서 자신이 기술한 것처럼 청허의 1세 제자인 편양鞭羊의 문하門下이며, 월저月渚의 5세손인 금파錦波의 문인門人으로 편양 언기의 후손이다. 그런데 『불조원류』의 「해동원류海東源流」에는 편양문파에 대한 사자상승 관계의 정리가 다른 문파보다 압도적인 분량을 차지하고 있는 것을 발견할 수 있었다.[81]

이것은 채영이 편양문파를 중심으로 법맥을 정리함으로서 자신의 계파를 지나치게 강조하였고, 다른 계파의 법맥은 부수적으로 정리하여 객관성과 공정성을 상실한 것으로 해석할 수 있다. 아울러 승전僧傳 또한 협주狹註를 이용하여 지극히 소략하게 정리했기 때문에 불조종파지도佛祖宗派之圖나 불조원류만으로는 승려의 행적과 면모에 대해서, 그리고 조선불교의 위상을 파악할 수 없었다.

한편, 각안이 『불조원류』를 비판했다면, 과연 각안 자신은 조선후기

---

81 采永, 「海東源流」, 앞의 책, 107b.~118a쪽 참조.
　『불조원류』에 나타난 각 문파의 一世 弟子를 살펴보았을 때 松雲 1명·鞭羊 35명·逍遙 27명·靜觀 6명으로 편양문파의 1세 제자가 가장 많은 것으로 나타났다. 그리고 2세 제자의 상승관계 또한 송운 2명·편양 4명·소요 7명·정관 6명으로 비록 소요와 정관문파가 다수를 차지하고 있지만, 그 이후의 법맥은 편양문파가 대부분을 차지하고 있다. 이것은 편양 문파의 제자가 많은 이유 때문이기도 하겠지만, 채영 자신이 편양 문인인 점 또한 중요한 이유가 될 수 있다.

불교계의 각 종파에 대해서 공정하게 정리했는가에 대한 의문이 남는다. 필자는 이와 같은 문제를 규명하기 위해『불조원류』와의 비교 검토 속에서『동사열전』을 토대로 조선 후기 승려들의 사자상승 관계를 정리했다. 조사 결과 먼저 청허淸虛 휴정休靜(1520~1604)은 부휴浮休 선수善修(1543~1615)와 함께 부용芙蓉 영관靈觀(486~1531)의 법을 이었지만, 청허의 제자들이 부휴의 법맥을 계승한 제자보다 많이 수록되었다. 또한 청허의 법을 이은 제자 중에는 편양鞭羊 언기彦機(1581~1604)·소요逍遙 태능太能(1562~1649)·송운松雲 유정惟政(1544~1610)·정관靜觀 일선一禪(1488~1568)·중관中觀 해안海眼(1567~?)인데 이들은 모두 일가一家를 이룬 인물들이다. 그러나 법맥도에서는 편양의 문파가 73명으로 가장 많이 수록된 반면 소요문파逍遙門派나 정관문파靜觀門派는 소략하게 정리하였으며, 송운松雲이나 중관파中觀派는 전연 수록하지 않았다. 이것은 각안 역시 법맥정리에 공정성과 객관성을 강조했지만, 편양의 문파만을 수록하였으며, 같은 문파인 채영은 수록하지 않았고 더욱이 호남의 대둔사를 중심으로 한 주변의 인물만을 수록했다. 요컨대 각안은『동사열전』을 찬술하면서 당시 채영이 찬집한『불조원류』가 지닌 특정 문파의 법맥정리에 치우친 한계를 극복하고자 하였다. 그러나 각안 역시 편양의 문파만을 중심으로 정리하여 자신이 의도했던 조선 불교의 사자상승 관계를 특정 문파에 관계없이 객관적이고 공정하게 정리하지 못했다. 물론 조선시대 불교계의 법맥이 청허의 제자 가운데 편양언기의 문파가 대부분을 차지한 것이 사실이지만, 객관성과 공정성의 결여는 각안이 법맥을 정리하는 과정에서 주도면밀하게 살피지 못한 한계도 지니고 있다.

## ⬛4  불교사적 의의

　현존『동사열전』은 6권으로 삼국시대부터 19세기까지의 승전僧傳을 통해 우리나라 불교사의 사상과 신앙 그리고 홍통에 관한 사실을 전해 주고 있는 귀중한 자료다. 뿐만 아니라 19세기에 이루어진 불교사서라는 점에서 그 동안 소극적으로 진행되어 왔던 이 시기 불교사 연구에 중요한 의미와 영향을 제공하고 있다.

　첫째,『동사열전』은 한국불교사를 총체적으로 이해할 수 있는 종합적綜合的 성격性格을 지닌 승전僧傳이라고 할 수 있다. 종래의 우리나라 고승전류로는 8세기 중엽에 김대문이 지은『고승전高僧傳』이 있었지만 현전現傳하지 않으며,『해동승전海東僧傳』이『대각국사문집大覺國師文集』에 인용되었지만 이 역시 전하지 않고 있다. 또한 고려 고종 2년(1215)에 각훈覺訓이 찬술한『해동고승전海東高僧傳』은 현재「유통편流通篇」1·2권 만이 겨우 남아 있을 뿐이고, 일연一然이 찬찬撰한『삼국유사三國遺事』는 고승전을 수록하였지만 편집체제나 수록 내용상 고승전이라고는 할 수 없다. 그리고 1764년(영조 40)에 사암獅嵓 채영采永이 찬집한『서역중화해동불조원류西域中華海東佛祖源流』는 법맥정리의 중간에 승전僧傳을 수록했지만 그 내용이 매우 소략하다. 종래의 고승전류가 일부분만이 전하고, 편집체재나 수록 내용상 승전으로 보기 어려운 점이 있는 반면『동사열전』은 시기상으로 고대에서 조선 말기까지의 승전을 수록하고 있다. 비록 조선후기에 집중되었지만, 여기에는 각안이 광범위한 사료 수집과 객관적 서술을 강조했던 당시 역사연구 방법론의 일반적인 경향을 지향하고 있었다는 점을 파악할 수 있다. 예컨대 사지류와 승려의 전기류는 단편적인 기록이어서 승전뿐만 아니라 한국불교사에 대한 종합적인 기록이라고 할 수 없다. 비록 『동사열전』이 인물사적인 영역을 벗어나지는 못했지만 사상·신앙 그리고 불교 홍통弘通 등을 포함하고 있다는 측면에서 한국불교사의 종합적인 성격을 지니고 있다고 평가할 수 있다. 『동사열전』은 또한 세월이 흐르고 전란과 유학자들의 박해로 망실되었던 불교사를 복원하고자 했던 각안의 의지가 담겨 있기도 하다.

> 佛法이 東國에 처음 유통된 뒤 高句麗(成川)·百濟(夫餘)·新羅(慶
> 州)·高麗(開城)에서부터 我朝(朝鮮)에 이르기까지 그 전성시대에는
> 승려에게 度牒·僧科·僧官이 있었으며 高僧의 傳記가 있었다. 그러
> 나 여러 번 兵火를 겪은 나머지 公私간의 문서는 하나도 考信할 수
> 없다. 碑碣이 있어도 이끼가 끼고 부식되어 詳考하기 어렵다. 또한
> 『佛祖原流』가 있는데 중간에 수록한 것은 名號를 덧붙여 놓은 것이
> 라 그대로 믿을 수 없다.[82]

예컨대 각안은 "동국에서 불법佛法이 시작된 이래 불교계를 효율적으로 운용하는 행정제도가 국가적인 차원에서 조직적이고 합리적으로 정비되었다"고 했다. 또한, 고승들의 전기傳記가 남아 있어 이를 뒷날의 모범으로 삼아 불교문화가 발전할 수 있는 기틀을 마련해 주었다는 것이다. 그러나 고려를 거쳐 조선에 이르러서는 불교의 탄압과 왜란倭亂·호란胡亂과 같은 큰 전란으로 조선불교의 여러 가지 사정을 알 수 있는 문서는 물론 전기기록이 소실되거나 비문碑文 또한 세월이 흘러 알아볼 수 없게 되었

---

82 覺岸, 「自序傳」, 앞의 책, 1047b쪽.

다고 했다. 그러므로 각안이 『동사열전』을 찬술한 것은 조선불교사를 복원하고자 했던 그의 시대적 사명감이 뚜렷하게 반영된 것이다.

둘째, 『동사열전』은 각안이 조선불교사를 서축西竺이나 중국中國과 대등한 입장에서 찬술하고자 했던 독자적인 성격을 반영하고 있다.

> 佛祖에 대한 事蹟 정리는 분명하게 기록되어 있지만 이름이 각각 다르다. 『本行經』·『成道記』·『傳燈錄』·『佛祖通載』·『釋氏原流』 등의 책에는 모두 西쯧과 中原의 根源에 대하여 실려 있고 우리나라의 派에 대해서는 실려 있지 않기 때문에 이 『東方佛祖源流』를 만들게 되었다. 근래 어떤 곳에서 간행되었지만 자기 派에 대해서는 온전하게 하려고 힘썼으나 공정함에는 힘쓰지 않아 末流에 대한 개탄이 참으로 컸다.[83]

즉 각안은 『전등록』이나 『불조통재』 등의 책은 인도와 중국 조사祖師들의 전등상승傳燈相承과 전기傳記 만을 수록하고 있을 뿐 우리나라의 종파宗派나 승전은 실려 있지 않거나 부수적으로 수록하고 있다고 지적하였다. 현재 전하고 있는 각안의 저술 목록 속에는 「동방불조원류東方佛祖源流」에 대한 구체적인 기록이 보이지 않는다. 그러나 그 서문은 서축·중국과 구별되는 우리나라 불조佛祖의 종파宗派를 정리할 필요성을 천명하고 있다. 그 구체적인 면모는 자유로운 체재나 법맥정리의 과정에서 확연히 드러난다. 예컨대 『동사열전』은 종래의 고승전과 비교했을 때 자유로운 면

---

83 覺岸, 「佛祖原流序」, 앞의 책, 1093a쪽.

모를 지니고 있다. 먼저 『해동고승전』이나 『삼국유사』의 체제는 중국의 양梁·당唐·송宋 삼고승전三高僧傳의 체제를 따르고 있어 중국의 영향을 강하게 받고 있지만, 『동사열전』은 전시기前時期 고승전의 체제와는 달리 시대적 분류를 각 권에 따라 배치하였고, 각 승전은 1. 법명·호·속성·본향本鄕, 2. 생몰연대, 3. 주석했던 사찰寺刹, 4. 사승관계嗣承關係, 5. 저술著述, 6. 중심사상을 일관되게 정리하였다. 또한 무학 자초無學自超·월저 도안月渚道安의 『불조종파지도佛祖宗派之圖』나 사암 채영獅巖采永의 『불조원류佛祖源流』에서는 과거칠불過去七佛 → 서천조사西天祖師 → 중화조사中華祖師 → 해동원류海東源流의 순서로 서축西竺과 중화中華의 법맥관계를 수록하고 해동의 법맥을 정리하고 있다. 그러나 『동사열전』에서는 이와 같은 법맥정리의 형태와는 달리 인도와 중국을 제외시키고 조선불교의 법맥만을 정리하였다.

각안의 이와 같은 조선불교에 대한 독자성 주장은 중국이라는 지역중심의 세계관이 극복되고 문화를 기준으로 한 당시의 화이론華夷論과 정통론正統論의 새로운 인식認識과 그 맥락을 함께하고 있다. 조선후기의 역사인식과 역사서술은 정통론正統論의 새로운 이해를 기초로 조선사가 중국사와 대등하게 그 시종始終이 전개되고 있음을 강조하고 있었다.[84] 각안의 『동사열전』 찬술은 이와 같은 역사인식의 경향 속에서 인도와 중국의 불교와는 구별되는 대등한 조선불교의 중요성을 강화시켜주고자 한 것에서 비롯되었다. 결국 『동사열전』은 인도와 중국의 불조의 근원에만 치중했던 종래의 경향과는 달리 조선불교의 독자적인 법맥정리를 강조하였다. 또한 중국의 영향을 강하게 받았던 고승전 단계를 극복하고자 했던

---

84 趙珖, 「朝鮮後期의 歷史認識」, 『韓國史學史의 硏究』, 을유문화사, 1985, 155~161쪽.

각안의 우리나라 불교사에 대한 자부심과 자주적인 성격이 두드러진다.

셋째, 『동사열전』은 이전에 찬집된 승전이나 법맥정리에서 보이는 오류와 문제점을 극복하고자 했다. 각안은 앞의 인용문에서 보이는 바와 같이 "『불조원류』는 명호名號를 덧붙여 놓은 것이라 그대로 믿을 수 없다"고 했다. 또한 "근래에 법맥을 정리하여 간행했지만 자신의 계파에 대해서 온전하게 하려고 힘쓴 나머지 공정함에는 힘쓰지 않아 말류末流에 대한 개탄이 참으로 컸다"고 하여 종래의 승전과 법맥정리에 대한 편파적인 성격을 비판했다. 그런데 각안이 지적한 채영의 『불조원류』는 각 지방의 승려들과 회의를 하고, 전등傳燈을 참고하고 편집하여 조선불교의 전등 상승을 정리했지만, 당시 불교계가 안고 있었던 대립양상을 심화시키는 결과를 초래했다. 즉 조선중기 이후는 태고 보우太古普愚 계통의 청허 휴정淸虛休靜 계파系派와 부휴 선수浮休善修의 양 계파가 번성하여 주류를 이루었다. 그러나 청허 계통에 의해서 『불조원류』가 편찬 간행되자 대대로 조계산曹溪山 송광사松廣寺에 주석하고 있던 부휴선수 계통의 승려들이 반발하게 되었다. 당시 조계산 송광사에 주석하고 있던 벽담碧潭 행인幸仁 (1721~1788)이 청허파의 문손門孫 만을 수록하고, 부휴선수의 문손은 소수에 불과하다 하여 그 판목板木을 불태워 버렸던 것이다.[85] 『불조원류』가 비록 최초의 전반적인 불교사 정리로 주목되고 있지만[86] 태고太古·나옹懶翁 이전의 승려를 산성散聖으로 취급하고, 법맥 또한 특정 문파만을 중심으로 정리한 나머지 객관성이 결여된 불교사 인식의 한계성을 드러낸 것

---

85 崔柄憲, 「茶山丁若鏞의 韓國佛教史研究」, 『丁茶山研究의 現況』, 민음사, 1985, 338쪽에서 재인용.
86 최병헌, 위의 논문, 338쪽.

도 사실이다. 더욱이 다산 정약용이 『불조원류』에 수록된 신라 고승은 뒤섞이고 오류가 많아 믿을 수 없다"고[87] 하여 각안의 『불조원류』에 대한 지적을 뒷받침해 주고 있다.

각안이 『불조원류』가 지닌 편파적 성격을 극복하고 조선불교사의 정립을 모색한 점은 무엇보다도 『불조원류』와의 차이점에서 확연히 나타난다. ① 『해동불조원류』가 나옹 혜근과 태고 보우를 해동원류의 서두에 기술하고, 나옹을 평산 처림의 사법제자로, 태고보우를 석옥 청공의 사법제자로 구분함으로써 태고보우를 임제종을 계승한 해동불교의 초조로 인식하고 있는 반면, 『동사열전』은 아도화상전을 가장 먼저 기술함으로써 한국 불교의 전래와 시작을 강조하였다. ② 『불조원류』가 과거칠불過去七佛 → 서천조사西天祖師 → 중화조사中華祖師 → 해동원류海東原流의 순서로 정리했다면, 『동사열전』은 해동불교의 초조라고 할 수 있는 「아도화상전」부터 오로지 해동의 승전만을 찬술하였다는 점이다. ③ 채영의 『불조원류』가 법맥 전승관계를 중심으로 하고 승려의 행적을 부수적으로 필요한 인물에 대해 간략하게 정리했다면, 각안의 『동사열전』은 승려의 행적을 중심으로 하고 그 사자상승관계는 부수적으로 정리하였다는 점이다. 이와 같이 각안은 『동사열전』의 찬술을 통해 이전에 찬집된 『불조원류』가 지닌 공정성과 고증의 부실을 비판하고 객관적이고 합리적인 불교사 정립을 통해 이를 극복하고자 노력했던 것이다.

마지막으로 『동사열전』은 각안이 기록으로 남겨 후세에 전하고자 했던 의도가 담겨져 있어 그의 역사의식을 살펴볼 수 있다. 각안은 학인學人

---

87 丁若鏞 『大東禪教攷』(『大芚寺志』 卷4, 亞細亞文化社, 1983, 211쪽).

과 함께 강경講經이나 문답問答하는 여가에 우리나라 승려의 사적事蹟을 모아 선각자先覺者가 후학後學을 깨우치는 경계로 삼고자 하였다.[88] 더욱이 그는 삼국시대부터 조선에 이르기까지의 승려의 수행과 불교사의 대강大綱을 파악할 수 있는 기록이 병화兵火와 세월이 흘러 상고詳考할 수 없음을 애석하게 생각했다. 이 때문에 먼저 그는 『동사열전』을 찬술하여 일상생활에서 책 속의 스승으로 삼았다. 그리고 자신을 따르는 학승學僧에게 주어 수행의 귀감으로 삼기를 바랐으며, 궁극적으로는 조선불교에 대한 오랜 역사와 긍지를 심어주고자 하였다. 때문에 각안은 자신이 찬술한 『동사열전』이 "헛된 이야기나, 누락된 것, 그리고 속여서 미혹을 일으킬 만한 곳이 있으면 곳에 따라 가필加筆하거나 삭제削除해도 무방하다"고[89] 후학들에게 당부했다.

요컨대 각안의 이와 같은 역사의식은 일차적으로 3차례의 유람과 여가에 수집한 승전 자료를 통해 후학들을 깨우치는 역할뿐만 아니라 조선불교사에 대한 자긍심을 천명하고자 했던 그의 시대적 사명감을 고찰할 수 있다. 아울러 찬술하는 과정에서 나타난 자신의 과오를 후학들이 바로잡아 주기를 바라는 역사기록의 중요성을 인식하고 있었다.

88 覺岸, 「自序傳」, 앞의 책, 1047a쪽
89 覺岸, 「自序傳」, 위의 책, 1050a쪽

# VIII.
# 맺음말

# VIII. 맺음말

조선후기 불교사는 오늘날 한국 사학계에서 관심의 대상이 되지 못하고 있다. 종교사가 지니고 있는 특수성뿐만 아니라 여말선초 시작된 억불로 인한 소외현상이 이 분야 연구의 효용성을 반감시킨다는 선입관이 지배적인 이유다. 때문에 고대나 고려불교사에 집중된 관심과는 비교가 되지 않을 정도로 질적 양적 측면에서 일천하다. 초창기 연구의 대부분은 임진왜란 때 전장에서 활약한 승려들의 무용담이 호국불교로 확대되었고, 유자儒者들이 찬술한 관찬사서官撰史書만을 토대로 한 연구는 불교계가 조정과 유자儒者들에게 끊임없이 화해와 타협의 손길을 내밀고 있음을 주장할 뿐이다. 호교론護敎論에 입각한 연구경향과 일반 정치사적 시각에서 이루어진 극단적 해석의 결과이다. 여러 사정을 상세히 살필 수 있는 자료는 한줌의 재와 풍상風霜으로 사라진지 오래고, 승려들의 소멸해 가는 역사의식 또한 이 시기 불교사를 객관적으로 해석하는데 많은 곤란을 주었다. 다만 불교계의 활발한 움직임이나 사원경제를 중심으로 한 일련의 연구 성과는 조선후기 불교계가 이전 시기와는 달리 발전적인 변화상을 규명했다는 점에서 적지 않은 의의가 있다. 비록 의승군의 참여로 조정과 사회의 호의적인 평가를 받은 것은 사실이지만, 전란 이후 불교계의 발전이라는 실질적인 측면에서의 결실은 미약했다. 호의적인 태도는 구실에 불과했고, 승려는 국가 재건을 위한 온갖 잡역雜役에 시달려야 하는 질 좋은 노동력이상은 될 수 없었다. 이러한 측면에서 조선후기 불교계가 제도권과의 밀애로 중흥의 기틀을 마련했다고 하는 기존의 해석은 충분히 재고再考할 만 하다. 불교계 내부에서 진행된 선교학의 융성이나 전란이후 진행된 사찰의 대규모 재건사업은 암울한 시기를 살고 있었던 승려들의 자구적인 노력의 결과였다.

불교계의 이러한 내외적인 변화가 조선 불교의 정체성을 회복하는 움직임으로 이어지는 것은 어쩌면 당연한 일이었다. 승려들은 전쟁 이후의 현실인식과 불타버린 사찰을 재건하는 과정에서 자기존재에 대해 각성하기 시작했다. 전쟁 직후부터 시작된 사원 재건 사업에 수반된 사지나 승전의 찬술은 대부분 폐허 속에 일어선 전각과 함께 조선불교사를 회복하고자 하는 움직임이기도 했다. 대부분의 내용이 해당 사찰이나 승려에 국한되었으며, 사찰의 연원淵源을 끌어올리기 위해 『삼국유사』가 빈번히 차용되는 부작용도 나타났다. 그것은 풍상과 소실燒失로 사라진 역사를 재구성하여 사찰의 위상을 격상시키기 위한 의도에서 비롯되었다.

중관中觀 해안海眼의 『금산사金山寺』·『화엄사華嚴寺』·『대둔사사적大芚寺事蹟』 또한 그러한 경향이 강하다. 사찰은 모두 아도가 창건한 것으로 되어 있고, 창건연대는 대립하고 있던 삼국의 정세와는 관계가 없는 것처럼 정해졌다. 각 사찰의 기록에는 그가 한때 머물렀던 불국사 사적기의 내용이 수록되기도 했다. 일부분 정확한 기술을 위해 노력한 흔적도 있는 것은 사실이지만, 그 한계는 적지 않다. 그러나 그의 사적기 찬술은 오랜 기간 전란에 직접 참여했고, 탄압과 소외받는 암울한 불교계의 상황을 목격한 결과이기도 했다. 그는 이 혼란한 시기에 조선불교가 지닌 자긍심과 함께 정체성을 확립하고자 노력했다. 후학들은 그의 사적기가 "이설異說이 분홍紛興하다"는 비판을 강하게 표시했지만, 그들 역시 이 불완전한 사적기가 아니었다면 관계 자료가 전무全無한 상황에서 사찰의 연혁을 중심으로 한 우리나라 불교사를 온전히 정리하지는 못했을 것이다. 결국 해안海眼의 사적기는 부실한 내용에도 불구하고 이후 편찬된 사적기의 토대가 되었다는 점과 조선불교의 독자성과 주체성을 선양하려는 의지를 담고 있다는 점에서 적지 않은 불교사적 의미를 지니고 있다.

해안의 사적기가 찬술된 지 180여 년 후에 편찬된 『대둔사지大芚寺志』는 조선후기 사상계의 동향과 불교계의 자주적 역사인식을 가장 잘 반영하고 있다. 편찬자들은 당시 대둔사와 만덕사의 승려들과 유배생활을 하고 있던 당대의 거유巨儒 다산 정약용이다. 다산은 승려들과 사제지간師弟之間으로 그들에게 유교경전과 시도詩道 등을 가르치기도 했다. 비록 사지에는 그가 참여한 흔적은 적지만 광범위한 자료수집이나 치밀한 고증을 거친 기술記述은 그의 영향임을 간과할 수 없다. 전란 이후 자국사에 대한 독자적이고도 주체적인 이해는 우리나라 불교사에도 예외는 아니었다.

편찬자들은 우선 1636년 해안이 찬술한 『대둔사사적大芚寺事蹟(죽미기竹迷記)』가 지닌 내용상의 오류를 비판하고 복원했다. 우리나라 불교사 이해를 바탕으로 사찰의 연혁과 고대불교사의 체계를 바로잡고자 했다. 아울러 편찬자들은 서산대사의 의발衣鉢이 전해진 뒤 사세寺勢가 격상된 대둔사를 선교학을 중심으로 한 조선 불교계의 종원宗院으로서의 면모도 강조하였다. 이들의 노력은 우리나라 불교사에 대한 주체적 확립과 조선불교

의 중흥을 모색하기 위한 시도였다. 결국『대둔사지大芚寺志』의 편찬은 불
교계의 정체성을 찾는 작업과 함께 피폐한 불교계를 소생시키고자 했던
동시대적 과제가 투영되어 있다. 이러한 편찬자들의 정신은 후학 범해
각안의 승전 편찬으로 계승되었다.

정약용의『대동선교고大東禪敎攷』와 한치윤의『해동역사海東繹史』「석지釋志」
는 우리나라 고대와 고려불교사에 대한 기록이다.『대동선교고大東禪敎攷』
는『삼국사기三國史記』의 불교기사를 토대로 그의 사론史論을 정리한 것이
다. 그는 풍부한 고대역사와 지리에 관한 지식을 활용하여『삼국사기』가
지닌 오류와 신라불교에 치우친 편사태도를 비판했다. 아울러 중국의 승
전과 채영이 찬한『불조원류』에 수록된 고대 승려의 법맥관련 자료를 수
록하여 체계화시키고자 했다. 한치윤 또한 중국과 일본의 기록에 입전된
우리나라 불교기사를 토대로「석지釋志」를 정리했다. 그의「석지釋志」는
일반사의 범주에 불교사를 포함시키고 중국에 조선의 문화전통을 알렸
다는 점에서 시사하는 바가 크다. 이들의 불교사 정리는 불교가 이단으
로 규정되어 있는 시기에 유학자들에 의해서 이루어졌다는 점에서도 그
의미가 적지 않다. 이들 역시 종교적으로는 불교를 인정하지 못했지만,
다양한 자료수집과 고거주의를 기초로 조선의 역사와 문화를 주체적으
로 강조하는데 불교사는 충분히 가치 있는 것이었다.

『동사열전東師列傳』은 삼국시대부터 19세기까지의 승려 전기를 찬술한
승전僧傳이다. 오랜 기간을 거쳐 수집한 개별 승려의 기록은 대부분이 동
시대의 것이고, 그가 머물렀던 대둔사 승려들에 대한 기록이라는 한계를
지니고 있다. 그러나 우리나라 불교의 사상과 신앙, 유통에 관한 사실까
지 전해 주고 있는 종합적인 불교사서의 성격 또한 지니고 있다.

찬자 각안覺岸은 불교 전성기의 기록이 사라지고, 인도와 중국의 불교

만을 강조하고 있는 세태에 대해 개탄했다. 그는 채영이 정리한『서역중화해동불조원류西域中華海東佛祖源流』가 인도와 중국 중심으로 기술되었고, 내용상 많은 오류를 지니고 있다고 비판했다. 승전의 전체적인 체재는 이전의 기록이 중국 고승전의 영향을 받은 것과는 달리 자유스러웠고, 내용은 조선불교의 법맥을 중심으로 정리했다. 이러한 편찬경향은 한국사가 중국사와 대등하게 그 시종始終이 전개되고 있음을 강조했던 조선후기의 역사인식과도 그 맥락을 같이하는 것이다. 중국관의 변화와 고증학의 영향은 우리나라의 역사와 전통문화를 강조하게 되었고, 부실한 이전 기록의 오류를 비판하고 사실史實을 복원하고자 했다. 실학자 정약용과 한치윤의 불교사 편찬은 이러한 배경에서 시도되었다.

이상의 조선후기 불교계의 승전僧傳과 사지寺誌를 기초로 한 자주적인 역사인식은 조정과 사회의 억압과 통제 속에서 이루어졌다. 승려들은 잡역과 생존의 이중고二重苦 속에서 겨우 명맥을 유지할 뿐이었다. 그러나 이 지난至難한 상황은 자기 존재를 확인하는 의식의 성장으로 이어졌다. 재건한 사찰의 역사와 승려의 전기傳記를 찬술하는 과정에서 조선불교가 인도와 중국의 불교와 대등한 면을 지니고 있음을 자각했다. 역사의식은 이미 희박해지고 전성기의 기록은 사라져 버렸지만, 단편적인 흔적이나마 복원하기 위해 노력했다. 과거 사실에 대한 주체적 이해는 중흥의 노력으로 이어지기도 했다. 비록 현실적인 상황은 이후에도 호전되지 않았지만 이들의 노력은 그들의 본분을 일깨우는데 작용하기도 했다.

〈부록〉
조선후기 불교사의
연구성과와 과제

## 머리말

조선시대 불교사는 한국불교사 연구에서 가장 많은 과제를 남겨두고 있는 분야이다. 특히 조선후기 불교사는 전기와는 다른 시대적 환경과 내재적 변화와 발전에 따라 다양한 면모를 지니고 있다. 더욱이 현대불교의 원형을 간직하고 있다는 점에서 실제적 중요성 역시 지니고 있다. 이제까지 진행된 일련의 연구에 의하면 조선시대 불교사는 지속적인 탄압과 수탈, 일제강점기 식민사학의 영향으로 그 연구가 지금까지 부진하다고들 한다. 이와 같은 부정적 연구시각에 기초한 문제제기는 한편으로 사실史實을 포함하고 있어 설득력이 미약하다는 지적을 받고 있다. 다행히 2000년대에 접어들면서 조선후기 불교에 관한 본격적인 연구가 시도되었고, 다양한 성과가 소개되어 이 방면의 연구가 본격화될 수 있는 기초를 마련하기도 하였다. 그러나 한국불교사 연구의 균형발전은 아니라

도 조선후기 불교가 지닌 정체성이나 본질을 이해하고 체계화시킬 정도
의 양적 질적 성과는 미진한 실정이다. 사상과 신앙, 의례, 그리고 사회
사와 경제사의 전개 속에서 나타난 다양한 연구가 시도되고는 있지만,
연구의 연속성이나 동시대 불교의 성격을 이해할 수 있는 주제에 대한
검토가 이루어지지 못하고 있는 실정이다.

이 글은 조선후기 불교사 연구가 시도되었던 일제강점기부터 2000년
대 이후 다양한 연구 성과의 현황 속에서 동시대 불교사를 바라보는 인
식이나 사론史論에 대해 검토하고, 동시대 불교사 이해에 선행되어야 할
과제를 정리하고자 한다. 조선후기는 일반사의 입장에서도 확실히 이전
시기와는 다른 뚜렷한 변화와 개성을 지니고 있다. 전란과 사회·경제의
변화, 성리학의 가치체계 와해, 승려의 전란 참여에 따른 긍정적 사회인
식 등의 변화로 불교계의 정체성 수립부터 다양한 분야에서 변화가 시작
되고 지속되는 현상을 보이고 있다.

이 글은 그동안 조선후기 불교사 연구 성과를 정리하고 사론과 과제
등을 제시한 글을 기초로 이루어졌다. 예컨대 조선후기 불교사 연구 성
과의 현황과 과제[1], 불교사론[2], 연구방법론[3] 등에 대한 기존의 연구 성과

---

1 채상식, 「고려·조선시기 불교사 연구현황과 과제」, 『한국사론』 28, 국사편찬위원회, 1998 ; 김
  순석, 「조선후기 불교사 연구의 현황과 과제」, 『조선후기사 연구의 현황과 과제』, 창작과비평
  사, 2000 ; 이종수, 「2000년대 한국불교사 연구의 회고」, 『불교평론』 41, 만해사상실천선양회,
  2009 겨울호 ; 정병삼, 「조선시대 호남불교의 성과와 전망」, 『불교학보』 59, 동국대 불교문화
  연구원, 2011 ; 김용태, 「조선시대 불교 연구의 성과와 과제」, 『한국불교학』 68, 한국불교학회,
  2013 ; 오경후, 「일제강점기 조선시대불교사 연구의 동향과 성격」, 『종교연구』 72, 한국종교학
  회, 2013.
2 이명호, 「조선후기 불교에 대한 부정적 시각의 극복과 비판적 고찰」, 『불교학보』 58, 동국대
  불교문화연구원, 2011 ; 김순석, 「한국불교사 기술의 사관과 주제」-서술의 특징과 사관을 중
  심으로-, 『한국불교사연구』 1, 한국불교사연구소, 2012 ; 손성필, 「조선시대 불교사 시기구분
  시론」, 『불교학연구』 45, 불교학연구회, 2015 ; 오경후, 「일제강점기 지성들의 불교사 인식과

는 조선후기 불교사 연구의 다양한 현황을 정리하고 기본관점을 재검토
하였다. 또한 동시대 불교사 연구의 방향을 제시하고 있다. 자료수집과
조사를 기초로 연구방법론을 적지 않게 제시하고 있는 것은 이 방면의
연구가 양적 질적 측면에서 시작단계이며, 앞으로 해결해야 할 과제가
산적해있음을 반증하고 있는 것이다. 때문에 이 글에서는 조선후기 불교
사의 연구 성과와 사론을 제시한 14편의 글을 분석하여 연구시각의 문제
점과 함께 동시대 불교사 연구의 방향성을 제시하고자 한다.

 ## 1 조선후기 불교사 연구현황

조선후기 불교사 연구는 한국불교사가 연구되기 시작했던 일제강점기
에 진행되었다. 이 시기 조선시대 불교사 연구는 불교정책을 중심으로
한 불교개관, 임진왜란 당시 청허 휴정과 의승병의 역할이 연구의 대부
분을 차지했고, 사상·신앙, 인물, 언해불전에 대한 검토가 이루어졌다.[4]
불교가 융성했던 고대와 고려의 불교사 연구보다는 수적 측면에서 부족
했고, 질적 측면에서 내세울 만한 것이 없었지만, 한국불교사의 체계화와

---

그 가치」, 『원불교사상과 종교문화』 65, 원광대 원불교사상연구원, 2015.
3 김상현, 「조선불교사 연구의 과제와 현황」, 『불교학보』 39, 동국대학교 불교문화연구원, 2002
; 정병삼, 「18세기 승려 문집의 성격」, 『동악어문학』 48, 동악어문학회, 2007 ; 손성필, 「조선시
대 불교사 자료의 종류와 성격」, 『불교학연구』 제39호, 불교학연구회, 2014 ; 정영식, 「조선시
대 선사상연구의 현황과 과제」, 『동아시아의 선, 그리고 동곡 일타스님』 2016 추계전국불교학
술대회자료집, (사)한국불교학회, 동곡문도회, 2016.
4 오경후, 「일제강점기 조선시대불교사 연구의 동향과 성격」, 『종교연구』 72, 한국종교학회,
2013.

대중화를 위한 계몽과 포교차원이라는 당시 불교사 연구의 기초를 마련하는데 일조하였다.[5]

　이후 조선후기 불교사 연구에 대한 대략적인 정리는 1990년대 후반 채상식에 의해 이루어졌다. 그에 의하면 조선후기 불교사 연구는 전란 당시 의승군의 활약이나 승역僧役·승계僧契와 같은 사원경제, 그리고 법통설이나 선 논쟁을 중심으로 한 선교학의 발전을 규명하는 연구가 진행되었다고[6] 한다. 그러나 각 주제에 대한 구체적인 검토는 본격적으로 이루어지지 않았고, 일제강점기부터 진행되고 있었던 주제에 대한 검토가 지속되고 있었을 뿐이었다. 그러나 조선후기 불교사에 대한 본격적인 연구성과 검토[7]와 다양한 연구는 2000년대에 들어와 시도되었다. 예컨대 김순석은 1945년 8월부터 1998년까지 발표된 논문 64편을 분류하여 분석하였다.[8] 그는 1) 조선후기 불교전반, 2) 사상사, 3) 사회·경제사, 4) 교단사, 5) 불교탄압에 대한 저항의 수단인 상소문이나 서지학적 성격을 지닌 논문을 기타분야로 분류하는 등 주제를 세분화시켜 해방이후 약 50여 년 동안 진행되었던 연구경향을 정리하였다.

---

5 일제강점기 조선시대 불교사 연구의 현황을 검토한 오경후는 비록 조선시대의 抑佛事例나 (尙玄, 「李朝佛教史」其一, 『불교진흥회월보』 1권 4-9호, 불교진흥회본부, 1915.) 학문과 도덕이 없고, 멸시에 대한 저항도 없다거나 정확한 역사자료가 全無하다는 일인학자들의 지적도 있었지만(河村道器, 「王師無學及び釋王寺の創建に就て」, 『一光』 2, 중앙불전교우회, 1929 ; 高橋亨, 「僧兵과 李朝佛教의 盛衰」, 『佛教』 4-11, 불교사, 1924~1925.) 이전 시대와는 다른 禪教學의 독자성 규명을 통해 한국불교사의 복원과 체계성 확립의 차원에서 연구가 이루어졌다는 평가도 있었다고 하였다.
6 채상식, 「고려·조선시기 불교사 연구현황과 과제」, 『한국사론』 28, 국사편찬위원회, 1998.
7 김순석, 「조선후기 불교사 연구의 현황과 과제」, 『조선후기사 연구의 현황과 과제』, 창작과비평사, 2000.
8 김순석, 위의 글, 564쪽. 그는 1945년 이후부터 1950년까지는 1편, 1950년대는 1959년에 3편, 1960년대는 4편, 1970년대는 16편, 1980년대는 20편, 1990년대는 총 20편의 논문이 발표되었다고 하였다.

김순석은 당시 조선후기 불교사 연구는 시작단계라고 규정하였으며, 사상·사회·경제·교단 등 제 분야에서 해명되어야 할 분야가 너무나 많다고 하였다.[9] 우선 사상분야에서는 그동안 선禪 논쟁에 대한 연구가 진행되었으며, 앞으로는 승려들의 문집을 분석하여 그들의 사상을 조명할 필요가 있으며, 나아가서 그들이 저술한 경전에 대한 주석서들이 담고 있는 내용을 살펴볼 필요가 있다고 하였다.[10] 사회사에서는 승려의 신분이 천인賤人으로 인식되고 있지만, 명시된 규정을 찾기 어려워 신분상의 규정은 천인이 아니되 왕조정부로부터 극심한 탄압으로 인해 천역賤役으로 다루어졌다고 하였다. 나아가 승려들이 부담했던 역役과 경제적인 부담에 대한 연구도 좀더 폭넓게 이루어져야 한다고 하였다. 또한 조선왕조 정부의 억불정책에 대한 불교계의 저항 움직임에 관한 연구도 극히 소략하다고 지적하였다.[11] 경제사 부분에 대해서는 조선후기 사원경제사연구가 여타의 사회경제적 상황과 관련성을 가지면서 연구가 진행되어야 하겠다고[12] 하였다. 예컨대 정조대의 의승방번전義僧防番錢의 반감半減은 균역법均役法의 시행과 밀접한 관련성을 가지고 있다고 하였다. 김순석의 이와 같은 연구과제 제시는 조선후기 불교의 사실 규명과 함께 체계적 이해를 위한 지적이라고 할 수 있다.

김순석의 연구 성과 발표 이후 이종수와 김용태의 연구 성과 검토가 있었다.[13] 김용태는 김순석과 동일하게 일제강점기부터 2000년 이후의

---

9 김순석, 위의 글, 599쪽.
10 김순석, 위의 글, 599쪽.
11 김순석, 위의 글, 599쪽.
12 김순석, 위의 글, 600쪽.
13 이종수, 「2000년대 한국불교사 연구의 회고」, 『불교평론』 41, 만해사상실천선양회, 2009 겨울호 ; 김용태, 「조선시대 불교 연구의 성과와 과제」, 『한국불교학』 68, 한국불교학회, 2013.

대표적 연구 성과를 검토하였다. 그는 "전통과 근대의 접점을 찾고 한국 불교의 정체성을 탐색할 때 조선시대 불교에 대한 객관적 이해는 반드시 필요하다."고 하여 조선시대 불교 연구가 한국불교 정체성 확립의 차원에서 이루어져야 함을 강조하였다.[14] 그는 1945년 해방이후부터 1950년대까지는 식민사학의 영향을, 70년대는 불교계의 인물과 승군을 통해 호국사상을 부각시켰으며, 80년대는 승역僧役에 관한 연구가 천역賤役과 동등하게 취급되어 발전적인 연구가 이루어지지 못했음을 지적하였다. 또한 불교계의 법통法統을 통한 동시대 불교계의 정체성, 90년대에는 불교정책, 염불신앙, 사찰 수의 변천, 불교사서 등 연구의 폭이 확대되고 다양화되었다고 하여[15] 시기에 따라 그 주제가 다양화되었음을 관찰할 수 있다.

한편 정병삼은 조선후기 호남불교계의 동향과 현재까지의 성과들을 기초로 조선후기 호남불교의 성과를 정리하였다.[16] 그는 호남지역은 특히 조선후기 불교계의 새로운 경향이었던 강학講學진흥의 중심지로서 대둔사와 송광사 및 선암사 등이 그 중심 역할을 담당하였으며, 백파와 초의의 선론禪論논쟁이 전개된 터전이기도 하였다고 하였다. 당대의 보편적인 과제였던 이런 주제 이외에도 임란 이후 흥국사興國寺를 중심으로 남해안 일대 사찰에 조직된 의승수군義僧水軍의 존재도 호남의 독특한 지리적 요건이 만들어낸 결과였다고[17] 하였다. 구체적으로는 법통法統의 형성과 부휴계浮休系의 활동, 그리고 강학의 진흥과 대둔사에 대한 연구 성과를

---

14 김용태, 앞의 글, 498쪽.
15 김용태, 위의 글, 508쪽.
16 정병삼, 「조선시대 호남불교의 성과와 전망」, 『불교학보』 59, 동국대 불교문화연구원, 2011.
17 정병삼, 위의 글, 209쪽.

언급했다. 임진왜란 이후 불교계의 변화와 발전 속에서 호남불교가 지닌 가치를 규명한다는 점에서는 주목할 만한 지적들이다.

조선후기 선사상에 대한 연구 성과 검토도 시도되었다. 정영식은 동시대 선사상연구의 현황과 과제를 정리하였다.[18] 주제자체가 동시대 불교의 정체성을 규명하는 중요한 문제여서 매우 의미있는 시도이기는 하였지만, 한계역시 지니고 있었던 것도 사실이다. 대체로 연구 분야의 현황과 과제는 그동안의 연구 성과에 대한 계량적 분석과 주제의 유형별 분석에 이어 내용을 검토하는 것이 일반적이다. 정영식은 조선시대 선禪 연구에 대한 연구논문과 박사논문, 단행본으로 나누어 검토하였지만[19] 소개 정도에 머물고 있는 실정이다. 연구 성과의 수적 질적 수준이 미흡하더라도 연구경향이나 성과의 한계만이라도 소개했으면 하는 아쉬움이 남는다. 연구 성과의 경향과 해결해야 할 과제가 선명해질 수 있기 때문이다. 그는 조선불교 선사상 연구가 "다카하시 토오루高橋亨의 『이조불교李朝佛教』와 누까리야 콰이텐忽滑谷快天의 『조선선교사朝鮮禪教史』를 넘어서지 못하고 있는 것이 현실이다."라고[20] 하였다. 그러나 이것은 연구부진이라는 학계의 구조적인 문제에서 접근할 필요가 있다. 조선시대 불교관련 논문 편수가 원효 1인에 대한 논문편수보다 적다는 지적은 동시대 선사상 연구 성과를 분석하고 평가할 정도가 아님을 의미한다. 결국 일본인 학자의 견해에 대한 입장을 표명할 만큼 이 방면의 연구가 활성화되지 못하고 있는 실정이다. 조선후기 불교계의 보조선 계승과 법통문제 규명에도

---

18 정영식, 「조선시대 선사상연구의 현황과 과제」, 『동아시아의 선, 그리고 동곡 일타스님』 2016 추계전국불교학술대회자료집, (사)한국불교학회, 동곡문도회, 2016.
19 정영식, 위의 글, 51쪽.
20 정영식, 위의 글, 47쪽.

예외가 아니다. 동시대 승려의 문집이나 선 문헌에 대한 본격적인 연구가 선행되어야 한다. 이밖에 정영식은 조선후기 불교의 보조선普照禪, 진성眞性, 정토淨土에 대한 해석과 연구과제의 입장에서 거론하기도 하였지만[21] 연구축적이라는 선행과제가 이루어져야 한다. 요컨대 조선후기 선사상禪思想 연구는 그 중요성에도 불구하고 일인학자들의 연구와 단편적인 연구만 진행되었을 뿐 그 정체성이나 본질을 이해할 수 있는 연구는 시도되지 않았다.

이상 조선후기 불교사 연구는 일제강점기 식민사학과 국학의 관점에서 그 연구가 시작되었고, 점차 다양화, 세분화되고 있는 추세이다. 연구성과의 결과를 정리하면 동시대 불교가 지닌 역사적 사실을 두고 첫째, 탄압과 수탈, 그리고 소외의 영향 때문에 그 연구가 소홀하다는 지적이 있었고, 둘째, 조선후기 불교가 지닌 정체성을 확립해야하며, 셋째, 다양한 방면의 연구가 이루어져야 한다는 요구가 있었다. 이 가운데 탄압과 수탈, 식민사학이라는 부정적 연구시각으로 인한 연구의 부진에 대해서는 재검토의 여지를 지니고 있다. 조선후기 불교의 정체성 규명과 확립역시 부정적 연구시각과 직접적인 연관성을 지니고 있어 이에 대한 극복이 우선시되어야 한다.

---

21 정영식, 앞의 글, 51~58쪽.

## 2 조선후기 불교사론

　사론은 역사적 사실에 대한 주장이나 이론을 의미한다. 조선후기 불교사 연구가 2000년대부터 본격적으로 진행되었고, 그에 따라 사실史實을 규명하고 소개하는 시도가 다양하게 진행되고 있다. 그러나 사실 이해와 함께 그 정체성과 본질을 정립하려는 노력은 미미하다. 특히 사실에 대한 부정적 시각의 고착화, 일제강점기 식민사학의 영향에 대한 지나친 의식 등은 조선후기 불교사에 대한 객관적 연구와 인식을 저해하고 있다.

　김순석은 한국근현대 시기에 찬술된 권상로의 『조선불교약사』(1917), 이능화의 『조선불교통사』(1918), 우정상·김영태의 『한국불교사』(1969), 김영태의 『한국불교사』(1997)를 그 기술記述과 사관史觀에 대해 평가하였다. 그는 권상로의 『조선불교약사』는 "근대사회 최초의 한국불교통사의 의미를 지니고 있고",[22] 이능화의 『조선불교통사』에 대해서는 "사료정리나 사회진화론을 수용하여 민족주의적 관점에서 역사를 서술하였다."[23]고 하였다. 또한 우정상·김영태의 『한국불교사』는 "한국불교사를 최초로 시기구분하거나 시기별 불교의 특징을 서술했고, 불교문화사를 기술했다"고[24] 하였다. 김영태의 『한국불교사』 역시 "1969년 간행된 우정상·김영태의 『한국불교사』보다는 시각이 좀 더 분명해졌으며, 최초의 불교사적 관점에서 분류사 형식을 취한 역사서"[25]라는 긍정적 평가를 하였다.

---

22 김순석, 「한국불교사 기술의 사관과 주제」-서술의 특징과 사관을 중심으로-, 『한국불교사연구』 1, 한국불교사연구소, 2012, 73쪽.
23 김순석, 앞의 글, 82쪽.
24 김순석, 앞의 글, 83-86쪽.
25 김순석, 앞의 글, 91쪽.

그러나 전거가 불확실하거나 편찬자의 사론을 기술하지 않은 점, 개설서를 표방하여 내용이 소략한 점, 사실을 내재적 발전론에 무게를 두는 해석이 아니고 평면적으로 해석하고 있는 점, 그리고 해방공간의 불교적 사건에 대해서는 침묵하고 있는 한계를 지적하였다. 사실 일제강점기와 해방기를 겪은 상황에서 한국불교사 연구는 일천할 수밖에 없었고, 객관적 사관에 기초한 합리적 찬술태도는 기대하기 어려웠다. 그러나 시대상황 등을 고려한다면 찬술 그 자체만으로도 가치가 높다고 할 수 있다.

한편 이명호는 조선후기 불교사 연구를 가로막고 있는 부정적 시각에 대해 비판적으로 고찰하였다. 그는 부정적 시각을 극복하고자 했던 최근 연구들마저도 당시 불교를 인식했던 틀을 본격적으로 다루지 못하고 있기 때문에 부정적 시각이 발생한다고 생각했다.[26] 그가 지적한 조선후기 불교사에 대한 부정적 시각은 다음과 같다.

> 부정적 시각의 내용을 간략히 정리하면 조선후기 불교이해는 숭유억불정책으로부터 시작한다. 숭유억불정책에 의해 승단의 규모가 축소되었고, 승려의 질이 저하되었다. 이에 따라 불교사상은 침체되었고, 이는 불교세력의 약화로 이어졌다. 불교세력 약화로 인해 불교의 평신도 계층은 부녀자 중심으로 재편되었고, 이로 인해 불교의 신앙 행위와 그 주요내용은 기복신앙에 부합하는 염불중심의 신앙체계로 제한되었다. 그 영향으로 조선후기 불교는 명맥은 유지할 수 있었지만, 사회적 역할은 상실한 것으로 이해되고 있다. 이처럼 조선후기 불

---

26 이명호, 「조선후기 불교에 대한 부정적 시각의 극복과 비판적 고찰」, 『불교학보』 58, 동국대 불교문화연구원, 2011, 157쪽.

교가 사회적 역할을 상실한 중요한 원인으로는 염불중심의 신앙체계
와 교단의 침체가 제시되고 있다.[27]

이명호는 조선불교에 대한 그동안의 연구시각이 숭유억불정책에 의해
승단의 규모가 축소되었고, 승려의 질이 저하되었으며, 이것은 결국 불교
사상이 침체되고 불교세력의 약화로 이어졌다는 것이다. 이와 같은 부정
적 인식을 극복하려는 노력은 식민지 시기에도 있었지만, 해방이후 현재
까지 지배적인 견해로 고착화되었다고 한다. 예컨대 "조선시대를 불교의
쇠퇴기로 규정한 일본학자들의 인식에 반발하여 조선불교의 독창성과
창의성을 밝히려 하였던 이능화·최남선 등의 노력이다. 하지만 이들은 불
교인식을 바꾸는데 별다른 기여를 하지 못했다. 오히려 다카하시 토오루
등에 의해 규정된 조선시대 불교의 정체성이 이후 연구의 기본시각으로
고착화되었다."고[28] 하였다.

이와 같은 조선후기 불교사 연구에 대한 이명호의 주장은 재검토의 여
지를 충분히 지니고 있다. 첫째, 그가 제시한 조선후기 불교사에 대한 소
위 부정적 시각의 사례는 사실史實을 기반으로 이루어졌다는 점이다. 예
컨대 조선왕조의 억불정책, 유자儒者들의 탄압, 교학의 부진, 교단의 쇠퇴,
만일염불회와 같은 대중적 신앙의 유행 등이 부정적 시각이라는 것이
다.[29] 그러나 이 사례는 충분히 부정적인 오해를 받을 만한 사실史實들이
라는 점이다. 연구자들의 사론이기 보다는 조선시대 불교가 감당하고 있

---

27 이명호, 앞의 글, 165쪽.
28 이명호, 앞의 글, 165쪽.
29 이명호, 앞의 글, 162~164쪽.

었던 역사적 사실들이어서 그 자체를 부정적 시각이라고 하기에는 무리가 있다. 조선후기 불교사에 대한 부정적 시각의 극복이 동시대 불교에 대한 연구 성과 검토의 목적이라면 사실과 사론에 대한 구분은 면밀하게 이루어져야 한다. 둘째, 다카하시 토오루와 같은 일인학자들이 규정한 조선시대 불교의 정체성이 이후 연구의 기본시각으로 고착화된 반면 이능화·최남선 등이 불교인식을 바꾸고자 했지만 별다른 기여를 못했다고 한 점이다. 이와 같은 지적은 일제강점기라는 시대상황과 그에 따른 불가항력의 요소들을 생각했을 때 일면 타당성을 지니고 있다. 그러나 당시 한국 지성知性들의 노력과 기여가 미약했다는 지적은 뚜렷한 한계를 지니고 있다. 우선 한국불교사 연구가 민족문화에 대한 자각과 함께 일제의 민족말살정책에 저항했던 국학운동의 차원에서 진행된 점을 생각할 필요가 있다. 이능화는『조선불교통사』의「자서自序」에서 '포교지용布敎之用'이라고 한 것처럼 내세울 것 없고 암울한 시대의 역사이지만, 그것조차도 이해하지 못하고 있는 대중들을 위해 사실을 소개하고 역사의식을 고취시키는 일종의 포교와 계몽의 역할을 기대했던 것이다.[30] 이능화뿐만 아니라 권상로·박봉석·강유문 등이 10여 년 동안 한국불교사 자료를 수집하고 분류한 배경 역시 한국불교사를 체계화시킨 대중들에게 불교사 인식을 확산시키고자 한 것이다. 조선불교사뿐만 아니라 한국불교사를 식민사관의 입장에서 바라보았던 다카하시 토오루조차도 "조선불교도 역시 조선인의 사상과 신앙을 어느 정도까지는 지배한 것으로 생각하고 연구의 가치가 있는 것으로 느끼고 연구를 시작했다고"[31]하였다. 요컨

---

30 조선불교통사역주편찬위원회, 「自序」, 역주『조선불교통사』1, 동국대학교출판부, 2010, 54쪽(오경후, 앞의 글, 91쪽에서 재인용).

대 조선후기 불교사에 대한 부정적 시각은 일인학자日人學者들의 식민사관
植民史觀에 기초한 것이 사실이지만, 한편으로는 사실을 사론으로 인식한
한계 역시 재검토의 여지를 남기고 있다.

한편 손성필은 불교사 자료에 대한 분석을 토대로 하되, 불교정책 변
화와 불교계의 동향을 기준으로 조선시대 불교사를 15세기의 조선초기,
16~17세기 전반의 조선중기, 17세기 후반~18세기의 조선후기, 19세기
의 조선말기로 구분하고 각 시기의 특징에 대해 논하였다.[32] 그는 다카하
시 토오루가 『이조불교』에서 제시한 3시기 구분법이 그 기준이 분명치
않고, 조선시대 불교가 점차 쇠퇴해 갔다거나 필연적으로 쇠퇴할 수 밖
에 없었다는 관념이 반영된 시기구분론이었다고 지적하기도 하였다.[33]
이른바 식민사학에 기초한 시기구분이라는 것이다. 손성필은 다카하시뿐
만 아니라 에다 토시오·김영태·김용태·이종수의 조선불교사에 대한 시
기구분 역시 소개하였다.[34] 그는 사찰판 불전간행이나 승려문집·고승비
등 불교사 자료의 생산을 기준으로 시기를 구분하였는데, 이와 같은 시
도는 조선시대 불교사 연구의 다양화와 성숙을 위해 필요한 검토이다.
다만 다음과 같은 지적은 재검토의 여지를 남기고 있다.

기존의 일반적인 불교사 인식은 16세기에 침체했던 불교가 임진왜
란을 계기로 부흥하였다거나 활로를 모색하였다는 것으로, 이러한 역

---

31 高橋亨, 「僧兵과 李朝佛敎의 盛衰」, 『불교』 4, 불교사, 1924, 8쪽(오경후, 앞의 글, 92쪽에서
　　재인용).
32 손성필, 「조선시대 불교사 시기구분 시론」, 『불교학연구』 45, 불교학연구회, 2015, 268쪽.
33 손성필, 앞의 글, 272쪽.
34 손성필, 앞의 글, 270~277쪽.

사상으로는 위와 같은 지속과 변화양상(불교사 자료를 통한 조선시대 불교사의 지속과 변화양상)을 설명하기 어렵다. 폐불적 상황이었다고 알려진 16세기 전반에 불전간행이 크게 증가하기 시작했고, 침체기였다고 알려진 임진왜란 이전의 16세기 후반에 조선시대를 통틀어 불전간행이 가장 활발하였다.…승려문집이 처음 간행되기 시작한 것도 임진왜란 이전인 16세기 후반이었으며, 조선후기의 전형적인 승려문집과 고승비가 편간·건립되기 시작한 것은 17세기 중엽이었다. 이러한 지속과 변화의 양상을 우발적 정치사건인 임진왜란 중심의 불교사 인식으로는 설명하기 어려운 것이다.[35]

요컨대 손성필은 우발적 정치사건인 임진왜란을 불교사의 시기구분이나 그 인식의 기준으로 삼는다는 것은 분명한 한계를 지니고 있다는 것이다. 일부분 타당하다. 그러나 시기구분이 어쩌면 그 시기의 개성이나 특징을 규정짓는 것이라고 한다면 내재적 측면뿐만 아니라 외재적 요소 역시 그 시기를 규정하는데 중요한 영향을 미친다. 아울러 단편적인 역사상속에 흐르는 본질 또한 놓치지 않아야 한다. 첫째, 전란은 승려의 전쟁 참여와 이로 인한 사회의 불교계에 대한 긍정적 인식을 이끌어 냈다. 비록 조선전기부터 성립된 수탈과 착취, 그리고 실질적인 처우개선이 이루어진 것은 아니지만 변화와 발전의 기초가 형성된 것만은 사실이다. 둘째, 전란 이후 사회경제적 변화는 수취체제를 마련케 했는데, 대동법이나 균역법의 시행이 백성들의 부담을 일부분 경감시킨 반면 경감된 부분

---

35 손성필, 앞의 글, 282쪽.

을 대체해야 했던 것은 불교계였다. 산성수호를 중심으로 한 각종 잡역雜役 동원은 여전히 불교계에 대한 수탈과 착취로 인식되고 있지만, 한편으로 수취체제의 공백을 메우는 중요한 수단으로 작용한 것이다. 셋째, 조선후기 불교계의 승려문집 간행이나 고승비 건립, 법통확립과 같은 문제는 전란 이후 문중의식門中意識 확립과 같은 사회상의 변화에 영향 받은 것으로 해석하고 있다. 요컨대 불교사 자료만으로 조선시대 시기구분의 기준으로 삼는 것이 적지 않은 한계를 지니고 있음에도 타당한 것이라면 조선불교사에서 임진왜란 역시 이전과 이후 불교사의 변화를 검토하는 데 기준점이 될 수 있으며, 이후 불교사의 전개 속에서 나타나는 그 본질을 읽어낼 수 있는 중요한 요인으로 작용한다고 생각한다.

시기구분은 일차적으로 조선불교사의 다양한 현상이 전개되는 과정을 면밀히 검토해야 한다. 연구 성과를 검토하고 정리하는 일 역시 이전시기와 구분 지을 수 있는 특징을 기준으로 설정해야 한다. 여기에는 내부적 동향과 변화뿐만 아니라 외부적 요소의 영향도 작용하기 마련이다. 특히 전환기로 설정할 만한 사건은 정치·경제·사회·문화적 측면에서 일대 변화를 가져오기 때문에 시기구분에서는 중요하게 작용한다. 예컨대 조선시대 불교는 임진왜란을 기준으로 불교계의 양적 질적 팽창과 그 진전이 이루어진 것이 사실이다.

## ③ 조선후기 불교사 연구과제

선학先學들의 조선후기 불교사 연구의 과제 제시는 동시대 불교사 연구부진을 지적하면서 비롯되었다. 예컨대 김상현은 조선시대 불교사 연구의 필요성 및 방법론 등 이 시대 불교사 연구를 위한 과제를 거시적으로 제시하였다. 그는 우선 한국불교사 연구자가 신라시대를 중심으로 한 고대불교사에 집중되어 있고, 조선시대 불교사 연구자는 한 두 사람에 불과하다고 지적하였다. 억불책에 의한 핍박, 그리고 산재해 있는 자료수집과 정리의 한계를 그 부진의 원인으로 꼽았다.[36]

김상현은 조선시대 불교사 연구의 시각을 기존의 불교정책을 중심으로 한 불교계의 실상 파악으로 전환할 필요가 있다고 전제하였다. 예컨대 "극심한 억불정책 하에서 불교는 어떻게 대응했고, 자신의 생존을 위해서 어떤 노력을 했으며, 그 결과 어떤 모습으로 변화했는지 연구해야 한다."[37]고 전제하였다. 요컨대 조선시대 불교의 변화상과 변화요인을 밝힐 필요가 있으며, 어떻게 살아남았는지를 살펴야 한다는 것이다. 또한 이것은 시대상황 속에서 동시대 불교계가 존립의 과정을 모색하면서 정체성을 확립해가는 과정을 검토해야 한다는 지적이기도 하다. 때문에 조선후기 불교사 연구는 조선시대 불교사뿐만 아니라 한국불교사의 균형 있는 연구를 위해서도 필요하다고 했다.

한편 김상현은 조선시대 불교사의 전모를 파악하기 위해서는 학제간의 공동노력이 필요하다고 하였다. 즉 이 시대 불교문화사의 흐름을 이해하기 위해서는 불교사학·불교미술·불교문학·불교서지·불교민속 등의 여러 분야와 학제간의 공동연구가 필요하다고 하였다.[38] 아울러 김상현은 불교 관련 인물 특히 승려들에 주목해야 하고 그들의 사회적 위상

---

36 김상현, 「조선불교사 연구의 과제와 현황」, 『불교학보』 39, 동국대학교 불교문화연구원, 2002, 266쪽.
37 김상현, 위의 글, 266쪽.
38 김상현, 위의 글, 267쪽.

이나 신분 등을 면밀히 검토하여 천인신분으로 규정되어 있는 오류들을 바로잡아야 한다. 이밖에 사지를 비롯한 문헌자료, 금석문, 현판기문, 불화 등 다양한 자료가 지닌 가치와 함께 수집과 분류 해석 등이 필요함을 제기하였다.[39] 그의 이와 같은 조선불교사 연구에 대한 필요성과 방법론에 대한 제기는 연구기초와 방법론이 부재했던 상황에서 그 시금석이 되기도 하였다. 2000년대 초반 이후부터 조선시대 특히 조선후기 불교사 연구가 본격적으로 진행되면서 그의 이와 같은 지적은 후속 연구에 영향을 미치기도 하였다.

김용태 역시 조선후기 불교사 연구에 대해 "100여 년에 걸친 성과 축적에도 불구하고 국가정책과 연동된 승려의 사회적 지위와 역할, 승단 내의 계층적 분화와 사원경제, 유교와의 대비 속에서 불교가 담당한 종교적 기능, 천주교 등 다른 종교에 대한 대응방식 및 상호인식, 사기私記와 각종 저술에 나오는 불교사상의 특징과 성리학과의 관계, 문학과 문화예술에 미친 불교의 영향 등 다양한 영역 및 주제의 문제들이 산적해 있다. 이는 결국 조선이라고 하는 유교사회에서 불교가 과연 무엇이었는가 하는 의문과 맞닿아 있다. 불교안의 문제에서도 선과 교, 염불과 의례 등 다양한 전통이 언제 어떻게 형성되고 전개되었으며, 그 구체적인 내용은 무엇이었는지에 대한 분명하고 설득력 있는 설명이 요구되고 있다."고[40] 하였다. 김용태의 이와 같은 지적은 조선시대 불교사 연구가 여전히 단편적인 소개에 머물고 있음을 지적한 것이기도 하다.

조선후기 불교사 연구가 지닌 과제 가운데 하나는 자료수집과 분석에

---

39 김상현, 앞의 글, 267~270쪽.
40 김용태, 앞의 글, 518쪽.

관한 것이다. 고대와 고려시대와는 달리 관찬사서나 사대부의 문집 등은 불교사의 구체적 사실을 알기에는 한계를 지니고 있다. 때문에 사찰과 승려를 중심으로 도처에 산재해 있는 편린을 수집하는 일이 조선후기 불교사 연구에 절대적으로 필요한 일이다. 자료수집에 대한 관심은 일제강점기 불교계 지성들의 중요한 관심사이기도 하였다. 먼저 이능화는 조선의 승려마저도 조선불교의 역사를 알지 못하며, 조선불교 1500년 이래로 계통적 역사가 절무絶無함을 안타깝게 여겨 조선불교에 대한 참고자료를 제공한다는 동기로 자료수집에 착수하였다.[41] 고승의 비문과 사지寺誌와 각종 기문, 선교禪敎의 종파, 산문의 관속慣俗 등을 막론하고 우리나라 불교사와 관계된 것이면 무엇이든 수집하였다.

> 종래 조선의 불교는 전혀 사회에서 도외시되어 이 땅의 학자로 이를 연구하는 자가 전혀 없었지만, 노형(이능화)이 다년 연찬한 결과와 같은 일대 저술을 보는 것은 축하할 일입니다.…조선의 正史 野乘과 金石文 등은 물론이요 널리 중국의 事蹟을 통람하고 신문잡지 官報類에 이르기까지 섭렵하여 빼놓은 것이 없고, 과거의 사실을 상세하게 했을 뿐만 아니라 현대까지 분명히 하였으니 실로 완전한 일대 불교사로 일찍이 조선에는 그 유례가 없는 저작입니다.[42]

인용문은 이능화의 『조선불교통사』를 본 총독부 내무부장관과 학무국장이 보낸 편지 내용이다. 그동안 한국불교를 연구하는 학자가 전연 없

---

41 이능화, 「『朝鮮佛敎通史』에 就하여」, 『朝鮮佛敎叢報』 6호, 1917, 33쪽.
42 宇佐美騰夫·關屋貞三郎, 「李能和 殿」, 『朝鮮佛敎叢報』 10호, 1918, 65~66쪽.

었다는 그들의 언급은 당시 지식인들 사이에서 한국불교에 대한 관심을 지닌 인물이 없었음을 알 수 있다. 한국의 역사와 함께 그 궤를 같이해 온 불교였지만, 오랜 사회적 천대 속에서 그 전통성과 역사성까지도 사라져버렸다는 것이다. 비록 자료적 성격과 단순한 내용의 나열이 흠결로 남아있는 것은 사실이지만, 『조선불교통사』는 한국불교사 관련 저술 한 권 없는 당시의 상황에서는 경이로운 일이었다. 그의 이 노고를 계기로 한국불교사의 학문적 체계화뿐만 아니라 불교계의 당면과제였던 불교개혁의 기초와 명분을 마련할 수 있었다고 해도 과언이 아니다.

한편 권상로 역시 고승의 입적한 날을 기준으로 200여 명의 전기를 정리한 『조선고승시순고朝鮮高僧時順考』를 『불교』지에 수록하였다. 그는 "조선불교가 비록 오래되지 않았지만, 훼손되고 흩어진 것은 극도에 이르러 고승의 명자名字까지도 잊어버렸으니 행적이야 물어 무엇하겠는가."라고[43] 탄식하고 비문과 문집에서 아는 대로 이것을 주어모아 보는 중에 정리한다고 하였다. 그가 고승석덕高僧碩德의 저술목록을 정리한 것도 이와 동일한 배경을 지니고 있다. 그는 일제강점기 한국불교사 탐구에 대한 열정을 지닌 몇 안되는 인물이기도 하다. 불교전래부터 한국불교사를 정리한 『조선불교약사朝鮮佛敎略史』를 찬술했으며, 『조선왕조실록』에서 불교 기록만을 발췌하여 『이조실록불교초존李朝實錄佛敎抄存』을 소개하기도 하였다. 아울러 한국불교의 사상과 역사를 살필 수 있는 옛 고승들의 저술을 수집하고 정리하여 목록화한 자료만도 총 466종이나 된다.[44]

---

43 權相老, 「朝鮮高僧時順考」, 『佛敎』(新) 32~43, 1942.
44 退耕, 「朝鮮高僧碩德의 저술이 몇 권이나 됩니까」, 『불교』 46·47합호, 1928.

佛法이 우리나라 문화에 공헌한 것이 지대했음에도 불구하고 그 신이한 기록이 남아있지 않음을 한탄했다. 다행스러운 것은 다 없어지지 않았지만, 비바람에 휩쓸리기도 하고, 흩어지고 빠져서 온전히 갖추어지지 못해 근거를 찾을 수 없다. 만약 그대로 방치해 둔다면 100년 후가 두렵다.[45]

조선총독부 도서관에 근무하던 박봉석 역시 소화16년(1941) 『불교』지를 통해 우리나라 고승의 전기 자료를 정리한 『청구승전보람靑丘僧傳寶覽』을 소개하면서 "우리나라 고승의 전기를 내가 밤낮으로 근심하여 널리 구하기를 10년이 지났다."고 하였다. 자료 수집은 삼국시대에서 조선시대까지이며, 우리나라 승려들은 기본이고 그 외에 전법승傳法僧, 독신거사 등을 모두 수록하였다. 그의 자료수집의 범위는 방대했다. 『삼국사기』·『고려사』를 비롯한 우리나라 정사류正史類와 『삼국유사』를 비롯한 불교관계 사서史書 그리고 『해동금석원海東金石苑』, 『조선금석총람朝鮮金石總覽』, 『조선사찰사료朝鮮寺刹史料』 등 당시 조선총독부 조사자료집 뿐만 아니라 『대정신수대장경』과 『대일본속장경』, 『대일본전서』와 같은 일본의 불교관계자료 그리고 전집과 문집, 사지, 비석, 탁본 등 다양한 자료를 기초로 정리한 것이다. 이밖에 『불교』[46]·『조선불교총보』를 비롯한 당시 불교계의 잡지는 고승들의 단편적인 비문을 비롯해 다양한 불교 사료를 소개하고 이에 대한 관심과 연구를 독려하기도 하였다. 이와 같은 광범위하고도 적

---

45 朴奉石,「靑丘僧傳寶覽」,『불교』(신), 1940, 부록 1~12쪽.
46 姜裕文은 事蹟記·高僧傳·金石文類 등을 광범위하게 수집하여 『불교』지에 「朝鮮佛教年表」를 제작하기도 하였다(『불교』(신) 34·35·36·37, 불교사, 1942).

극적인 자료수집의 노력으로 불교계에서는 일련의 저술들이 간행되기도 하였다.

최근 정병삼은 숙종연간인 17세기 후반부터 19세기에 주로 활동했던 승려 33인의 문집文集 36종을 개관槪觀하고 문집 간행의 경위와 그것이 동시대 불교사가 지닌 정체성을 규명하는 과정임을 제시하고자 하였다. 정병삼은 임란 직후부터 시작된 사찰의 중수활동이 선조와 광해군대를 이어 인조대에 크게 활성화되었다고 하였다. 이와 같은 "사찰의 외형적 중흥은 사찰의 내력에 대한 정비가 활발하게 이루어지는 후속 활동을 가져왔고, 이처럼 사찰과 승려들의 활동이 활성화되면서 나타난 현상 중 하나가 승려 문집간행의 성행이다."고[47] 하였다. 그는 우선 사원 중흥의 형세는 법통法統의 확정에 따른 문파門派의 강조와 함께 규모를 재정비한 사원寺院의 내력來歷과 당시의 성세를 기록하려는 사적비事蹟碑의 건립으로 이어졌다고 하였다.[48] 아울러 괘불조성과 영조대의 『화엄경』을 중심으로 한 강경講經법회에 대해 거론하였다. 결국 이와 같은 불교계의 진전된 변화는 숙종에서 영정조로 이어지면서 조선 고유의 진경문화眞景文化가 창출되고 문예 진흥이 활기차게 이루어지던 문화기반이 불교계 전반의 문화적 역량을 높였고, 승려들의 문집간행도 이러한 양상의 한 부분이었다고[49] 하였다. 문집을 중심으로 한 사찰의 다양한 기록이 동시대 불교사의 단면이 아닌 그 정체성을 확립하려는 중요한 기초였음을 강조한 것이다. 승려문집 속에는 당대의 문사文士와 교유한 시나 서간문이 수록되었고,

---

47 정병삼, 「18세기 승려 문집의 성격」, 『동악어문학』 48, 동악어문학회, 2007, 90쪽.
48 정병삼, 위의 글, 91쪽.
49 정병삼, 위의 글, 94쪽.

모연문과 상량문, 그리고 신창新創 또는 중창 당우에 대한 기록, 선교학禪 敎學 관련 글, 유불사상 등의 사정을 알 수 있다. 그러나 정병삼은 문집의 시와 산문의 경향과 성격을 언급했지만, "승려문집 하나하나의 구체적인 내용 검토는 이루어지지 못했다."고[50] 하였다. 그는 다음과 같은 승려문 집에 대한 과제를 제시하였다.

> 18세기 승려들의 문집은 분석하기에 따라서 이 시기 불교계의 여 러 면모를 살필 수 있는 좋은 자료가 된다. 장차 이들 문집에 수록된 글을 구체적으로 살펴 나간다면 18세기 조선불교계를 실체적으로 파 악하는데 도움이 될 것이다.[51]

문집은 조선후기 불교의 단편뿐만 아니라 그 정체성을 살피는데 기초 자료이다. 임제종 확립과 보조 지눌의 선교학 사이에서 법통확립의 논란 은 여전히 과제로 남아있다. 당시 승려들이 수학한 선교학의 경향과 특 성을 면밀히 살핀다면 조선후기 불교계의 선교학의 경향뿐만 아니라 법 통 수립의 구체성을 살필 수 있을 것으로 생각한다. 아울러 강학에 관한 연구 역시 지금까지는 일반적 경향 검토에 머물고 있는 실정이다. 당시 승려들이 선교학을 수행할 수 있었던 사회경제적 배경, 사원경제의 자구 책 모색, 선교학 수행과 관련한 교육기간과 수적 규모 등 선교학 수행과 관련한 불교계의 구체적 면모는 승려문집을 면밀하게 살피지 않으면 좀 처럼 규명되지 못하는 문제들이다.

---

50 정병삼, 위의 글, 114쪽.
51 정병삼, 위의 글, 114쪽.

한편 손성필 역시 조선시대 불교사 연구를 위한 자료의 종류와 성격을 검토하였다.[52] 그는 조선시대 관찬편년사서, 법전, 호적, 양안, 의궤, 지리지, 문집, 일기, 필기, 불교저술, 간행불전, 승려문집, 고승비, 사찰사적, 사찰문서 등의 주요 조선시대 불교사 자료를 분류하고 각각의 성격을 논의했다. 예컨대 "조선시대 불교사 자료는 이전 시대에 비해 양적으로 많고 종류도 다양하다. 그러나 그간 이 다양한 자료들이 연구에 활용되지 않거나 단편적으로 연구돼 왔으며, 각 자료의 성격을 고려한 체계적 분석과 종합적 해석이 이루어졌다고 보기 어렵다."고[53] 하였다. 결국 불교사 자료 검토는 다카하시 토오루를 중심으로 한 식민사학이 수립한 부정적 조선시대 불교사 인식을 재검토하는 계기를 마련하는데 기여할 수 있다고 하였다. 즉 다카하시는 그의 저술인 『이조불교』를 통해 포교권 국가탈취설, 승려천인신분설, 승려무지설, 고착성·비독자성설, 무종파설, 산중불교설, 쇠퇴지속설, 명맥유지설, 부녀자·서민신앙설 들의 담론이 유포되었다고[54] 하였다. 손성필은 조선시대 불교사 연구에서 실록의 불교정책 논의 기사를 분석할 때는 우선 그 기사들이 정치적 수사修辭로 점철돼 있다는 점에 유의해야 한다고 했다.[55] 즉 실록의 기사와 사실史實 사이에는 간극이 존재한다는 것이다. 법전法典 역시 조선시대 불교정책의 성격과 그 변화를 살펴볼 수 있는 자료로 가치가 있는데, 이를 조선조 법규의 성격, 명시적 법규와 묵시적 현실간의 차이 등을 고려하여 분석해야

---

52 손성필, 「조선시대 불교사 자료의 종류와 성격」, 『불교학연구』 제39호, 불교학연구회, 2014.
53 손성필, 위의 글, 368쪽.
54 손성필, 위의 글, 371쪽.
55 손성필, 위의 글, 376쪽.

한다고 하였다.[56] 호적戸籍은 조선후기 승려가 다양한 층위로 존재했고, 신분이 천인과 같았다는 기존의 입장을 재검토하는 계기가 되었다. 때문에 조선후기 국가와 승려층의 관계, 승려층의 존재양상 등을 밝히기 위해 호적연구가 심화되어야 한다.고[57] 하였다. 현전하는 조선시대의 불교계내부의 저술 역시 불교전적佛敎典籍에 대한 주석서류註釋書類, 선교염불禪敎念佛의 삼문논류三門論類, 불유도佛儒道의 삼교론류三敎論類, 불교의례서류佛敎儀禮書類, 불교사서류佛敎史書類 등으로 대별할 수 있다고 하였으며, 간행불서 역시 그 자체로 특정 불교사상의 유포를 의미하며, 강학 신행, 유통 등의 뚜렷한 의도와 목적을 지닌다는 점에서 불교사 연구를 위해 중요한 자료임에 틀림없다.[58]고 하였다.

이상 조선시대 불교사를 연구하는 과정에서 그 자료의 중요성은 연구자들이 이구동성으로 강조하였다. 동시대 불교사가 지닌 다양한 역사상이나 내재된 정체성과 체계화를 마련하기 위해서는 불교계 내부의 자료뿐만 아니라 관찬사서를 비롯한 외부의 자료 역시 불교사의 지평을 넓히는데 선행되어야 할 작업인 것이다. 결국 조선시대 불교사 자료 수집은 양적 질적 발전의 출발인 것이다.

---

56 손성필, 앞의 글, 378쪽.
57 손성필, 위의 글, 380쪽.
58 손성필, 위의 글, 393쪽.

# 맺음말

최근 조선후기 불교사 연구는 식민사학의 영향과 부정적 시각에도 불구하고 많은 진전이 있었다. 불교탄압 일변도의 불교정책을 재검토했고, 승려의 잡역雜役이 조선후기 수취체제의 변화 속에서 검토되어 그동안 불교계에 대한 맹목적인 수탈과 착취라는 시각에 의문이 제기되기도 하였다. 불교계의 법통法統과 삼문수학三門修學, 그리고 이력과정의 정착은 이전 시기의 불교와는 뚜렷한 차별화를 나타내기도 하였다. 아울러『대흥사지』·『만덕사지』와 같은 사지寺誌검토를 통해 조선불교사의 복원과 그 독자성을 규명하기도 하였다. 그런가 하면 승려의 신분 역시 천민으로 인식했던 이전의 부정적 연구시각을 재검토하는 계기가 마련되기도 하였다. 이와 같이 동시대 불교사 연구는 그동안 양적 질적 축적을 통해 발전적 해석을 거듭해오고 있다. 조선후기 불교사에 대한 소극적이고 부정적 해석에 대한 문제제기와 사실에 대한 객관적 이해를 기초로 한 결과이다.

한편 조선후기 불교사 연구는 일련의 과제를 해소해야 한다. 첫째는 부정적 연구시각이다. 본고는 기존의 연구사가 사실을 사론으로 오해하고 있음을 지적하였다. 연구의 부진이 탄압과 수탈이라는 사실에 대한 맹목적인 선입관의 연속성 때문이지 부정적 시각 때문은 아닌 것이다. 부정적 시각은 다양한 사실의 편린을 규명하고 객관적으로 소개하다 보면 해소되기 마련이다. 그동안 선입관과 관심의 부족이 조선후기 불교사 연구를 부진하게 했고, 다양한 연구의 축적을 가로막았다. 둘째, 시대에 대한 명확한 인식이다. 조선후기 불교는 확실히 조선전기보다는 다채롭게 전개되고 있었다. 전란을 극복하는 과정에서 불교존립의 근거를 확보했고, 폐허가 된 불교계를 부흥시키기 위해 선교학을 정립시켰고, 법통을 확립했다. 문집文集과 비碑, 법맥도法脈圖 출현은 전란을 거친 지배층의 동향 속에서 태동하기도 하였다. 조선후기 불교계의 전개가 내재적 요인으로만 설명될 수 없는 부분이기도 하다. 더욱이 임진왜란 이후 인구감소, 자연재해, 경작지의 황폐화 등은 사회경제적 변화와 혼란을 필연적으로 잉태할 수밖에 없었다. 요컨대 조선후기 불교사에 대한 객관적 연구는 시대상황의 이해 속에서 이루어졌을 때 다양성과 주체성을 규명할 수 있을 것으로 생각한다. 조선후기 불교가 지닌 정체성을 규명하고 확립하기 위해서라도 동시대의 상황은 면밀히 이해되어야 한다. 더욱이 불교사는 아직까지 일반사의 범주에서 이해되고 있지 않다. 조선시대 불교사는 일반 역사학계에서는 아직까지 맹목적인 호교론護敎論쯤으로 생각하고 있지 않은가.

## 참고문헌

### 사료

『三國史記』『三國遺事』『高麗史』『朝鮮王朝實錄』『彙纂麗史』『大芚寺誌』『華嚴寺事蹟』『大芚寺事蹟』『金山寺事蹟』『中觀大師遺稿集』『大東禪敎攷』『慶尙道江左大都護府慶州吐含山大華嚴宗佛國寺古今歷代諸賢繼創記)』『茶山詩文集』『西域中華海東佛祖源流』『東師列傳』『我邦彊域考』『佛祖通載』『傳燈錄』『草衣禪師文集』『茶信契節目』『與猶堂全書』『淸虛堂集』『備邊司謄錄』『弘齋全書』『曹溪山松廣寺史庫』『乾鳳寺本末寺事蹟』『海東繹史』『大東禪敎攷』『挽日菴志』『順菴集』『東史綱目』『中庸講義補』『大學公議』『朝鮮佛敎通史』『朝鮮寺刹史料』『全羅道邑誌』『佛祖宗派之圖』『雲門寺誌』『梵魚寺誌』『泰安寺誌』『直指寺志』『通度寺志』『朝鮮金石全文』『朝鮮金石總覽』『曹溪山松廣寺史庫』

### 저서

강만길 엮음, 『조선후기사연구의 현황과 과제』, 창작과비평사, 2000.
강진문헌연구회, 『대둔사지』, 금성인쇄출판사, 1997.
姜裕文, 『佛國寺古今創記』, 경북불교협회, 1937.
김갑주, 『조선시대사원경제연구』, 동화출판공사, 1983.
김지견, 『四山碑銘集註를 위한 연구』, 한국정신문화연구원, 1994.
金相鉉, 『신라의 사상과 문화』, 일지사, 1999.
김영태, 『韓國불교고전명저의 세계』, 민족사, 1994.
김윤세, 『동사열전』, 광제원, 1991.
국사편찬위원회편, 『한국사』 32·33·34·35, 국사편찬위원회, 1995~1997.
東國大學校佛敎文化硏究院編, 『韓國佛敎撰述文獻總錄』, 1976.
이기백·이기동, 『한국사강좌』 고대편, 일조각, 1990.
李智冠, 校勘譯註, 『歷代高僧碑文』(朝鮮篇1), 가산불교문화연구원, 1999.
조동걸·한영우·박찬승, 『한국의 역사가와 역사학』, 창작과비평사, 1994.
최완수외 엮음, 『진경시대』(1·2), 돌베개, 1998.
崔孝軾, 『慶州府의 壬辰抗爭史』, 경주시문화원, 1994.
韓國佛敎硏究院, 『華嚴寺』(1976), 『金山寺』(1977), 『大興寺』(1977), 일지사

한국유학생인도학불교학연구회 엮음, 『일본의 한국불교연구 동향』, 장경각, 2001.

한영우, 『정도전 사상의 연구』, 서울대출판부, 1983.

_____, 조동걸, 고영진외, 『한국의 역사가와 역사학』 상·하, 창작과비평사, 1996.

_____, 『조선후기사학사연구』, 일지사, 1989.

허홍식, 『高麗佛敎史硏究』, 일조각, 1986.

홍윤식, 『韓國佛敎史의 硏究』, 敎文社, 1988.

황선명, 『조선조종교사회사 연구』, 일지사, 1985.

## 논문

강세구, 「안정복의 역사이론 전개와 그 성격」, 『국사관논총』 93, 국사편찬위원회, 1999.

具仕會, 「實學과 佛敎의 交涉-秋史 金正喜를 중심으로-」, 『불교어문논총』 2, 한국불교문학사연구회, 1997.

김갑주, 「해남대흥사의 보사청연구-조선후 사원경제의 고찰」, 『조선시대사원경제연구』, 동화출판공사. 1983.

_____, 「조선후기의 승군제도」, 『임진왜란과 불교의승군』, 신서원, 1992.

김남윤, 「조선후기의 불교사서 『山史略抄』」, 『同大史學』 1, 동덕여대 국사학과, 1995.

김덕수, 「조선후기의 부역승군」, 『인문논총』 26, 부산대 인문대학, 1984.

金相鉉, 「三國遺事에 나타난 一然의 佛敎史觀」, 『韓國史硏究』 20, 1978.

김상현, 「불국사의 문헌자료검토」, 『신라의 사상과 문화』, 일지사, 1999.

_____, 「화엄사의 창건연대와 그 배경」, 『동국사학』 37, 동국사학회, 2002.

김순식, 「조선후기 불교사 연구의 현황과 과제」, 『조선후기사 연구의 현황과 과제』, 창작과비평사, 2000.

金約瑟, 「秋史의 禪學辨」, 白性郁博士頌壽紀念佛敎學論集, 1959.

金容祚, 「조선후기 儒者의 佛敎觀-반계·성호·다산의 경우-」, 경상대논문집(인문계 편) 22집, 1983

김준혁, 「조선후기 정조의 불교인식과 정책」, 『중앙사론』 12·13합집, 중앙대중앙사학회, 1999.

김창숙, 「조선후기 강학(講學)의 부흥과 전개」, 『종교연구』 17, 한국종교학회, 1999.

김태영, 「조선후기 실학에서의 현실과 이상」, 『한국사상사방법론』, 소화, 1997.

閔泳珪, 「佛國寺古今歷代記』解題」, 『學林』 3, 연세대사학연구회, 1954.

민영규, 「일연의 선불교」, 『진단학보』 36, 진단학회, 1973.

文明大, 「華嚴寺事蹟解題」, 『佛敎學報』 6, 東國大學校佛敎文化硏究所, 1969.

목정배, 「사명대사의 업적(1) -호국대성사사명대사연구-」, 『불교학보』 8, 동국대불교문화연구원, 1971.

박병선, 「조선후기 원당(願堂)고」, 『백련불교논집』 5·6합집, 1996.

박용숙, 「조선조 후기의 僧役에 관한 고찰」, 『논문집』 31, 부산대학교, 1981.

법 산, 「조선후기 불교의 교학적 경향」, 『한국불교사의 재조명』, 불교신문사, 1994.

변원림, 「안정복의 역사인식」, 『史叢』 17·18, 1973.

안계현, 「한국승군보」, 『한글대장경』 152, 동국역경원, 1970.

심재관, 「불교학, 그 근대화의 식민성」, 『탈식민시대 우리의 불교학』, 책세상, 2001.

여은경, 「조선후기의 사원침탈과 승계」, 『경북사학』 9, 경북대사학과, 1986.

이광린, 「이조후반기의 사찰제지업」, 『역사학보』 17·8, 1962.

李基白, 「崔文昌候全集」解題, 성균관대학교 대동문화연구원, 1972.

이만열, 「17·8世紀의 史書와 古代史認識」, 『한국사연구』 10, 1974.

_____, 「17·8세기의 사서(史書)와 고대사인식」, 『한국의역사인식』 하, 창작과비평사, 1976.

이영무, 「연담사기를 통해 본 조선시대의 화엄학」, 『한국화엄사상연구』, 동국대불교문화연구소, 1982.

李乙浩, 「儒佛相敎의 面에서 본 丁茶山」, 白性郁博士頌壽紀念佛敎學論集, 1959.

이병희, 「조선시기 사찰경제연구의 동향과 과제」, 배종무총장퇴임기념 『사학논총』, 1994.

_____, 「조선시기 사찰의 수적추이」, 『역사교육』 61, 역사교육학회, 1997.

李相鉉, 秋史의 佛敎觀, 民族文化 13, 민족문화추진회, 1990.

윤용출, 「17세기 이후 僧役의 강화와 그 동향」, 『조선후기 요역제와 고용노동』, 서울대출판부, 1998.

장동표, 「조선후기 밀양 표충사의 연혁과 祠宇 이건분쟁」, 『사명당유정』, 지식산업사, 2000.

鄭求福, 「三國遺事의 史學史的 考察」, 『三國遺事의 綜合的 檢討』, 정신문화연구원, 1987.

정구복, 「16·7세기의 私撰史書에 대하여」, 『전북사학』 1, 1977.

_____, 「한백겸의 『동국지리지』에 대한 일고찰」, 『전북사학』 2, 1978.

_____, 「조선후기의 역사인식」, 『한국사상사대계』 5, 한국정신문화연구원, 1995.

_____, 「조선시대의 학술과 사상의 제문제」, 『조선시대사연구』, 한국정신문화연구원, 1999.

정병삼, 「진경시대 불교의 진흥과 불교문화의 발전」, 『진경시대』 1, 돌베개, 1998.

정석종, 「다산정약용의 강진유배기 스님과의 교환」, 『동양학』 27, 단국대학교동양학연구소, 1997.

정석종·박병선, 「조선후기 불교정책과 원당(1) -尼僧의 존재양상을 중심으로-」, 『민족문화논총』 18·19집, 영남대 민족문화연구소, 1998.

정성본, 「조선후기의 선논쟁」, 『한국불교사의 재조명』, 불교신문사, 1994.

정옥자, 「조선후기사상사연구의 방향」, 『조선후기 역사의 이해』, 일지사, 1993.

_____, 「18세기 조선사회와 사상」, 『조선후기 역사의 이해』, 일지사, 1993.

丁鍾俅, 茶山의 佛敎觀, 茶山學報 1, 다산학연구원, 1979.

鄭炳三, 秋史의 佛教學, 澗松文華 24, 한국민족미술연구소, 1983.

진단학회, 『한국고전심포지움(해동역사)』 토론문, 일조각, 1994.

趙珖, 「조선왕조시대의 신라인식」 -『東史綱目』을 중심으로-, 『민족문화연구』 16, 고려대민족문화연구소, 1982.

___, 「조선후기 사상계의 전환기적 특성-正學 實學 邪學의 대립구도-」, 『한국사전환기의 문제들』, 지식산업사, 1993.

___, 「조선후기의 역사인식」, 『한국사학사의 연구』, 을유문화사, 1985.

조성산, 「19세기 전반 노론계 불교인식의 정치적 성격」, 『한국사상사학』 13, 한국사상사학회, 1992.

조성을, 「정약용」, 『한국의 역사가와 역사학』 상, 창작과비평사, 1994.

_____, 「정약용의 역사 이론의 전개와 그 성격」, 『국사관논총』 93, 국사편찬위원회, 1999.

_____, 「『아방강역고』에 나타난 정약용의 역사인식」, 『규장각』 15, 1992.

_____, 「조선후기 사학사연구현황」, 『한국중세사회 해체기의 제문제』 상, 한울, 1987.

최병헌, 「다산정약용의 한국불교사연구」, 『정다산연구의 현황』, 민음사, 1985.

_____, 「보조사상의 사상사적 연구」, 『보조사상』 1, 보조사상연구원, 1987.

최연식, 「조선후기 『석씨원류』의 수용과 불교계에 미친 영향」, 『구산논집』 1, 불일출판사, 1998.

하우봉, 「실학파의 대외인식」, 『국사관논총』 76, 국사편찬위원회, 1997.

한기두, 「조선말기의 禪論」, 『한국선사상연구』, 동국대불교문화연구소, 1984.

_____, 「조선후기 선논쟁(禪論爭)과 그 사상사적 의의」, 『가산이지관스님화갑기념논총 한국불교문화사상사』 상, 1992.

한상길, 『조선후기 사찰계 연구』, 동국대학교 박사학위논문, 2000.

한영우, 「해동역사의 문화사적 이해」, 『한국학보』 38, 일지사, 1985.

_____, 「朝鮮時代의 역사편찬과 역사의식」, 『한국의 역사가와 역사학』 상, 창작과비평사, 1996.

허흥식, 「대둔사지의 편찬과 그 가치」, 『대둔사지』, 아세아문화사, 1983.

_____, 「한국 사지간행 현황과 전망」, 『한국학 문헌연구의 현황과 전망』, 아세아문화사, 1983.

_____, 「보현사고금사적과 묘향이적의 사료가치」, 『정신문화연구』 24권 2호, 한국정신문화연구원, 2001.

황원구, 「한치윤의 사학사상」, 『인문과학』 7, 연세대, 1962.

_____, 「실학파의 사학이론」, 『한국의 역사인식』 하, 창작과비평사, 1976.

_____, 「실학파의 역사인식」, 『동아사논고』, 혜안, 1995.

_____, 「해동역사의 문화사적 이해」, 『동아사논고』, 혜안, 1995.

홍윤식, 「朝鮮後期 木造幀畵에 대하여」, 『문화재』 14집, 1981.

_____, 「近代 韓國佛教의 信仰儀禮와 民衆意識」, 『박길진박사고희기념논총』, 1984.

_____, 「馬韓蘇塗信仰領域에서의 百濟佛教의 受容」, 『韓國佛教史의 研究』, 教文社, 1988.

_____, 「朝鮮後期 極樂九品圖(高陽興國寺)」, 『樵雨黃壽永博士古稀紀念美術史學論叢』, 1985.

_____, 「三國遺事의 體裁와 佛教儀禮」, 『三國遺事와 韓國古代文化』, 원광대출판국, 1985.

_____, 「朝鮮佛教維新論의 近代的 意味」, 『金昌洙教授華甲紀念論文集』, 1992.

# 찾아보기

저자 **오 경 후(吳京厚)**

동국대학교 대학원에서 조선시대 불교사를 전공하였으며,
「조선후기 승전(僧傳)과 사지(寺誌)편찬 연구」로 박사학위를 받았다.
한국불교선리연구원을 거쳐 현재 동국대학교 불교학술원에서 근무하고 있다.

**문현인문학총서 11**

## 조선후기 불교사학사

2018년 1월 2일   초판인쇄
2018년 1월 7일   초판발행

| | |
|---|---|
| **지은이** | 오 경 후 |
| **펴낸이** | 한 신 규 |
| **펴낸곳** | **문현**출판 |
| **표지디자인** | 이 미 옥 |
| **편 집** | 이 은 영 |
| **주 소** | 05827 서울특별시 송파구 동남로 11길 19(가락동) |
| **전 화** | Tel.02-433-0211   Fax.02-443-0212 |
| **E-mail** | mun2009@naver.com |
| **등 록** | 2009년 2월 24일(제2009-000014호) |

ⓒ 오경후, 2018
ⓒ 문현, 2018, printed in Korea

**ISBN**    979-11-87505-19-8  93220    **정가**   23,000원